ОТЗЫВЫ О КНИГЕ *«САМ СЕБЕ ПЛАЦЕБО»*

*«**Сам себе плацебо**» – это подробное руководство, как сотворить чудеса со своим телом, здоровьем и в своей жизни. Книга просто великолепна!*

– Кристиан Нортроп, доктор медицины,
автор бестселлера «*Женское тело, Женская мудрость*»

*«Твой разум играет решающую роль в успехе или провале практически всего, что ты делаешь, – от личных отношений, учебы, работы и достатка до счастья вообще. «**Сам себе плацебо**» – это всестороннее исследование нашего самого важного ресурса, к тому же предлагающее множество практических методов, чтобы оптимизировать разум для достижения успеха во всем. Обожаю способность доктора Диспензы излагать сложные идеи так, что любой из нас сможет не только понять их, но и извлечь для себя пользу».*

– Дэниел Дж. Амен, доктор медицины,
основатель Клиники Амена и автор таких бестселлеров рейтинга *New York Times*, как «*Измени свой мозг — изменится и жизнь!*» и «*Великолепный мозг в любом возрасте*»

*«Опыт моей работы с пациентами с угрожающими жизни заболеваниями подтверждает идеи, высказанные в книге «**Сам себе плацебо**». Тело переживает то, во что верит ум. Я узнал, как «обманывать» людей для их же блага. «Словом можно убить, словом можно спасти» – слово в руках доктора может стать исцеляющим скальпелем, а может стать орудием убийства. В каждого из нас встроена возможность самоисцеления. Главное – научиться пользоваться этой возможностью. Читайте и учитесь!»*

– Берни Сигель, доктор медицины,
автор книг *The Art of Healing* и *A Book of Miracles*

«Доктор Джо Диспенза – превосходный преподаватель, обладающий талантом объяснять науку простыми словами, понятными каждому».

– дон Мигель Руис, доктор медицины,
автор книги *The Four Agreements*

«Д-р Джо Диспенза искусно комбинирует научные исследования и выдвигает поистине революционный подход к приложению ума для исцеления тела. Потрясающая книга. Браво!»

– Мона Лиза Шульц, доктор медицины,
доктор философии,
автор бестселлера *«Язык интуиции»*

ДОКТОР ДЖО ДИСПЕНЗА

САМ СЕБЕ ПЛАЦЕБО

КАК ИСПОЛЬЗОВАТЬ СИЛУ ПОДСОЗНАНИЯ ДЛЯ ЗДОРОВЬЯ И ПРОЦВЕТАНИЯ

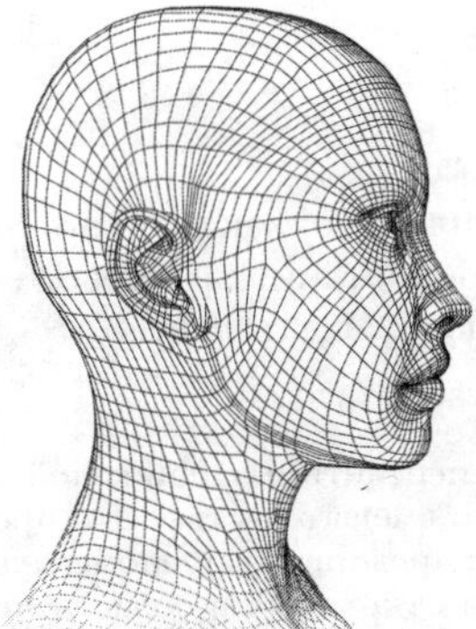

Москва
2018

УДК 159.964
ББК 88.8
Д48

Dr. Joe Dispenza
YOU ARE THE PLACEBO

Перевод ЗАО «Компания ЭГО Транслейтинг»

Диспенза, Джо.

Д48 Сам себе плацебо: как использовать силу подсознания для здоровья и процветания : [перевод с английского] / Джо Диспенза. – Москва : Издательство «Э», 2018. – 416 с. : ил.

ISBN 978-5-699-91379-4

Можно ли исцелиться одной силой мысли – без препаратов или хирургического вмешательства? Это происходит гораздо чаще, чем мы можем себе представить. Феноменальные научные исследования, основанные на открытиях в области нейробиологии, психологии, гипноза и квантовой физики, доказали: для мозга нет разницы между воображаемым переживанием и реальностью. Это дает нам возможность строить свою жизнь так, как мы этого хотим. В каждого из нас встроена возможность исцеления.

УДК 159.964
ББК 88.8

ISBN 978-5-699-91379-4

Матери моей, Франческе

ОГЛАВЛЕНИЕ

Предисловие 9

Введение. Пробуждение 14

Вступление. Сделать разум материей 31

ЧАСТЬ I. Информация

Глава 1. Разве такое возможно? 45

Глава 2. Краткая история плацебо 72

Глава 3. Эффект плацебо в мозге 104

Глава 4. Эффект плацебо в теле 142

Глава 5. Как мысли изменяют мозг и тело 173

Глава 6. Внушаемость 192

Глава 7. Установки, убеждения и восприятие 232

Глава 8. Квантовый разум 260

Глава 9. Три истории личной трансформации 281

Глава 10. Информация для трансформации: доказательство того, что «ты сам и есть плацебо» 323

ЧАСТЬ II. Трансформация

Глава 11. Подготовка к медитации 363

Глава 12. Медитация, меняющая убеждения и восприятие 381

Послесловие. Стать сверхъестественным 394

Приложение. Сценарий медитации «Изменение убеждений и восприятия» 401

Благодарности 402

Об авторе 406

ПРЕДИСЛОВИЕ

Как большинство фанатов Джо Диспензы, я всегда с радостным нетерпением жду его новых дерзких идей. Сочетая неоспоримые научные факты со стимулирующим проникновением в суть, Джо расширяет горизонты возможного, раздвигая границы познанного. Он подходит к науке более серьезно, чем большинство ученых, и в этой очаровательной книге представляет самые последние открытия в эпигенетике, нейропластичности и психонейроиммунологии логически завершенными.

Это завершение возбуждает. Оказывается, ты, как и все остальные люди, придаешь форму своему мозгу и телу своими мыслями, эмоциями и стремлениями, а также теми трансцендентными состояниями, которые переживаешь. Книга *«Сам себе плацебо»* приглашает тебя использовать это знание, чтобы создать новое тело и новую жизнь для самого себя.

Это не метафизическое предложение. Джо объясняет каждое звено в цепи причин и следствий, которая начинается с мысли и заканчивается таким биологическим фактом, как увеличение количества стволовых клеток или молекул отвечающего за иммунитет протеина, циркулирующих в твоей системе кровообращения.

Книга начинается с рассказа Джо о несчастном случае, когда он получил перелом шести позвонков в своем позвоночнике. Находясь чуть ли не на смертном одре, он столкнулся лицом к лицу с необходимостью воплотить на практике то, что знал прежде в теории, – что наше тело обладает врожденным разумом и чудесной силой исцеления. Дисциплина, которую он привнес в процесс визуализации своего позвоночного столба, восстанавливая его, – это история воодушевления и решимости.

Нас всех вдохновляют такие истории самопроизвольной ремиссии и «чудесного» исцеления, хотя Джо показывает нам в этой книге, что пережить такие чудеса исцеления способен каждый из нас. Обновление встроено в самую ткань нашего тела, а его ослабление и болезнь – это исключение, а не правило.

Когда мы понимаем, как наше тело обновляет себя, мы можем начинать использовать эти процессы намеренно, помогая гормонам наших клеток синтезировать протеины, из которых они построены, нейротрансмиттеры, которые они производят, и нейронные проводящие пути, по которым они посылают сигналы. Ведь в нашем теле постоянно происходят перемены. Наш мозг бурлит, ежесекундно создавая и разрушая нейронные связи. Джо учит нас намеренно рулить этим процессом, пересев с места пассивного пассажира в кресло водителя автомобиля.

Открытие, что число связей в нейронном пучке может удваиваться благодаря повторной стимуляции, произвело революцию в биологии в 1990-х. Она принесла своему первооткрывателю, нейрофизиологу Эрику Канделу, Нобелевскую премию. Позже доктор Кандел обнаружил, что если мы не используем новые нейронные связи, то они начинают угасать всего за три недели. Таким образом, мы можем перестроить свой мозг за счет сигналов, посылаемых по нейронной сети.

В то же десятилетие, когда доктор Кандел и другие изучали нейропластичность, другие ученые обнаружили, что только малая часть наших генов статична. Большая часть генов (по разным оценкам, от 75 до 85%) выключаются и включаются сигналами из нашего окружения, в том числе мыслями, установками и чувствами, которые мы культивируем. Одному из классов этих генов, *генам раннего ответа* (IEG), требуется всего три секунды, чтобы достичь пиковой экспрессии. IEG относятся преимущественно к регуляторным генам, контролирующим экспрессию сотен других генов и тысяч других протеинов на отдаленных участках нашего тела. Этот вид проникающего и быстрого изменения позволяет объяснить некоторые радикальные исцеления, описанные на страницах книги.

Джо как никто из популяризаторов науки понимает роль эмоций в трансформации. Отрицательные эмоции являются буквально пагубной привычкой, порождая высокий уровень гормонов стресса – кортизола и адреналина. Гормоны стресса и гормоны релаксации, вроде окситоцина, имеют вполне определенное действие. Это объясняет, почему мы чувствуем себя не в своей тарелке, когда думаем негативно: наше гормональное равновесие выходит за пределы комфортной зоны.

Таким образом, изменяя свое внутреннее состояние, можно изменить материальную реальность. Джо мастерски объясняет цепь событий, которая начинается с намерений, связанных с лобными долями мозга, откуда транслируются сигналы по всему телу (через химических посланников, называемых *нейропептидами)*, эти сигналы активируют или выключают генетические переключатели. Некоторые из этих химических веществ связаны с чувствами любви и доверия: например *окситоцин* – «гормон объятий» (его выработку стимулируют прикосновения). Можно научиться быстро регулировать уровень гормонов стресса и гормонов исцеления в своем теле.

Представление о том, что ты можешь лечить самого себя, просто транслируя мысли в чувства, может поначалу показаться поразительным. Джо сам не ожидал результатов, полученных участниками его мастер-классов: самопроизвольная ремиссия опухолей, прикованные к инвалидной коляске пациенты начали ходить, а мигрени исчезли. С чистосердечной радостью и восприимчиво экспериментируя, как увлеченный игрой ребенок, Джо начал пытаться выйти за границы возможного, интересуясь, насколько быстро может произойти радикальное исцеление, если человек применит телесный эффект плацебо с полной убежденностью. Выходит, что название *«Сам себе плацебо»* отражает тот факт, что именно наши собственные мысли, эмоции и убеждения запускают череду процессов в теле.

Временами тебе в процессе чтения этой книги будет не по себе. Но ты продолжай читать дальше. Этот дискомфорт – просто твое прежнее «я», протестующее против неизбежности трансформирующей перемены; к тому же твои гормональные установки будут нарушены. Джо уверяет нас, что подобное чувство дискомфорта может быть попросту биологическим ощущением растворения прежнего «я».

Джо углубился в научное обоснование этих изменений и представил их нам в легкой для понимания и усвоения форме. Он проделал всю черную работу за кулисами, чтобы вывести на сцену элегантные и простые объяснения. Используя аналогии и истории болезни, он демонстрирует во всей полноте, как мы можем применить эти открытия в своей повседневной жизни, и рассказывает о случаях невероятного оздоровления среди тех, кто воспринял эти идеи всерьез.

Исследователи нового поколения придумали термин для той практики, которую Джо очерчивает в книге *«Сам себе плацебо» – самонаводящаяся нейропластичность.* В основе этого понятия лежит идея о том, что мы сами управляем формированием новых нейронных путей и разрушением старых за счет качества переживаний, которые культивируем. Я уверен, что эта методика станет одной из самых мощных концепций в личностной трансформации и нейробиологии для грядущего поколения.

В медитативных упражнениях второй части книги метафизика переходит в конкретную практику. Ты можешь легко проделать эти медитации самостоятельно, получив возможность стать своим собственным плацебо. Задача состоит в том, чтобы изменить свои убеждения и восприятие своей жизни на биологическом уровне, то есть «влюбить» новое будущее в материю тела и жизни.

Так отправляйся же в это магическое путешествие, которое раздвинет твои горизонты, открыв возможность исцеления и оптимального функционирования. Тебе нечего терять, восторженно бросаясь в процесс и сбрасывая ненужные мысли, чувства и заданные биологические значения, которые ограничивали твое прошлое. Уверуй в свою способность реализовать свой высший потенциал, и ты станешь для себя плацебо.

Доусон Черч, доктор философии,
автор книги «Гений в ваших генах»

ВВЕДЕНИЕ

ПРОБУЖДЕНИЕ

Я никогда не планировал заниматься чем-то подобным. Скорее работа, которой я сейчас занимаюсь как лектор, автор и исследователь, сама меня нашла. Для пробуждения иногда нужен некий встряхивающий призыв. В 1986 году я получил такой призыв: в один прекрасный апрельский день на триатлоне в Палм-Спрингс, Южная Калифорния, меня переехало внедорожником. Этот момент изменил всю мою жизнь и отправил меня в новое путешествие.

Мне было тогда 23 года. В ту пору я только недавно занялся мануальной терапией в городке Ла-Хойя, штат Калифорния. И все последние месяцы усиленно тренировался для участия в том самом триатлоне... Это произошло, когда я закончил этап плавания и перешел к велосипедной части гонки. Я подъезжал к коварному повороту, где наша колонна должна была пересечься с транспортом. Полицейский, стоящий спиной к подъезжающим автомобилям, махнул, чтобы я поворачивал направо и следовал своим маршрутом. Поскольку я изо всех сил крутил педали и был полностью сосредоточен на гонке, я не спускал с него глаз. Когда я обогнал двух велосипедистов на этом самом перекрестке, красный полноприводной «Форд Бронко» врезался сзади в мой велосипед на скорости 55 миль в час. Следующее, что я запомнил, был мой полет по воздуху и жесткое приземление на спину. Скорость автомобиля была высокой, а реакция пожилой женщины за рулем «Бронко» – замедленной, в результате машина продолжала ехать на меня и вскоре ударила меня бампером. Я тут же ухватился за этот бампер, чтобы меня не затянуло под автомобиль между металлическим днищем и асфальтом. Какое-то время меня тащило по дороге, пока водитель не поняла, что произошло. Когда она, наконец, дала по тормозам, меня отбросило вперед ярдов на двадцать.

Я все еще помню звук пролетавших мимо велосипедов и крики ужаса вперемешку с ругательствами гонщиков, объезжавших меня с обеих сторон, – не знающих, то ли им остановиться и помочь, то ли продолжать гонку. А я лежал там, и мне оставалось только сдаться.

Вскоре выяснилось, что у меня сломано шесть позвонков: я получил компрессионные переломы в грудных позвонках (восьмом, девятом, десятом, одиннадцатом и двенадцатом) и в первом поясничном – в общем: от лопаток до почек. Позвонки в позвоночнике стоят как отдельные блоки, а когда я грохнулся об землю с такой силой, они сжались и разрушились от удара. Восьмой грудной позвонок, самый верхний из поврежденных, разрушился более чем на 60%, а круглый свод, который защищает спинной мозг, был сломан и сомкнут в кольцо, как бублик. Когда позвонок сжимается и ломается, кость должна куда-то деваться. В моем случае множество осколков вошло в мой спинной мозг. Картина вырисовывалась неприглядная.

На следующее утро я проснулся и будто бы снова очутился в дурном сне с полным набором неврологических симптомов, включая несколько различных типов болей; онемений и покалываний, а также потерю чувствительности в ногах и трудность в управлении движениями.

Когда в больнице у меня взяли анализы крови, сделали рентген, компьютерную и магниторезонансную томографию, хирург-ортопед показал мне результаты и мрачно озвучил новости. Чтобы собрать все осколки кости, которые были теперь в моем спинном мозге, мне требовалась хирургическая операция по имплантации стержня Харрингтона. Для этого нужно было отпилить задние части позвонков от двух до трех сегментов выше и ниже переломов, а затем привинтить и сжать вместе два 12-дюймовых стержня из нержавеющей стали по обеим сторонам вдоль позвоночного столба. Затем они соскоблят немного костной ткани с моей бедренной кости и нанесут ее на стержни. Это будет серьезное хирургическое вмешательство, но зато я получу шанс снова ходить, хотя, возможно, останусь инвалидом, и мне придется переносить хроническую боль всю оставшуюся жизнь. Стоит ли говорить, что мне не очень нравился такой прогноз.

Однако если отказаться от хирургии, то мне грозил неизбежный паралич. Лучший невролог в Палм-Спрингс, согласный с мнением первого хирурга, сказал мне, что он никогда не слышал ни об одном пациенте с моим диагнозом в Соединенных Штатах, который отказался бы от операции. Удар был такой силы, что мой восьмой позвонок принял форму клина, и это не позволит позвоночнику выдержать вес моего тела, если я встану на ноги. Мой хребет разрушится, загоняя эти осколки позвонка глубоко в спинной мозг, что приведет к мгновенному параличу грудного отдела и нижней части тела. Такой вариант был еще хуже.

Меня перевели в больницу города Ла-Хойя, поближе к дому, где я услышал еще два мнения, одно из которых принадлежало ведущему хирургу-ортопеду Южной Калифорнии. Неудивительно, что оба доктора сошлись во мнениях, что мне нужно хирургическое вмешательство с имплантацией стержня Харрингтона. Выбор у меня был невелик – либо соглашаться на операцию, либо стать паралитиком и больше никогда не ходить. Будь я профессиональным медиком, дающим совет, я сказал бы то же самое. Это был самый безопасный выбор. Но я все-таки сделал по-своему.

Наверное, в те годы я был просто самоуверенным юнцом, но я воспротивился медицинскому приговору и рекомендациям экспертов. К тому же для меня было очевидно, что в каждом из нас существует некий дух, невидимое сознание, источник и податель жизни. Он поддерживает, помогает, защищает и исцеляет нас каждую секунду. Он создает почти 100 триллионов специализированных клеток (начав всего с двух), он заставляет сердце сокращаться сотни тысяч раз в день, он способен провести сотни тысяч химических реакций в каждой клетке каждую секунду – не говоря уже о других удивительных функциях. Я рассуждал так. Если этот внутренний разум реален и если он сознательно, с любовью и заботой управляет нами, да еще обладая такими удивительными возможностями, то, может быть, стоит перенести внимание с внешнего мира на внутренний, чтобы обнаружить его там и наладить с ним отношения.

Однако хотя умом я и понимал, что у тела есть способность к самоисцелению, теперь мне предстояло применить каждую крупицу известной мне философии, чтобы вывести это знание на следующий уровень и выше, – связать переживание с исцелением. И поскольку я никуда не ходил и мне нечего было делать, кроме как лежать пластом, я решил для себя две вещи. Во-первых, каждый день я буду направлять все мое сознательное внимание на этот разум во мне, показывая ему план, образец, картину, сопровождая это очень специфическими приказами, а затем полностью отдамся во власть этому высшему разуму, имеющему безграничную власть, перепоручив ему мое исцеление. И, во-вторых, я не позволю проскочить мимо моего осознания ни одной зловредной мысли. Проще простого, не правда ли?

РАДИКАЛЬНОЕ РЕШЕНИЕ

Вопреки совету врачебного консилиума, я покинул больницу на машине «Скорой помощи», которая доставила меня в дом двоих моих близких друзей, где мне предстояло провести следующие три месяца в борьбе за выздоровление. Задача была поставлена. Я решил, что начну ежедневно позвонок за позвонком восстанавливать свой позвоночник, чтобы показать этому разуму, если ему небезразличны мои усилия, чего я хочу. Я понимал, что это потребует моего полного присутствия в каждом моменте настоящего, – без воспоминаний или сожалений о прошлом, без надежд или тревог о будущем, без навязчивых мыслей об условиях моей внешней жизни, без сосредоточения на боли или симптомах. Это совсем как во взаимоотношениях с другим человеком – ведь мы всегда знаем, когда он рядом, а когда его нет, правда? Следовательно, высшее сознание будет знать, когда я *здесь*, а когда нет. Мне придется полностью присутствовать во время взаимодействия с этим разумом. Мое присутствие в настоящем должно будет соответствовать его присутствию, моя воля – соответствовать его воле, а мой ум – соответствовать его уму.

Итак, по два часа дважды в день я уходил в себя и начинал создавать картину желаемого результата – полностью вылеченный позвоночник. Конечно, я стал понимать, насколько прежде я был бессознательным и рассредоточенным. Парадоксально. Тогда я вдруг понял:

когда с человеком случается кризис или травма, он тратит слишком много своего внимания и энергии, думая о том, чего он *не хочет*, вместо того, чтобы думать о том, чего *хочет*.

И я тоже в первые несколько первых недель повторял эту ошибку, чуть ли не ежесекундно.

Однажды в середине моей медитации по созданию той жизни, которой я желал (то есть с полностью вылеченным позвоночником), я внезапно осознал, что подспудно думаю о том, что сказали мне хирурги несколько недель назад, — что я никогда больше не встану на ноги. Мне бы следовало целиком погрузиться в процесс внутреннего восстановления своего позвоночника, но меня вдруг озаботила новая мысль: уж не придется ли мне продать мою хиропрактику?[1] То я шаг за шагом мысленно репетировал, как снова хожу, то ловил себя на том, что представляю, каково это будет — провести остаток жизни, сидя в инвалидной коляске...

Всякий раз, когда я терял концентрацию и отвлекался на любые посторонние мысли, мне приходилось начинать сначала и снова целиком проделывать всю схему визуализации. Это было скучно, невыносимо, и честно скажу — за всю жизнь мне никогда не было тяжелее, чем тогда. Но я рассуждал так: перед тем внутренним наблюдателем должна предстать ясная, незагрязненная и непрерывная картина того, что я хочу, чтобы высший разум исполнил это. И я надеялся — нет, я *знал*, — что он способен это исполнить. Я лишь должен от начала до конца оставаться присутствующим и не проваливаться в бессознательное.

---

[1] Другое название мануальной терапии, принятое в США. — *Прим. ред.*

В конце концов, через шесть недель битвы с самим собой в усилиях сохранять присутствие сознания, я научился выполнять свою практику внутреннего восстановления без необходимости останавливаться и начинать сначала. Я запомнил тот день, когда это произошло впервые. Это было как хороший удар по теннисному мячу. В этом было что-то *правильное*. Оно попало в точку. Я попал в точку. И я чувствовал себя наполненным, удовлетворенным и цельным. Впервые я был по-настоящему спокоен и присутствовал – умом и телом. В голове не было ни внутреннего монолога, ни анализа, ни мыслей, ни навязчивых забот – что-то сдвинулось, и преобладало ощущение тишины и покоя. Я больше не беспокоился обо всех вещах, о которых мне вроде бы нужно было беспокоиться в моем прошлом и будущем.

И это понимание укрепило мой путь, и практика восстановления позвоночника каждый день давалась мне все легче. Самое главное, я начал замечать некоторые весьма значительные перемены. Именно тогда я начал связывать свою ментальную практику с тем, что происходило в моем теле. Как только я устанавливал эту связь, я уделял еще больше внимания тому, что делал, и выполнял это снова и снова. В результате я продолжал практику с большой радостью и вдохновением, вместо прошлых противных, натужных усилий. И внезапно то, что сначала занимало у меня два или три часа для завершения в одном сеансе, я смог выполнять за более короткое время. Теперь у меня освободилось много времени.

Я начал думать о том, как будет здорово снова увидеть закат над океаном или пообедать с друзьями в ресторане. Я понимал, что все это будет стоить мне колоссальных усилий.

Я представлял, что принимаю душ и чувствую, как вода стекает по моему телу, или что гуляю по пляжу в Сан-Диего, а ветер дует мне в лицо. Это были простые вещи, которым я прежде не придавал значения, но теперь они обрели особый смысл. Я старался представить их настолько живо, чтобы физически ощутить влажность воды и дуновение ветра.

В тот момент я не очень понимал, что делаю, но теперь-то понимаю – на самом деле я начинал думать о тех возможных потенциалах, которые всегда существуют в квантовом поле, а затем эмоционально принимал каждый из них. И поскольку я выбрал это намеренное будущее и сочетал его с эмоциями (представляя, что я буду чувствовать там, в этом будущем), то уже в настоящий момент мое тело верило, будто оно *пребывает* в этом будущем переживании.

По мере того, как моя способность наблюдать желанную судьбу становилась все острей и острей, мои клетки начали восстанавливаться. Я посылал сигналы своим генам, и мое тело *действительно* начало поправляться быстрее.

То, чему я учился, является одним из главных принципов квантовой физики – разум и материя нераздельны, наши сознательные и бессознательные мысли и чувства и есть те самые чертежи, которые управляют нашей судьбой. Когда человек сосредоточен на возможном будущем, он взаимодействует с потенциалом безграничных возможностей в квантовом поле. И, взаимодействуя, оба разума способны воплотить любую будущую реальность, ведь потенциально она уже существует. Таким образом, каждый из нас – богоподобный творец, независимо от расы, пола, культуры, общественного положения, образования, религиозных верований или прошлых заблуждений. Я понял это и впервые в жизни почувствовал себя по-настоящему благословленным.

Я принял и другие ключевые решения по поводу моего исцеления. Я начал следовать особому режиму, который включал диету, визиты друзей, практиковавших лечение энергией, и тщательно разработанную программу реабилитации. И все-таки самым важным для меня в то время было установить контакт с моим внутренним сознанием и с его помощью использовать ум для лечения тела.

Через девять с половиной недель после аварии я встал на ноги и вернулся к нормальной жизни – обойдясь без гипса и хирургического вмешательства. Я выздоровел полностью. С десятой недели я снова стал принимать пациентов, а на двенадцатой возобновил тренировки и поднятие тяжестей, продолжая заниматься реабилитацией. А теперь, спустя почти 30 лет после той катастрофы, я могу честно сказать, что с тех пор у меня вообще редко что болит.

ИССЛЕДОВАНИЕ НАЧИНАЕТСЯ ВСЕРЬЕЗ

Однако на этом мои приключения не закончились. Нет ничего удивительного в том, что я не смог вернуться в свою обычную жизнь. Моей прежней жизни не было, как не было и прежнего меня. Я изменился во многих отношениях. Я получил посвящение в такую реальность, которую не мог по-настоящему понять никто из моих знакомых. Я не мог теперь общаться с большинством старых друзей, и путь в прошлую жизнь был для меня закрыт. То, что прежде было важно для меня, отныне не имело никакого значения. И я стал задавать себе вселенские вопросы: «Кто я?», «В чем смысл жизни?», «Что я здесь делаю?», «В чем мое предназначение?» и «Что есть Бог?» Я почти совсем удалился от всего мирского и занялся изучением духовности. Вскоре я переехал из Сан-Диего на северо-запад Тихоокеанского побережья, где позже открыл клинику мануальной терапии неподалеку от городка Олимпия, штат Вашингтон.

Со временем меня сильно заинтересовали самопроизвольные ремиссии: когда люди излечивались от серьезных заболеваний без вмешательства официальной медицины вроде хирургии или медикаментозного лечения. Во времена моей болезни я заключил сделку с внутренним разумом, что если я когда-нибудь встану на ноги, то проведу остаток своей жизни, изучая и исследуя взаимосвязь ума и тела и идею превосходства духа над материей. Именно этим я занимаюсь уже почти три десятилетия.

Я путешествовал по разным странам в поисках людей, которым был поставлен диагноз и назначено лечение, оказавшееся неэффективным. По непонятным причинам эти люди справлялись с болезнью самостоятельно. Пытаясь разобраться в причине такого исцеления, я опрашивал их и выявил нечто общее в их переживаниях – каждый из случаев чудесного исцеления опирался на мощную внутреннюю психологическую поддержку.

Научный зуд во мне становился все сильнее, и мое любопытство приумножилось. Я снова стал посещать лекции в университете и изучать результаты последних исследований в нейробиологии. Моя аспирантская программа включала мозговую визуализацию, нейропластичность, эпигенетику и психонейроиммунологию. И я надеялся, что теперь, получив знания о науке изменения своего разума, я смогу помочь больным и здоровым людям, желающим измениться не только ради поддержания здоровья, но и ради совершенствования личных взаимоотношений, карьеры, семьи и жизни в целом.

Позже в числе четырнадцати ученых и исследователей меня пригласили сниматься в документальном фильме *«Покрытое тайной: Так что же мы знаем?!»*, которому суждено было в одночасье стать сенсацией. Этот фильм приглашал людей поразмышлять о природе реальности, а затем применить полученные знания в жизни и посмотреть, *стало* ли их наблюдение материальной реальностью. Люди по всему миру обсуждали этот фильм и затронутые в нем концепции. На волне этого успеха вышла моя первая книга *Evolve Your Brain: The Science of Changing of Your Mind*, которая была опубликована в 2007 году. Вскоре после ее выхода люди стали спрашивать меня: «Как ты это *делаешь*? Как ты меняешься и создаешь ту жизнь, какую пожелаешь?» Этот вопрос мне задавали чаще всего.

В результате я набрал команду и начал проводить семинары и мастер-классы о том, как устроен мозг и как можно перепрограммировать свое мышление на основе нейрофизиологических принципов. Поначалу это были преимущественно популяризаторские лекции. Однако мои слушатели хотели большего, поэтому я добавил медитации, чтобы объединить общую информацию с практикой, объясняя участникам практические шаги по изменению своего разума и тела и, в конечном счете, — своей жизни. Я проводил мастер-классы в разных частях света. Слушатели стали спрашивать меня: «А что дальше?» И тогда я ввел следующий уровень. Но даже после этого большинство участников попросили меня о еще более продвинутом уровне. Это повторялось повсюду, где я выступал.

Я научил их всему, что знал сам, но люди продолжали просить большего, поэтому я изучил еще кое-что и затем усовершенствовал свои выступления и практику медитаций. Движение набирало обороты, а я получал хорошую обратную связь — люди научились избавляться от пагубных саморазрушительных привычек и получать от жизни удовольствие. Хотя в ту пору мы с коллегами не замечали разительных перемен, людям нравились наши идеи, и они жаждали продолжать практику. Поэтому я снова и снова приходил туда, где меня ждали. Для себя я решил, что когда меня перестанут приглашать, я пойму, что работа моя закончена.

Года через полтора после нашего первого мастер-класса мы с командой начали получать электронные письма от наших участников, описывающих положительные сдвиги, которые они переживали, продолжая практиковать медитации. Перемены к лучшему потоком хлынули в жизнь этих людей, и они были счастливы. Обратная связь, которую мы получили за следующий год, привлекла мое внимание и заинтересовала моих сотрудников. Наши участники сообщали не только о субъективных изменениях самоощущения, но и об улучшениях объективных показателей – медицинских анализов. Эти люди осуществили те физические, психические и эмоциональные сдвиги, которые я изучал, наблюдал, а потом описал в книге *Evolve Your Brain*.

Это очень воодушевило меня, ибо я знал, что все воспроизводимое на практике может стать предметом научного анализа. Казалось, что первая часть большинства посланий написана под копирку, – они начинались с одних и тех же слов: «Вы ни за что не поверите...» И происходящие с ними изменения теперь становились чем-то большим, нежели случайное совпадение.

В том же году в Сиэтле состоялись два семинара, на которых люди рассказали о переменах в их жизни. Например, женщина с рассеянным склерозом (РС), которая по приезде не могла обходиться без костылей, к концу мастер-класса начала ходить без посторонней помощи. На другом семинаре уже другая женщина, страдавшая РС десять лет, вдруг начала танцевать, заявив, что паралич и онемение, которые она чувствовала в левой ноге, полностью исчезли. (Ты еще прочитаешь об одной из этих женщин в следующих главах.) Идя навстречу пожеланиям, в 2010 году я провел еще более продвинутый мастер-класс в штате Колорадо. И его участники стали замечать улучшение здоровья прямо во время семинара. Люди вставали, подходили к микрофону и рассказывали вдохновляющие истории.

Примерно в то же время меня пригласили выступить перед большим собранием руководителей бизнеса с лекцией о биологии изменений, нейробиологии лидерства и изложением концепции трансформации личности. После основного доклада несколько руководителей обратились ко мне с предложением адаптировать мои идеи для корпоративной модели трансформации. И тогда я разработал восьмичасовой курс, который можно было приспособить для компаний и организаций. И этот курс оказался таким удачным, что породил нашу корпоративную программу «Гений за тридцать дней». Вскоре я уже работал с такими клиентами, как *Sony Entertainment Network*, *Gallo Family Vineyards*, телекоммуникационная компания *WOW!* (старое название *Wide Open West*), и многими другими. Это привело к разработке частного тренинга для руководителей высшего звена.

Спрос на наши корпоративные программы возрос настолько, что я приступил к обучению тренерского персонала. Сейчас у меня более тридцати активных инструкторов, включая бывших директоров, корпоративных тренеров, психотерапевтов, адвокатов, врачей, инженеров и кандидатов наук в разных областях, которые разъезжают повсеместно и преподают этот подход к трансформации в компаниях. (В 2014 году мы начнем сертификацию независимых тренеров, обучая их использованию модели изменений для их собственных клиентов.) Даже в своих самых смелых мечтах я никогда не представлял такого будущего.

В 2012 году вышла моя вторая книга, «Сила подсознания, или Как изменить жизнь за 4 недели», призванная служить практическим дополнением к моей книге *Evolve Your Brain*. В ней я не только подробнее объяснил нейробиологию изменений и эпигенетику, но также предложил четырехнедельную программу, включавшую пошаговые инструкции для воплощения этих изменений в жизнь, основанную на опыте своих тогдашних мастер-классов.

Затем я провел еще один, более продвинутый семинар в штате Колорадо. И там произошло *семь* самопроизвольных ремиссий разнообразных заболеваний. Одна женщина, которая питалась одной только зеленью из-за тяжелой пищевой аллергии, поправилась на тех же выходных. Другие участники исцелились от целиакии[1], болезни щитовидной железы, сильных хронических болей и других патологий. Мы вдруг стали замечать некоторые по-настоящему важные изменения в жизни людей, которые отказывались от своей нынешней реальности ради создания новой. Все это происходило у меня на глазах.

ИНФОРМАЦИЯ РАДИ ТРАНСФОРМАЦИИ

Тот семинар в Колорадо в 2012 году стал поворотным пунктом в моей карьере. Я смог, наконец, увидеть, что люди не просто применяют полученные знания, чтобы поправить свое здоровье, они начинают посылать новые сигналы своим генам — *прямо во время медитаций*, в реальном времени.

---

[1] Целиакия (глютеновая энтеропатия) — аутоиммунное и аллергическое заболевание, нарушение пищеварения, вызванное повреждением ворсинок тонкой кишки пищевыми продуктами, содержащими определенные белки — глютен (клейковина) и близкими к нему белками злаков (авенин, гордеин и др.). — *Прим. ред.*

Что-то очень важное *должно* было произойти в психике человека и в его теле, если, годами страдая от какой-нибудь болезни, вроде волчанки, он смог выздороветь в течение часовой медитации.

Я стремился найти способ, позволяющий объективно измерять эти перемены, чтобы ясно понимать, что происходит.

И тогда в начале 2013 года я предложил совершенно новый тип семинара, который вывел наши мастер-классы на новый уровень. Я пригласил команду нейробиологов, инженеров и квантовых физиков с очень сложными приборами на свой четырехдневный мастер-класс в Аризоне, где было более двухсот участников. Специалисты применяли свои приборы для замеров показателей электромагнитного поля в зале, где проходил мастер-класс, дабы выяснить, как изменяется энергия в течение семинара. Кроме того, они замеряли энергетическое поле вокруг тел участников и в их энергетических центрах (известных как *чакры*), чтобы выяснить, способны ли люди влиять на эти центры.

Для этих измерений специалисты использовали очень сложные методики и оборудование: электроэнцефалографию (ЭЭГ), показывающую электрическую активность мозга; количественную электроэнцефалографию (QEEG) для проведения компьютерного анализа данных ЭЭГ; оценку вариабельности сердечного ритма (HRV) – это особый показатель сердечного ритма, отражающий взаимодействие между сердцем и мозгом; а также газоразрядную визуализацию (GDV) – для визуальной оценки перемен в биоэнергетическом поле.

Мы сканировали мозг многих участников до и после семинара, а также выборочно сканировали мозг некоторых участников прямо во время занятия, чтобы выяснить, можно ли увидеть нейрофизиологические изменения в реальном времени во время медитаций, которые я проводил. Это был замечательный мастер-класс. У одного пациента с болезнью Паркинсона полностью прекратился тремор. Другой участник с черепно-мозговой травмой тоже поправился. Люди, имевшие опухоли мозга и тела, обнаруживали, что мучавшие их новообразования исчезли. Многие страдавшие хронической суставной болью испытали облегчение впервые за многие годы. И это только малая доля среди множества других глубоких изменений.

Во время того удивительного семинара мы наконец смогли зафиксировать объективные изменения с научной точностью и документировали субъективные оценки самоощущения участников. То, что мы наблюдали и записывали, вершило историю. Позже в этой книге вы увидите, на что способен человек – я поделюсь историями о том, как обычные люди совершают невероятные вещи.

Разрабатывая свой мастер-класс, я стремился предоставить людям научную информацию и снабдить их необходимыми инструкциями о том, как применять эти сведения для достижения личной трансформации высшей степени. В конечном счете, наука – это язык современного мистицизма. Я выяснил, что, когда начинаешь говорить на языке религии или древних культурных традиций, нередко в аудитории среди слушателей возникает раскол. А чисто научные данные, поясняя мистическое, объединяют людей.

Кроме того, я обнаружил, что если мне удалось объяснить людям научную модель трансформации (привнеся туда элементы квантовой физики с ее теорией возможностей) вместе с новейшими данными из области нейробиологии, нейроэндокринологии, эпигенетики и психонейроиммунологии; а также научить слушателей применить эту модель на практике – тогда они способны воплотить трансформацию в жизнь. А если мне удастся замерять происходящую с ними трансформацию, то я смогу использовать эти данные для разъяснения людям принципов той трансформации, которую они только что пережили. Имея *такую* модель, они смогут пережить *следующую* трансформацию и так далее. По мере того как человек преодолевает разрыв между тем, за кого он себя принимает, и тем, кем является на самом деле – божественным творцом реальности, – он будет способен и дальше продолжать в том же духе. Я назвал эту концепцию «информация для трансформации», и она стала моей новой страстью.

В настоящее время я веду 7-часовой вводный интенсивный курс онлайн и лично провожу 9–10 трехдневных развивающих мастер-классов в год по всему миру. Кроме того, я организую пару пятидневных продвинутых мастер-классов, куда приходят другие ученые со своим оборудованием для оценки изменений в мозге и сердце, а также энергетических показателей в реальном времени. Результаты поражают воображение.

ВСТУПЛЕНИЕ

СДЕЛАТЬ РАЗУМ МАТЕРИЕЙ

Невероятные результаты, наблюдаемые на моих продвинутых мастер-классах, а также полученные там научные данные, привели меня к идее *плацебо эффекта*, красной нитью проходящей через всю эту книгу. Почему люди выздоравливают, принимая пустую пилюлю или получая инъекцию обычного физиологического раствора? Их вера в нечто, находящееся вовне, приводит их состояние к улучшению?

Я подумал: «А что, если люди начнут верить в *самих себя* вместо того, чтобы верить в нечто внешнее? Что, если они поверят, что смогут изменить себя внутренне и привести в такое же состояние, как и те, кто принимает плацебо? Разве не это сделали и продолжают делать участники наших мастер-классов, чтобы пойти на поправку?

Почему нам нужна пилюля или инъекция, чтобы изменить состояние своего бытия? Ведь можно научить людей проделывать с собой то же самое, рассказав им, как работает эффект плацебо.

В конечном счете, проповедник-змеедержец, способный пить стрихнин без каких бы то ни было биологических последствий, явно изменил состояние своего бытия, ведь так? (Подробнее об этом далее, в первой главе.) Получается, что можно научить людей проделывать это самостоятельно, не рассчитывая на нечто извне, – без плацебо! Надо лишь убедить людей, что они сами *и есть* плацебо? Вместо того чтобы веровать в сахарную пилюлю или инъекции физиологического раствора, пусть они направят свою веру на неведомую силу сознания и сделают это неведомое *известным.*

Вот об этом и написана моя книга. В ней я надеюсь убедить читателя осознать, что он от природы наделен механизмами, позволяющими творить чудеса. Моя цель – демистифицировать концепции плацебо с помощью новой науки. Я хочу, чтобы как можно больше людей поняли, что в их силах изменить свое внутреннее состояние, здоровье и осуществить положительные перемены во внешнем мире. Вероятно, это звучит слишком неправдоподобно. В конце книги представлены результаты некоторых исследований, проведенных на моих мастер-классах, позволяющие убедиться, что такое возможно.

О ЧЕМ НЕ РАССКАЗЫВАЕТ ЭТА КНИГА

Хочу пояснить, что *не* будет обсуждаться в этой книге, чтобы избежать недоразумений. Прежде всего, здесь не будет затронут этический аспект применения плацебо в медицинском лечении. Дебатов на тему моральной оправданности лечения пациента инертным веществом (не являющимся официально признанным лекарством) и так предостаточно. Подобная дискуссия вполне была бы оправдана в более широком разговоре о плацебо, но она не имеет никакого отношения к основной идее этой книги. Книга *«Сам себе плацебо»* посвящена тому, как человек может пересадить себя в водительское кресло и управлять собственными изменениями, а вовсе не тому, хорошо или плохо лечить людей, опираясь на веру и убеждения.

Эта книга также не имеет отношения к отрицанию болезней. Ни один из методов, о которых ты здесь прочтешь, не связан с отрицанием каких бы то ни было недугов, которыми ты, может быть, в настоящее время страдаешь. Наоборот, задача этой книги – помочь трансформировать любое заболевание. Речь пойдет о тех изменениях, которые осуществляет человек, переходя от болезни к здоровью. *«Сам себе плацебо»* не отвергает реальность, а дает модель создания *новой* реальности.

Объективные показатели медицинских анализов проинформируют тебя, срабатывает или нет то, что ты делаешь. Когда ты увидишь созданные тобой результаты, следует обратить внимание на то, что именно ты совершил, чтобы их добиться, и продолжать в том же духе. А если то, что ты делаешь, не работает, значит, надо что-то менять. Это и есть сочетание науки и духовности. Отрицание же происходит, когда ты не оцениваешь объективно реальность происходящего внутри и вокруг тебя.

Эта книга, помимо прочего, опускает вопросы эффективности разнообразных лечебных методик. Существует великое множество таких методик, и многие из них работают вполне хорошо. У каждой из них есть система оценки эффективности, подтвержденная на практике, но в своей книге я не буду останавливаться на перечислении и сравнении этих подходов. Моя задача – познакомить читателя с конкретной методикой, позволяющей исцелить самого себя, изменив образ мыслей. Ты волен продолжать использовать традиционные лечебные подходы, которые тебе помогают, будь то рецептурные лекарства, хирургия, акупунктура, мануальная терапия, биологическая обратная связь, массаж, диеты, йога, рефлексология, энергетическая медицина, звукотерапия и так далее. *«Сам себе плацебо»* не имеет никакого отношения к отрицанию медицины. Она лишь посвящена отказу человека от собственных самовозложенных ограничений.

СОДЕРЖАНИЕ КНИГИ

«Сам себе плацебо» состоит из двух частей.

Часть I дает подробные знания и дополнительные сведения, необходимые для понимания эффекта плацебо и механизмов его работы в мозге и теле. Она научит *самостоятельно* создавать этот вид чудесных изменений в твоем собственном организме – *одной только мыслью.*

Глава 1 начинает книгу, рассказывая несколько невероятных историй, демонстрирующих удивительную мощь человеческого разума. Некоторые из этих рассказов иллюстрируют, как мысли человека вылечили его, а другие показывают, что образ мыслей способен довести и до болезни (а иногда даже приблизить смерть). Ты прочтешь о мужчине, который умер, узнав, что у него рак, хотя вскрытие обнаружило, что диагноз был неверный. Узнаешь о женщине, десятилетиями страдавшей депрессией, которая почти полностью вылечилась, принимая плацебо. Я расскажу о группе отставных военных, хромавших из-за остеоартрита, которые чудесным образом поправились после имитации коленной хирургии. Ты даже прочтешь несколько потрясающих историй о проклятиях вуду и змеедержцах. Я стремлюсь показать широкий диапазон возможностей человеческого разума без применения средств современной медицины. Надеюсь, что это вызовет у тебя вопрос: «Как такое возможно?»

Глава 2 посвящена краткой истории плацебо, прослеживая данные научных открытий, начиная с 1770-х годов (например, один венский доктор использовал магниты, чтобы вызвать то, что он считал терапевтическими конвульсиями) и до наших дней. Здесь описано, как нейробиологи разгадывают тайны работы разума. Ты познакомишься с врачом, который разработал методику гипноза, а также с полевым хирургом периода Второй мировой войны, который успешно использовал инъекции физиологического раствора для обезболивания раненых солдат, когда у него закончился морфий. Я расскажу об эксперименте японских исследователей в области психонейроиммунологии. Они заменили листья ядовитого плюща листьями безобидного растения и обнаружили, что испытуемые сильнее реагируют на то, что им говорят о предстоящих ощущениях, чем на собственные чувства.

Ты также прочтешь о Нормане Казинсе, который досмеялся до полного выздоровления. О гарвардском исследователе, докторе медицины Герберте Бенсоне, сумевшем уменьшить факторы риска сердечной патологии у пациентов благодаря трансцендентной медитации. Узнаешь, как итальянский нейробиолог, доктор медицины и философии Фабрицио Бенедетти настроил пациентов на прием лекарства, а сам подсунул плацебо – и наблюдал в их мозге выработку тех же самых нейрохимических веществ, которые обычно провоцирует прием лекарства. Я познакомлю тебя с поразительным новым исследованием, которое поистине вносит в игру новые правила. Оно показало, что состояние пациентов с синдромом раздраженной толстой кишки значительно улучшилось благодаря плацебо, хотя они, все до одного, *прекрасно знали*, что препарат, который им дают, является именно плацебо, а не действующим лекарством.

Глава 3 познакомит с мозговыми механизмами эффекта плацебо. В каком-то смысле плацебо работает потому, что ты принимаешь и поддерживаешь новую мысль о том, что можешь выздороветь, и она замещает представление о том, что ты всегда был больным. Это означает, что ты можешь изменить свое мышление и вместо неосознанного представления о том, что твое будущее подобно привычному прошлому, предвкушать и ожидать новый возможный результат. Если ты согласишься с этой идеей, тогда тебе придется понаблюдать, как ты обычно мыслишь, понять, что такое разум и как он воздействует на тело.

Ведь пока ты придерживаешься определенных представлений, они будут приводить к одному и тому же выбору и, следовательно, к одним и тем же поступкам, которые создают те же переживания и вызывают те же эмоции, что, в свою очередь, снова порождает те же мысли. В результате на нейрохимическом уровне ты остаешься тем же самым. Фактически ты как бы напоминаешь самому себе, кем ты, по-твоему, являешься. Однако не спеши – ты вовсе не обречен оставаться таким всю жизнь. Ниже я объясню концепцию нейропластичности – ведь мозг способен изменяться на протяжении всей нашей жизни, создавая новые нейронные пути и новые связи.

Глава 4 рассказывает об эффекте плацебо в теле, объясняя следующий этап физиологии плацебо. Она начинается с рассказа о группе пожилых мужчин, которые посетили недельный семинар, организованный гарвардскими исследователями. Ученые предложили мужчинам притвориться, что им на 22 года меньше. К концу недели у участников эксперимента возникли многочисленные физиологические изменения – часы в их организме словно повернули вспять, и ты сможешь узнать, в чем секрет этих изменений.

Чтобы объяснить это, в главе мы обсудим, что такое гены и как они посылают сигналы организму. Относительно новая и захватывающая наука эпигенетика во многом пересмотрела прежнее представление о том, что наши гены – это наша судьба. Оказывается, наш разум может заставлять гены изменяться. Существуют замысловатые природные механизмы, позволяющие включать одни гены и выключать другие, то есть мы не обречены на экспрессию только тех генов, которые унаследовали. Таким образом, ты можешь научиться изменять свою нейронную конфигурацию, посылая нужные сигналы генам и порождая реальные изменения в организме. Ты прочтешь и о том, как наш организм получает доступ к стволовым клеткам (материи, которая лежит в основе многих чудес плацебо), чтобы производить новые, здоровые клетки там, где имеются повреждения.

Глава 5 связывает две предыдущие главы вместе, объясняя, как мысли изменяют мозг и тело. Она начинается с такого вопроса: «Известно, что когда наше окружение меняется, мы посылаем своим генам иные сигналы. А нельзя ли посылать новые сигналы генам *еще до* реальных изменений в окружении?» Я расскажу о методике под названием *мысленная репетиция*, сочетающей ясное намерение с эмоциями (давая телу пример будущего переживания). Это позволяет испытать новое будущее событие в настоящий момент.

Секрет в том, чтобы сделать свои представления более реальными, чем внешнее окружение. В этом случае мозг не уловит разницу между этими двумя и изменится, словно желаемое событие уже произошло. Если ты сможешь успешно проделать это достаточное число раз, ты преобразуешь свое тело и начнешь посылать сигналы новым генам, производя эпигенетические изменения в организме. А затем ты можешь пройти прямо в эту новую реальность.

Эта глава не только излагает научные принципы таких преобразований, но дополнена историями из жизни многих публичных персонажей разного общественного положения, которые пользуются подобной методикой (порой неосознанно), дабы воплотить в жизнь свои самые смелые мечты.

Глава 6 посвящена концепции внушаемости. Она начинается с увлекательной, но леденящей душу истории об одном эксперименте, предполагавшем выяснить: можно ли запрограммировать среднестатистического, законопослушного, здорового и восприимчивого к гипнозу американца, сделать нечто такое, что в нормальных условиях он считает совершенно неприемлемым (скажем, выстрелить в иностранца).

Ты узнаешь, что люди обладают неодинаковой внушаемостью и чем более человек внушаем, тем легче получает доступ к своему подсознанию. Это ключ к пониманию эффекта плацебо, потому что сознательный разум представляет собой только 5% того, что мы есть. Остальные 95% – это набор подсознательно программируемых состояний, в которых тело становится умом. Человеку необходимо научиться выходить за пределы аналитического ума и входить в операционную систему своих подсознательных программ, тогда его новые мысли породят изменения его генетической судьбы. Я расскажу о медитации – главном средстве такого совершенствования. Эта глава заканчивается кратким описанием различных состояний и мозговых волн.

Глава 7 целиком посвящена тому, как представления, убеждения и восприятие изменяют состояние нашего бытия и создают твою личность – твою персональную реальность. Мы поговорим о том, как сдвинуть их, чтобы создать новую реальность. О силе, которая приводит в действие бессознательные убеждения. И ты получишь шанс осознать некоторые из собственных убеждений, которые вынашивал, не понимая этого.

Я объясню более подробно, почему, чтобы изменить свои убеждения и восприятия, следует сочетать ясное стремление с эмоциональным воодушевлением. Это заставляет твой организм поверить, что будущий потенциал, который ты выбрал из квантового поля возможностей, уже произошел. Такое чувство жизненно необходимо, потому что только когда выбор человека несет мощный заряд энергии (которая мощнее прежних шаблонов в его мозге и эмоциональной зависимости в его теле), он сумеет изменить схемы своего мозга и экспрессию генов своего тела (заново обусловив свое тело новым разумом, стирая любой след старой нейросхемы и рефлексов).

В **Главе 8** я познакомлю тебя с квантовой вселенной, непредсказуемым миром материи и энергии. Здесь зарождаются атомы и молекулы всего сущего. Вселенная на самом деле представляет собой скорее поле подвижной энергии (которое выглядит как пустое пространство), нежели твердую материю. Квантовая физика утверждает, что настоящий момент потенциально содержит любые возможности. И это наш ключ к использованию эффекта плацебо для исцеления, потому что это подтверждает возможность выбрать для себя новое будущее, а затем действительно *наблюдать его в реальности.* Ты поймешь, что, по сути, человек способен пересечь реку перемен и сделать неведомое известным.

Глава 9 знакомит с тремя участниками моих мастер-классов, которые достигли поистине замечательных результатов в улучшении своего здоровья. Сначала я расскажу о Лори: у нее в возрасте 19 лет диагностировали редкую дегенеративную костную болезнь, которую ее врачи считали неизлечимой. И хотя кости ее левой ноги перенесли 12 серьезных переломов на протяжении нескольких десятилетий, оставив Лори в полной зависимости от костылей, сегодня она ходит совершенно нормально, не нуждаясь даже в трости. Причем рентген ее левой конечности не показывает никаких следов переломов.

Потом я представлю тебе Кэндис. У нее диагностировали болезнь Хасимото – серьезное заболевание щитовидной железы с целым букетом осложнений. Кэндис заработала этот недуг в напряженный период своей жизни, полный обид и злобы. Врач сказал Кэндис, что ей придется сидеть на лекарствах до конца своих дней, но она доказала, что он ошибается, и смогла повернуть свою болезнь вспять. Сегодня она влюблена в свою совершенно новую жизнь и не принимает никаких препаратов, а ее щитовидная железа, согласно анализам крови, работает нормально.

В конце главы мы познакомимся с Джоанной (женщиной, упомянутой во введении), матерью пятерых детей. Она была успешной бизнесвумен и предпринимателем, а затем вдруг внезапно свалилась, и у нее диагностировали развитую форму рассеянного склероза. Здоровье Джоанны стремительно ухудшалось, и вскоре она уже была не в состоянии передвигать ноги. Когда она впервые попала ко мне на мастер-класс, она добилась совсем небольших изменений, но настал день, когда эта женщина, годами не чувствовавшая собственных ног, вдруг встала и прошла через весь зал без посторонней помощи после всего лишь часовой медитации!

В **главе 10** изложены не менее замечательные истории. Например, Мишель полностью исцелила себя от болезни Паркинсона, а Джон избавился от паралича рук и ног и смог встать с инвалидной коляски после медитации. Ты узнаешь, как Кэти (генеральный директор, живущая в сумасшедшем ритме) научилась отыскивать настоящий момент, а Бонни вылечила себя от фиброзных опухолей и обильных менструальных кровотечений. В заключение мы познакомимся с Женевьевой, которая во время медитации вошла в состояние такого блаженства, что слезы радости хлынули у нее из глаз, и с Марией, переживание которой иначе как оргазмом в мозге и не назовешь.

Я расскажу о данных мозгового сканирования этих людей, собранных моей командой, чтобы представить воочию те перемены, свидетелями которых мы были в реальном времени во время мастер-классов. Самое замечательное, о чем эти данные свидетельствуют: вовсе необязательно быть монахом или монахиней, ученым, естествоиспытателем или духовным лидером, чтобы совершить похожий подвиг. Герои этой книги – обычные люди. Прочитав эту главу, ты поймешь, что совершенное ими – вовсе не магия и даже не такое уж чудо. Они попросту освоили и применили вполне доступные навыки. И если ты будешь практиковать то же самое, то сумеешь добиться похожих изменений.

Часть II этой книги полностью посвящена медитации. Она начинается с **Главы 11**, где вкратце изложены некоторые простые подготовительные шаги для медитации и описаны приемы, которые будут тебе полезны. **Глава 12** содержит пошаговые инструкции применения медитативных методов, которым я обучаю на моих мастер-классах. Именно эти методы позволили участникам мастер-классов достичь столь замечательных результатов.

По счастью, хотя у нас нет еще всех ответов об использовании силы плацебо, самые разные люди на практике используют эти идеи *прямо сейчас* и добиваются удивительных изменений в своей жизни – таких изменений, которые многие считают практически невозможными. Методики, представленные в этой книге, не ограничиваются исцелением физических недугов. Их можно с успехом применить для улучшения любого аспекта твоей жизни. Надеюсь, эта книга вдохновит тебя испытать эти методики на себе и реализовать те же фантастические изменения в *твоей* жизни.

Примечание автора: все изложенные в этой книге истории, пережитые участниками моих мастер-классов, – истинны, но имена и особые приметы, по которым можно было бы узнать человека, изменены ради конфиденциальности.

ЧАСТЬ I

ИНФОРМАЦИЯ

ГЛАВА 1

РАЗВЕ ТАКОЕ ВОЗМОЖНО?

Пенсионер Сэм Лонд, бывший продавец обуви, живущий неподалеку от Сент-Луиса, в начале 1970-х начал испытывать трудности с глотанием.

Когда он наконец пришел на прием к доктору, тот обнаружил у Лонда рак пищевода с метастазами. В те годы метастатический рак пищевода считался неизлечимым – с таким диагнозом никто не выживал. Это был смертный приговор, и врач Лонда сообщил ему эту новость подходящим к случаю скорбным тоном.

Чтобы как можно больше продлить жизнь Лонда, доктор рекомендовал хирургически удалить злокачественную ткань в пищеводе и в желудке, где распространился рак. Доверяя доктору, Лонд согласился, и ему сделали операцию. Он ее неплохо перенес, но вскоре дела пошли совсем скверно. Скан печени Лонда обнаружил новости хуже некуда – обширный рак поразил всю ее левую долю. Доктор мрачно сказал Лонду, что в лучшем случае тот протянет всего несколько месяцев.

Тогда Лонд и его новая жена, которой, как и ему, шел восьмой десяток, решили переехать за 300 миль в Нашвилл, где у жены Лонда была семья. Вскоре после переезда в Теннесси Лонда определили в больницу, где ему назначили терапевта по имени Клифтон Мэдор. Войдя в первый раз в палату Лонда, д-р Мэдор увидел низенького, небритого человека, свернувшегося под ворохом покрывал. Он казался почти мертвым. Лонд был груб и неразговорчив, а медсестры рассказали, что он был таким с самого приезда несколько дней назад.

Кроме повышенного уровня глюкозы из-за диабета, остальные показатели крови Лонда были вполне нормальными, за исключением слегка увеличенного показателя энзимов печени, что, по-видимому, объяснялось раком печени. Дальнейшее медицинское обследование не выявило больше никаких отклонений, что было весьма странным, учитывая безнадежное состояние пациента. Следуя распоряжениям своего нового доктора, Лонд в полной мере получал физиотерапию, усиленную жидкую диету и внимательный, заботливый уход медицинского персонала. Через несколько дней он немного окреп, а его раздражительность стала сходить на нет. Он начал рассказывать доктору Мэдору о своей жизни.

Прежде Лонд был женат на другой женщине. И со своей первой женой они жили душа в душу. У них не могло быть детей, но им и без этого было хорошо вместе. Поскольку оба любили греблю, то, выйдя на пенсию, купили дом рядом с водохранилищем. И вот как-то поздно ночью неподалеку прорвало земляную дамбу, и стена воды разрушила и смыла их дом. Сам Лонд чудом спасся, уцепившись за какие-то обломки, но тело его жены так и не нашли.

«Я потерял все, что было мне дорого, – сказал он доктору Мэдор. – Той ночью наводнение поглотило мое сердце и душу».

Через шесть месяцев после гибели первой жены Лонду, который по-прежнему скорбел и пребывал в глубокой депрессии, диагностировали рак пищевода и сделали операцию. Именно тогда он встретил свою вторую жену, добрую женщину, которая знала о его неизлечимой болезни и согласилась заботиться о нем до последнего его вздоха. Спустя несколько месяцев после свадьбы они переехали в Нашвилл, а дальнейшую историю доктор Мэдор уже знал.

Как только Лонд закончил свой рассказ, доктор, пораженный тем, что он только что услышал, спросил сочувственно: «Чем я могу вам помочь?» Умирающий на минуту задумался.

«Мне бы хотелось встретить Рождество с женой и с ее родными, – ответил он наконец. – Помогите мне дожить до Рождества. Больше я ни о чем не прошу». Доктор Мэдор пообещал Лонду сделать все, что в его силах.

К тому времени, когда в конце октября Лонда выписали, он был действительно в гораздо лучшей форме. Доктор Мэдор был удивлен и обрадован тем, что Лонд чувствовал себя лучше. Теперь доктор принимал своего пациента раз в месяц. Но ровно через неделю после Рождества (аккурат под Новый год) жена Лонда снова привезла его в больницу.

Доктор Мэдор с удивлением обнаружил, что Лонд снова выглядел как умирающий. Доктор обнаружил незначительное повышение температуры, а рентген грудной клетки показал небольшое пятно пневмонии, хотя не было похоже, что пациент страдает респираторным заболеванием. Все анализы были в порядке, а бактериологический анализ, заказанный доктором, не выявил других заболеваний. Доктор Мэдор назначил антибиотики и кислород, все еще надеясь на лучшее, но в течение суток Сэм Лонд скончался.

Ты, наверное, думаешь, что это рассказ о типичном онкологическом диагнозе, за которым последовала неизбежная смерть пациента от неизлечимого заболевания?

Не спеши.

Самое странное началось, когда в больнице провели вскрытие тела Лонда. Его печень на самом деле *не была* заполнена раком — у него была всего лишь малюсенькая раковая опухоль в левой доле и очень небольшое пятнышко в легких. Ни одна из этих опухолей не была достаточно серьезной, чтобы убить человека. Более того, в области вокруг пищевода вообще не было никакой патологии. Неправильно проведенная в больнице Сент-Луиса томография печени, вероятно, по ошибке выдала такой диагноз.

Сэм Лонд умер не от рака пищевода и не от рака печени, и даже не от легкой формы пневмонии, с которой вернулся в больницу. Он умер лишь только потому, что все вокруг считали, что он умирает. Его доктор в Сент-Луисе был убежден, что Лонд при смерти, доктор Мэдор в Нашвилле думал так же. Жена Лонда и родственники жены тоже «знали», что Лонд умирает. И, самое главное, он сам был убежден, что скоро умрет. Неужели Сэм Лонд скончался *от одной только мысли?* Разве мысль может быть такой сильнодействующей? И если да, является ли этот случай уникальным?

ВОЗМОЖНА ЛИ ПЕРЕДОЗИРОВКА ПЛАЦЕБО?

Двадцатишестилетний аспирант Фред Мэйсон (имя изменено) впал в депрессию, когда его бросила девушка. Он увидел объявление о клинических испытаниях нового антидепрессанта и решил принять в них участие. У него уже был приступ депрессии за четыре года до этого, и доктор тогда прописал ему антидепрессант амитриптилин (элавил), но Мэйсону пришлось прекратить курс лечения из-за побочных эффектов — у него развилась чрезмерная сонливость и началось онемение конечностей. Тогда он счел это лекарство слишком сильнодействующим, а теперь надеялся, что у нового препарата не будет побочных эффектов.

Где-то через месяц после начала исследования он решил позвонить своей бывшей девушке. Они разругались по телефону в пух и прах, и после того как Мэйсон бросил трубку, он в сердцах схватил свою банку с экспериментальными пилюлями и проглотил все 29 штук, пытаясь покончить с собой. Однако уже через секунду он раскаялся в своем поступке. Выбежав в коридор своего многоквартирного дома, Мэйсон отчаянно звал на помощь, а затем без сил рухнул на пол. Соседка услышала его крики и обнаружила, что он лежит на земле.

Мэйсон сказал ей, что совершил ужасную ошибку, что проглотил все свои таблетки, но вовсе не собирался умирать. Он попросил соседку отвезти его в больницу, и она согласилась. Когда Мэйсона доставили в «Скорую помощь», он был бледным как полотно, а пот тек по нему ручьями. Кровяное давление было 80/40, а пульс – 140. Часто дыша, он повторял как заведенный: «Я не хочу умирать!»

Когда врачи осмотрели Мэйсона, то не обнаружили ничего серьезного, кроме низкого артериального давления, повышенного пульса и учащенного дыхания. Несмотря на это, он казался вялым, а его речь была невнятной. Медицинская бригада поставила ему внутривенную капельницу с физиологическим раствором. У него взяли анализы крови и мочи и спросили, какое такое лекарство он принял. Мэйсон не смог вспомнить название.

Он сказал врачам, что это был экспериментальный антидепрессант, который входил в программу испытаний. Он вручил им пустую банку с наклейкой, на которой действительно была информация о клинических испытаниях, но не было названия лекарства. Врачам ничего не оставалось, как ждать результатов лабораторных анализов, внимательно следить за его состоянием, чтобы ему не стало хуже, и надеяться, что больничная администрация сможет связаться с исследователями, которые проводили испытание нового препарата.

Четыре часа спустя, после того как результаты лабораторных анализов пришли абсолютно нормальными, прибыл врач, который входил в группу клинического испытания препарата. Прочитав код с наклейки на пустой банке Мэйсона из-под лекарства, исследователь сверил его со своими записями. Он объявил, что Мэйсон на самом деле принимал плацебо, а пилюли, которые он проглотил, не содержали вообще никакого лекарства. За считаные минуты кровяное давление и пульс Мэйсона чудесным образом пришли в норму. Как по волшебству исчезла его убийственная вялость.

Мэйсон пал жертвой эффекта *ноцебо*, когда безвредное вещество вызывает губительные последствия из-за неоправданных опасений о его действии.

Как могло такое случиться, что у Мэйсона появились симптомы заболевания единственно потому, что он ожидал их появления? Мог ли разум Мэйсона, как и в случае с Сэмом Лондом, взять под свой контроль его тело, полное ожиданиями будущего трагического исхода, до такой степени, что этот сценарий *воплощался* в жизнь? Могло ли такое случиться, учитывая, что его разум должен был при этом влиять на такие функции, которые обычно не подвластны контролю сознания? И если такое возможно, можно ли использовать наши мысли для исцеления?

ВОЛШЕБНОЕ ИСЧЕЗНОВЕНИЕ ХРОНИЧЕСКОЙ ДЕПРЕССИИ

Дженис Шенфельд, 46-летний дизайнер интерьеров из Калифорнии, страдала от депрессии с подросткового возраста. Она не пыталась справиться со своим недугом до тех пор, пока в 1997 году не натолкнулась на объявление в газете. Нейропсихиатрический институт Калифорнийского университета в Лос-Анджелесе (UCLA) искал добровольцев для клинических испытаний нового лекарственного препарата, антидепрессанта под названием венлафаксин (эффексор). Шенфельд ухватилась за этот шанс и решила опробовать новое лекарство на себе.

Когда Шенфельд в первый раз прибыла в институт, технический специалист сделал ЭЭГ ее мозга, чтобы посмотреть и записать активность мозговых волн в течение почти 45 минут, а вскоре после этого Шенфельд вышла из больничной аптеки с баночкой пилюль. Она знала, что примерно половина группы из 51 испытуемого будет принимать лекарство, а остальные получат плацебо, при этом (ради чистоты эксперимента) ни она сама, ни доктора, проводящие исследование, не имели ни малейшего представления о том, в какую группу она угодила. Строго говоря, до самого окончания исследования этого вообще никто не знал. Но в тот момент для Шенфельд это едва ли имело хоть какое-то значение. Она была возбуждена, ее окрыляла надежда, что после десятилетий титанической борьбы с клинической депрессией она, наконец, получит помощь.

Шенфельд дала согласие возвращаться на осмотр каждую неделю в течение всего исследования. Каждый раз она отвечала на вопросы о своем самочувствии и несколько раз снова проходила ЭЭГ. Вскоре после начала приема пилюль Шенфельд стала чувствовать себя несравнимо лучше впервые в своей жизни. Правда, временами она ощущала тошноту, но это ее только *радовало*, ибо она знала, что тошнота была одним из обычных побочных эффектов экспериментального лекарства. Она была уверена, что получила активное лекарство, поскольку ее депрессия улетучивалась, да к тому же она переживала побочные эффекты. И даже медсестра, с которой Шенфельд общалась во время еженедельных визитов в институт, была убеждена, что та получает настоящее лекарство, потому что видела положительные изменения ее состояния.

Наконец, по окончании восьминедельного испытания один из исследователей открыл ей шокирующую правду – Шенфельд, которая оставила мысли о самоубийстве и чувствовала себя заново родившейся после приема пилюль, на самом деле была в группе плацебо. Шенфельд была ошарашена. Она была уверена, что доктор ошибается. Она просто не могла поверить, что смогла практически поправиться после стольких лет удушающей тоски только из-за того, что съела банку сахарных пилюль. Как же так, ведь у нее даже были побочные эффекты! *Наверняка* это все-таки какая-то путаница. Она попросила доктора еще раз проверить списки. Тот добродушно рассмеялся и заверил пациентку, что в баночке, которую она брала с собой домой, в той самой баночке, которая вернула Шенфельд радость жизни, действительно не было ничего, кроме пустышек плацебо.

Пока Шенфельд сидела в кабинете в полном недоумении, доктор убеждал ее, что тот факт, что она не принимала настоящего лекарства, вовсе не означает, что она всю жизнь воображала симптомы депрессии, а потом свое нынешнее выздоровление, – это лишь означает, что ей помог не исследуемый препарат, а что-то другое.

И не только ей. Результаты исследования вскоре показали, что 38% испытуемых из группы плацебо почувствовали улучшение, при том что в группе, получавшей эффексор, таких было не намного больше – 52%. Но когда были обработаны данные ЭЭГ, пришла очередь врачей удивляться. Такие пациенты, как Шенфельд, которые поправились от приема плацебо, не воображали улучшение своего состояния – у них действительно *изменился рисунок мозговых волн*. Показания ЭЭГ, педантично снимаемые на протяжении всего периода исследования, демонстрировали значительный рост активности в лобной коре, которая у депрессивных пациентов, как правило, весьма низкая.

Таким образом, эффект плацебо изменял не только психологический настрой Шенфельд, но приводил к реальным изменениям в ее биологии. Другими словами, результат сказывался не только на ее *психике*, но и на физиологических показателях работы *мозга*. Она не просто *чувствовала* себя здоровой – она *была* здорова. К концу исследования у Шенфельд был буквально другой мозг, причем без приема каких бы то ни было лекарств или изменения образа жизни. Значит, ее психика, ее разум изменили тело. И даже спустя лет десять после того эксперимента Шенфельд по-прежнему чувствовала себя прекрасно.

Как же это возможно, чтобы сахарная пустышка смогла не только устранить симптомы глубоко укоренившейся депрессии, но также вызвать подлинные побочные эффекты вроде тошноты? И почему инертное вещество способно влиять на функцию мозговых волн, усиливая активность в том самом отделе мозга, который наиболее поражен депрессией? Может ли субъективный внутренний настрой привести к таким объективно измеряемым физиологическим изменениям? Что происходит в психике и в теле, что позволяет плацебо прекрасно подменять настоящее лекарство? Может ли столь же феноменальное исцеление случиться не при хроническом психологическом расстройстве, но и при таком опасном для жизни соматическом заболевании, как рак?

«ЧУДЕСНОЕ» ИСЦЕЛЕНИЕ: ОПУХОЛИ ИГРАЮТ В ПРЯТКИ

В 1957 году психолог из UCLA Бруно Клопфер опубликовал статью в ведомственном журнале с рассказом о человеке, которого он называл «господин Райт», у того была обширная лимфома – рак лимфатических желез. У пациента были огромные опухоли, некоторые размером с апельсин, в шее, в паху и под мышками, и его рак вообще не поддавался традиционным видам лечения. «Господин Райт» неделями не вставал с постели, «трясясь в лихорадке, хватая ртом воздух, еле живой». Его доктор Филип Уэст не верил в выздоровление, но сам Райт не сдавался. Когда он узнал, что больница, где он проходит лечение (в Лонг-Бич, штат Калифорния), стала участником испытаний экспериментального препарата, извлекаемого из конской крови (под названием кребиозен), то очень обрадовался. Райт целыми днями изводил доктора Уэста своими просьбами, пока врач, наконец, не согласился дать ему шанс попробовать новое лекарство. И это несмотря на то, что умирающий Райт официально не имел права участвовать в клиническом испытании – туда допускались только пациенты, которым оставалось жить не меньше трех месяцев.

Райт получил инъекцию кребиозена в пятницу, а уже к понедельнику он разгуливал вокруг, смеялся и шутил со своими медсестрами и вообще стал другим человеком.

Доктор Уэст сообщал, что опухоли «таяли как снежки на горячей печке». В течение трех дней опухоли уменьшились вдвое. Еще через десять дней Райта выписали из больницы – он был совершенно здоров. Это казалось чудом.

Однако два месяца спустя газеты сообщили, что все десять испытаний показали, что кребиозен оказался подделкой. Стоило Райту прочесть эту новость, полностью осознать последствия и принять мысль о том, что лекарство было бесполезным, как он немедленно слег, а его опухоли вскоре вернулись. Доктор Уэст заподозрил, что первоначальная положительная реакция Райта объяснялась эффектом плацебо, и, понимая, что его пациент и так безнадежен, он решил, что ему нечего терять, а Райт только выиграет, если его предположение окажется верным. Итак, доктор сказал Райту не верить газетным статьям и объяснил, что рецидив заболевания произошел оттого, что тот кребиозен, который принимал Райт, оказался из бракованной партии. Он пообещал Райту, что скоро в больницу прибудет настоящий кребиозен, как он сказал: «новый, сверхочищенный препарат удвоенной силы», и Райт сможет сразу же получить его.

В ожидании исцеления Райт находился в приподнятом настроении, и несколько дней спустя получил свою инъекцию. На сей раз в шприце доктора Уэста вовсе не было лекарства – ни экспериментального, ни какого другого. Он наполнил шприц дистиллированной водой.

И снова опухоли Райта волшебным образом пропали. Он радостно вернулся домой и прекрасно себя чувствовал целых два месяца, вообще забыв про рак. Однако затем Американская медицинская ассоциация распространила сообщение о том, что кребиозен действительно был бесполезным. Медицинская общественность стала жертвой надувательства. «Чудесное лекарство» оказалось мистификацией – в нем не было ничего, кроме минерального масла и простой аминокислоты. Производителям подделки было предъявлено официальное обвинение. Услышав эти новости, Райт пережил последний в своей жизни рецидив, – *больше уже не веря в возможность исцеления.* Обреченно он вернулся в больницу и через два дня скончался.

Возможно ли, чтобы Райт за считаные дни каким-то образом изменил *состояние своего бытия* – причем не единожды, а дважды – на состояние бытия человека, у которого попросту не было рака? И автоматически ли откликалось его тело на новый образ мыслей? И почему его организм возвращался в состояние больного раком, стоило ему услышать, что лекарство оказалось бесполезным? Его тело опять вырабатывало в точности ту же самую химию и возвращалось в привычное болезненное состояние? Можно ли достичь такого нового биохимического состояния, не только приняв пилюлю или получив инъекцию, но подвергаясь более инвазивным воздействиям, вроде хирургического вмешательства?

ОПЕРАЦИЯ НА КОЛЕНЕ, КОТОРОЙ НЕ БЫЛО И В ПОМИНЕ

В 1996 году хирург-ортопед Брюс Мозли, тогда еще сотрудник Медицинского колледжа Бэйлора и один из ведущих экспертов Хьюстона в ортопедической спортивной медицине, опубликовал результаты исследования, основанного на его эксперименте с десятью добровольцами – это были мужчины, оставившие военную службу и страдавшие остеоартритом колена. Это серьезное заболевание, поэтому многие из них заметно хромали, ходили с тростью или нуждались в посторонней помощи при передвижениях.

Исследование было посвящено артроскопической хирургии – популярной операции. Операция начиналась с того, что пациента анестезировали, перед тем как сделать небольшой разрез для введения волоконно-оптического инструмента под названием артроскоп, с помощью которого хирург мог как следует рассмотреть сустав пациента. Затем во время самой операции доктор скоблил и прополаскивал сустав для удаления всех осколков дегенеративного хряща, считавшихся причиной воспаления и боли. В те годы такую хирургическую операцию проходили ежегодно примерно три четверти миллиона человек.

В эксперименте доктора Мозли двоим из десяти пациентов предстояло пройти стандартное хирургическое вмешательство – *санацию* (во время которой хирург выскабливает лохмотья хряща из коленного сустава); троим была назначена процедура под названием *лаваж* (разрушенную суставную ткань вымывают из коленного сустава водой под высоким давлением). А оставшихся пятерых ждала *псевдооперация*. Доктор Мозли собирался искусно разрезать кожу на колене скальпелем, а затем зашить обратно, не выполняя никакой медицинской процедуры. Для этих пяти мужчин не были предусмотрены ни артроскоп, ни выскабливание сустава, ни удаление осколков кости, ни промывания – только разрез и швы.

Начало каждой из десяти процедур было совершенно одинаковым: человека привозили на каталке в операционную, давали ему общую анестезию, а потом доктор Мозли делал все остальное. Лишь когда хирург входил в операционную, ему вручали запечатанный конверт, где было сказано, к какой из трех групп отнесен пациент на столе. Доктор Мозли не имел ни малейшего представления о содержимом конверта, пока не вскрывал его.

После операции все десять пациентов сообщили об увеличении подвижности сустава и ослаблении болей. Причем те, кому провели лишь псевдооперацию, чувствовали себя ничуть не хуже прошедших санацию или лаваж. Никакой разницы в результатах не появилось и через шесть месяцев.

И даже шесть лет спустя, когда двое из получивших плацебо-хирургию пришли на прием, они сообщили, что ходят по-прежнему нормально, болей не испытывают, а подвижность колена только возросла. Они рассказали, что могут теперь выполнять все виды повседневных дел, на что не были способны за шесть лет до хирургической операции. Мужчины чувствовали себя как будто бы родились заново.

Окрыленный успехом, доктор Мозли опубликовал в 2002 году результаты еще одного исследования с участием 180 пациентов, которых вели в течение двух лет после операции. И снова пациенты из всех трех групп выздоровели, стали ходить без боли или хромоты сразу после хирургического вмешательства. И опять-таки никто из первых двух групп, получивших настоящую хирургию, не чувствовал себя хоть сколько-нибудь лучше, чем пациенты, прошедшие плацебо-хирургию, – и даже по прошествии двух лет.

Неужели всем этим людям стало лучше просто потому, что у них была вера в целительную силу хирурга? Как им удалось нарисовать в своем воображении жизнь с полностью вылеченным коленом, попросту поддаться такому возможному результату, а затем войти в эту жизнь буквально на своих двоих? Получается доктор Мозли фактически был как бы современным знахарем в белом халате? И нельзя ли достичь такой же полноты исцеления в более угрожающем положении, например в случае необходимости операции на сердце?

ОПЕРАЦИЯ НА СЕРДЦЕ, КОТОРОЙ НЕ БЫЛО

В конце 1950-х две группы исследователей проводили эксперимент, где сопоставлялись результаты стандартного для того времени хирургического лечения стенокардии и плацебо. Это было задолго до появления операции *аортокоронарного шунтирования*, повсеместно применяемой ныне. В те годы большинство пациентов-сердечников проходили процедуру под названием *внутренняя грудная лигатура*: хирург извлекал поврежденные артерии и специально перевязывал их. Идея состояла в следующем: при этом перекрывался кровоток, что должно было заставить организм вырастить новые сосуды для увеличения кровоснабжения сердца. Такая операция помогала подавляющему числу пациентов, хотя у врачей не было твердой уверенности, что новые кровеносные сосуды действительно потом регенерируют. Это и послужило основанием для двух исследований.

Две команды исследователей – из Канзас-Сити и из Сиэтла – следовали одной и той же процедуре, разделив испытуемых на две группы. Одной группе выполняли стандартную внутреннюю грудную лигатуру, а другой – псевдооперацию: хирурги делали точно такие же небольшие надрезы на груди пациента, как и при настоящей лигатуре, вскрывающей артерии, но затем просто зашивали надрез, ничего больше не делая.

Результаты обоих исследований были поразительно сходными:

> 67% пациентов, получивших настоящую операцию, меньше чувствовали боль и меньше нуждались в лекарствах...

Зато среди тех, кто прошел фальшхирургию, таких было аж 83%. Плацебо-хирургия работала даже лучше настоящего лечебного вмешательства!

Неужели пациенты, прошедшие фальшоперецию, так сильно верили в то, что им станет лучше, что им и *на самом деле* становилось лучше — благодаря одному лишь ожиданию выздоровления? И если такое возможно, то что это говорит о том влиянии, которое оказывают каждодневные мысли, будь они положительные или отрицательные, на наше тело и здоровье?

НАСТРОЙ — ЭТО ВСЕ

В наше время существует множество исследований, показывающих, что настрой человека действительно влияет на здоровье, включая продолжительность жизни. Например, Клиника Мейо в 2002 году опубликовала результаты эксперимента с участем 447 испытуемых, продолжавшегося более 30 лет. Результаты свидетельствуют, что оптимисты здоровее и физически, и психически. Слово *«оптимист»* буквально означает «лучший» и наводит на мысль, что эти люди сосредоточивают свое внимание на сценарии лучшего будущего. Например, у оптимистов меньше проблем с повседневными делами вследствие их физического здоровья или эмоционального состояния; они реже испытывают боль; чувствуют себя бодрее; им легче дается общение; и большую часть времени они радостны и спокойны. Вскоре за этим появился отчет о другом исследовании Клиники Мейо. Ученые наблюдали свыше 800 испытуемых в течение 30 лет. Исследование показало, что оптимисты живут дольше пессимистов.

Исследователи Йельского университета наблюдали 660 человек в возрасте 50 лет и старше на протяжении 23 лет и обнаружили, что люди с положительным настроем по поводу старения живут более чем на 7 лет дольше тех, кто настроен отрицательно. Причем настрой имел гораздо большее влияние на долголетие, чем кровяное давление, уровень холестерина, курение, избыточный вес и даже уровень двигательной активности.

Дополнительные исследования обратили особое внимание на связь здоровья сердца с настроем. Примерно в то же самое время исследователи Университета Дьюка, наблюдавшие 866 пациентов-сердечников, сообщили, что у испытуемых, которые повседневно испытывали больше положительных эмоций, шансы прожить еще 11 лет были на 20% выше, нежели у тех, для кого привычнее были отрицательные эмоции. Еще более поразительными оказались результаты исследования 255 студентов-медиков из Медицинского колледжа штата Джорджия, за которыми наблюдали в течение 25 лет. У самых злобных из них было отмечено в пять раз больше случаев коронарной болезни сердца. А исследование Университета Джонса Хопкинса, представленное в 2001 году на научной сессии Американской ассоциации сердца, даже показало, что положительное умонастроение может оказаться самой сильной из всех известных защит от болезни сердца у взрослых при плохой наследственности. Это исследование наводит на мысль о том, что оптимальный настрой работает не хуже, а то и лучше, чем правильное питание, дозированная физическая нагрузка и поддержание нормального веса.

Значит, наш повседневный менталитет (человек добрый и радостный или злой и тревожный) может определять, как долго мы проживем? А можно ли изменить свое умонастроение? Если да, то сможет ли этот новый склад ума вытеснить негативный шаблон прошлых переживаний? И может ли многократное ожидание чего-нибудь негативного привести к тому, что оно произойдет?

ОПЕРЕЖАЮЩАЯ ТОШНОТА

По данным Национального института рака, нарушение под названием *опережающая тошнота* случается примерно у 29% всех пациентов, проходящих химиотерапию, когда они попадают в обстановку, напоминающую им курс лечения химией, или чувствуют ее запах. Примерно 11% пациентов тошнит настолько, что дело доходит до рвоты. Одни онкологические пациенты начинают чувствовать тошноту в автомобиле по пути на процедуру, задолго до того, как они попадают в обстановку больницы, а других выворачивает уже в приемной.

Результаты исследования 2001 года в Онкологическом центре Рочестерского университета, опубликованные в *«Журнале управления болью и симптомами»*, позволяют сделать вывод о том, что ожидание тошноты является сильнейшим предсказателем того, что человек действительно ее испытает. Данные свидетельствуют, что 40% ожидавших, что их будет тошнить (поскольку врачи сказали им, что *после* лечения возможна тошнота), испытывали тошноту уже *перед* лечением. Еще 13%, утверждавших, что они не знали, чего ожидать, тоже испытывали тошноту. Однако тошноты не было *ни у одного* из пациентов, не ожидавших ее.

Люди становились настолько уверенными, что их будет тошнить от лекарств химиотерапии, что их начинало тошнить еще до того, как лекарства были введены?

Возможно ли, чтобы одна сила мысли вызывала у человека тошноту? И если это работает для 40% пациентов химии, то не смогут ли те же 40% пациентов легко поправиться, попросту изменив свои мысли о том, чего ожидать от своего здоровья или от своего дня? Может ли одна только мысль, которую принимает человек, сделать его *здоровым?*

ИСЧЕЗАЮТ ТРУДНОСТИ С ПИЩЕВАРЕНИЕМ

Не так давно, собираясь сойти с самолета в Остине, я познакомился с одной женщиной. Мы стояли в очереди у трапа, и я увидел книгу, которая выглядывала из ее сумки; на обложке упоминалось слово *«вера»*. Мы улыбнулись друг другу, и я спросил ее, о чем эта книга.

«Христианство и вера, – ответила она. – А что?» Я рассказал ей, что пишу новую книгу об эффекте плацебо, которая будет полностью посвящена вере.

«Хочу рассказать вам одну историю», – сказала моя попутчица. Она поведала мне, что много лет назад у нее диагностировали непереносимость глютена, болезнь кишечника (колит) и букет других заболеваний; к тому же она испытывала хроническую боль. Она изучала эти болезни и обращалась за советом к различным специалистам. Они советовали ей избегать некоторых видов пищи и принимать нужные лекарства по рецепту. Она все это делала, но попрежнему чувствовала боль во всем теле. У нее была бессонница, она заработала кожную сыпь и серьезные нарушения пищеварения, страдая от целого списка неприятнейших симптомов. Так продолжалось годами, а потом женщина пришла на прием к новому доктору, который решил взять у нее кое-какие анализы крови. Когда пришли результаты, то все они были абсолютно нормальными.

«В тот день, когда выяснилось, что на самом деле я здорова и у меня нет никаких нарушений, я решила, что *я в порядке*, и все мои симптомы как рукой сняло. Я тут же почувствовала себя отлично и стала есть все, что мне хотелось, – похвалилась она. И, улыбаясь, добавила: – Что вы об *этом* думаете?»

Значит, появление новых сведений приводит к повороту представлений о себе на 180 градусов и заставляет наши симптомы исчезнуть. Но что же при этом происходит в нашем теле? Каковы в точности взаимоотношения между телом и разумом? Возможно ли, чтобы новые убеждения могли действительно изменить химию нашего мозга и тела, перестроить схему нейронных шаблонов (связанную с нашими представлениями о том, кем мы являемся), а также изменить экспрессию наших генов? Неужели можно на самом деле стать другим человеком?

БОЛЕЗНЬ ПАРКИНСОНА И ПЛАЦЕБО

Болезнь Паркинсона – это серьезное неврологическое заболевание. Оно приводит к постепенному вырождению нервных клеток в том разделе среднего мозга, который носит название *базальные ганглии* и управляет телодвижениями. Мозг человека страдающего болезнью Паркинсона производит недостаточное количество нейротрансмиттера дофамина, в котором нуждаются базальные ганглии для правильного функционирования. Ранние симптомы болезни Паркинсона, которая пока считается неизлечимой, включают: моторные нарушения, мышечное онемение, тремор, а также нарушения походки и речевых навыков.

В одном эксперименте исследователи Университета Британской Колумбии в Ванкувере проинформировали пациентов с болезнью Паркинсона, что им предстоит принять лекарство, которое значительно сократит их симптомы. На самом деле пациенты получали плацебо – всего-навсего инъекцию физиологического раствора. При этом у половины из тех, кто получал пустышку вместо «чудодейственного лекарства», действительно заметно улучшился двигательный контроль.

Затем исследователи сканировали мозг пациентов и обнаружили, что в мозге положительно отреагировавших на плацебо пациентов выработался дофамин – его уровень повысился на 200% (чтобы получить такой же эффект от лекарства, нужно принять большую дозу амфетамина).

Похоже, простое ожидание улучшения разбудило в пациентах с болезнью Паркинсона какую-то дремавшую силу, которая запустила производство дофамина – именно того химиката, в котором нуждался их организм для улучшения самочувствия. И если это так, то что же собой представляет механизм, позволяющий одной только мыслью выработать дофамин в мозге? Может ли такое новое внутреннее состояние, вызванное сочетанием ясного стремления и эмоционального воодушевления, действительно сделать нас неуязвимыми в разных ситуациях благодаря активации нашего внутреннего аптечного склада и отменить генетические обстоятельства болезни, которую мы когда-то сочли неподвластной нашему сознательному контролю?

ЯДОВИТЫЕ ЗМЕИ И СТРИХНИН

В некоторых районах Аппалачей сохранились пережитки религиозного ритуала столетней давности. Речь идет о так называемых змеедержцах, или «танцующих со змеями». Официально это запрещено везде, кроме Западной

Вирджинии, но верующих в соседних штатах это не останавливает, да и местная полиция смотрит на эту практику сквозь пальцы. Когда в небольших местных церквушках паства собирается на богослужение, проповедник выходит к ней с несколькими замкнутыми деревянными ящиками (в форме портфелей с прозрачными пластиковыми крышками на петлях), где просверлены отверстия для воздуха. Он осторожно ставит эти ящики на помост перед алтарем рядом с кафедрой. Вскоре начинает играть музыка, высокоэнергетическая смесь кантри, блюграсса и западных ритмов с глубоко религиозными текстами о Спасении и любви к Богу. Музыканты извлекают жалобные звуки из клавишных, электрогитар, задают ритм на ударной установке, которой позавидует любая молодежная рок-группа, а прихожане бьют в бубны, возбужденные накалом страстей. Когда энергия нарастает, проповедник зажигает огонь в сосуде на кафедре и сует в него руку, позволяя языкам пламени лизать его вытянутую ладонь, а затем он поднимает сосуд и медленно водит огнем по своим голым предплечьям. Он еще только «разогревается».

Вскоре прихожане начинают раскачиваться и возлагать друг на друга руки, говорить на чужих языках и скакать вверх-вниз, танцуя под музыку и восхваляя своего Спасителя. На них снизошел дух, они теперь все «помазанники». Тут приходит время проповеднику со щелчком открыть один из ящиков, сунуть туда руку и вытащить ядовитую змею — обычно это гремучая змея, водяной или медноголовый щитомордник. Проповедник пляшет вместе со всеми до седьмого пота, а сам держит живую змею за середину длинного тела, так что ее голова находится в опасной близости к его лицу и горлу.

Он то поднимает змею высоко вверх, то снова прижимает к телу, не прекращая свой танец, а та своей хвостовой частью обвивается вокруг его предплечья, а верхней — вращается во все стороны. Проповедник входит в раж, выхватывает вторую, а то и третью змею из остальных деревянных ящиков, и тут прихожане, мужчины и женщины, на которых нисходит благодать, присоединяются к нему и тоже берут в руки змей, чувствуя себя помазанными. Бывает, что на таком богослужении проповедник из простого стакана глотает яд, вроде стрихнина, без всякого вреда для здоровья.

Иногда змеи кусают помазанников. Однако это случается нечасто (если учесть, что по всем Аппалачам проходят тысячи таких богослужений, где возбужденные верующие лезут руками в деревянные ящики с рептилиями без тени сомнения или страха). И даже когда змеи все-таки кусают кого-то, укушенный далеко не всегда умирает (несмотря на то, что никто из них не мчится в больницу, предпочитая, чтобы паства собралась вокруг него с молитвой). Почему же змеи не кусают этих людей, как других? И почему так мало укушенных «помазанников» отправляются на тот свет? Как им удается войти в такое состояние, что они не боятся этих ядовитых тварей, чей укус заведомо смертелен, и как может это состояние сознания защитить их?

Науке известны необычные проявления невероятной силы в экстренных ситуациях, известной как «истерическая сила». Например, в апреле 2013 года 16-летняя Ханна Смит и ее 14-летняя сестра Хейли из Ливана, штат Орегон, подняли 3000-фунтовый[1] трактор, чтобы вытащить своего отца, Джеффа, который застрял под ним.

---

[1] 1360 кг.

А как насчет огнеходцев из туземных племен, – практикующих священные ритуалы и проводящих мастер-классы для западных людей, – которые разгуливают по раскаленным углям? Или те же карнавальные шуты, яванские транстанцоры, которые чувствуют непреодолимое желание жевать и глотать стекло (это называется *гиалофагия*)?

Как же возможны такие, явно сверхчеловеческие, подвиги, и нет ли у них чего-то общего и очень важного? Неужели на высоте своей бескомпромиссной веры эти люди каким-то образом изменяют свои тела настолько, что становятся неуязвимыми перед опасностями? И может ли та же самая твердокаменная вера, которая дает силу змеедержцам и огнеходцам, произвести обратное действие, причинив нам вред – или даже смерть, – а мы так и не поймем, что мы натворили?

ПОБЕДА НАД ВУДУ

В 1938 году 60-летний мужчина из сельской местности штата Теннесси в течение четырех месяцев чувствовал себя все хуже и хуже, пока, наконец, его жена не отвезла его в маленькую больницу на пятнадцать коек, на окраине города. К тому времени Вэнс Вэндерс (имя изменено) потерял более 50 фунтов[1] веса и фактически был при смерти. Доктор Дрейтон Догерти заподозрил у Вэндерса туберкулез или даже рак, но повторные анализы и рентген не подтвердили это. Физический осмотр также не выявил ничего, что могло бы вызвать недомогание пациента. Меж тем Вэндерс отказывался от еды, поэтому его пытались кормить через трубку, однако он упрямо изрыгал все, что попадало к нему

[1] 22,7 кг.

в желудок. Вэндерсу становилось все хуже. Врачи укрепились во мнении, что он скоро умрет, и действительно он почти уже не мог говорить. Конец близился, а доктор Догерти по-прежнему не имел ни малейшего представления о том, чем болен его пациент.

Отчаявшаяся жена Вэндерса напросилась переговорить с доктором Догерти с глазу на глаз и, взяв с него клятву молчать, рассказала, что причина болезни ее мужа – колдовство *вуду*. Оказалось, что Вэндерс, живший в общине, где магия вуду была в порядке вещей, поссорился с местным колдуном. Поздно ночью колдун позвал Вэндерса на кладбище, где и заколдовал, размахивая бутылкой со зловонной жидкостью прямо у него перед лицом. Колдун предсказал Вэндерсу, что тот скоро умрет и никто не сможет его спасти. Вот и все. Вэндерс был убежден, что дни его сочтены – совершенно уверовал в новое безрадостное будущее. Подавленный человек вернулся домой и перестал принимать пищу. В конце концов жена положила его в больницу.

После того как доктор Догерти услышал всю эту историю, у него родился, прямо скажем, неканонический план лечения пациента. Утром он вызвал семью Вэндерса к его смертному одру и объявил им, что теперь точно знает, как вылечить больного. Семья слушала, затаив дыхание, а доктор Догерти продолжал вкручивать им наскоро выдуманную байку. Он поведал, что в предыдущую безлунную ночь он пошел на кладбище, где обманом назначил встречу колдуну вуду и заставил его рассказать, как он наложил заклятие на Вэндерса. Это было ой как непросто, вещал доктор Догерти замогильным голосом. По понятным причинам колдун отказывался сотрудничать, но вынужден был уступить, когда доктор Догерти пригвоздил его к дереву и чуть не придушил.

По словам доктора Догерти, колдун признался ему, что втер несколько яиц ящерицы в кожу Вэндерса, а те нашли дорогу к желудку, где и вылупились. Большинство ящериц погибло, но самая большая выжила и вот теперь выгрызала тело Вэндерса изнутри. Доктор провозгласил, что ему остается только вытащить ящерицу из тела Вэндерса, и тот будет спасен.

Затем он вызвал медсестру, которая послушно принесла большой шприц, наполненный жидкостью, которую доктор Догерти объявил сильнодействующим лекарством. На самом деле в шприце было рвотное. Доктор Догерти осмотрел шприц, чтобы убедиться, что он работает как следует, а затем картинно ввел его содержимое своему испуганному пациенту. После этого он величественно удалился, ни слова не сказав потрясенной всем происходящим семье больного.

Очень скоро пациента начало тошнить. Медсестра подставила ему тазик, и Вэндерс какое-то время тужился, стонал и чувствовал рвотные позывы. В тот момент, когда, по его расчетам, рвота должна была почти прекратиться, доктор Догерти уверенным шагом вернулся в палату. Приближаясь к койке, он потихоньку сунул руку в свой черный докторский саквояж, вытащил оттуда зеленую ящерицу и спрятал ее в ладони от посторонних глаз. Когда Вэндерса снова вырвало, доктор Догерти незаметно бросил рептилию в тазик.

«Ты только посмотри, Вэнс! — закричал он немедленно со всем доступным ему пафосом. — Вот что вышло из тебя. Теперь ты исцелен. Проклятье вуду снято!»

Палата загудела. Некоторые родственники, стеная от суеверного ужаса, попадали на пол. Потрясенный Вэндерс отпрыгнул от тазика, дико вращая глазами. Через несколько минут он вдруг провалился в глубокий сон, который продлился больше 12 часов.

Когда Вэндерс, наконец, проснулся, он был голодный как волк и жадно проглотил так много еды, что доктор всерьез опасался, как бы пациент не лопнул. Всего за неделю Вэндерс снова набрал вес и полностью восстановил силы. Он выписался из больницы совершенно здоровым и прожил еще лет десять как минимум.

Разве такое возможно, чтобы человек расхворался и умер от одной только мысли, что его прокляли? Действительно ли современный знахарь в белом халате, увенчанный стетоскопом и сжимающий в руке шприц, убеждает нас подобно прежним колдунам и знахарям. И мы верим так же, как Вэндерс? И если этот человек может просто взять и собраться умереть, то, возможно, пациент со смертельной болезнью волен принять решение *жить*? Можем ли мы стабильно изменить свое внутреннее состояние, сбросив свою нынешнюю идентичность – идентичность жертвы рака, артрита, ишемии или болезни Паркинсона. Может быть, войти в здоровое тело так же просто, как сбросить одну одежду и облачиться в другую? В следующих главах мы исследуем, что на самом деле возможно и как этим воспользоваться.

ГЛАВА

2

КРАТКАЯ ИСТОРИЯ ПЛАЦЕБО

Как гласит поговорка, отчаянные времена требуют отчаянных мер. Когда выпускник Гарварда американский хирург Генри Бичер служил на фронтах Второй мировой войны, у него закончился морфий для обезболивания. Ближе к концу войны во всех полевых госпиталях ощущалась серьезная нехватка морфия, так что такая ситуация не была необычной. В тот момент Бичеру предстояло оперировать тяжелораненого солдата. Он опасался, что без введения обезболивающего солдат может впасть в смертельно опасный сердечно-сосудистый болевой шок. То, что затем произошло, изумило его до глубины души.

Медсестра наполнила шприц физиологическим раствором и сделала солдату укол, словно это была инъекция морфия. Солдат тут же успокоился. Он вел себя так, будто действительно получил дозу лекарства.

Бичер приступил к операции. Он врезался в тело раненого бойца, удалял осколки, обрабатывал раны, а потом накладывал швы — и все это без какой бы то ни было анестезии.

Солдат чувствовал незначительную боль, но в шок впадать не собирался. Как же могло так получиться, удивлялся Бичер, что физраствор заменил морфий?

После этого ошеломительного успеха всякий раз, когда в полевом госпитале кончался морфий, Бичер повторял тот же прием: вводил пациенту физиологический раствор, имитируя инъекцию морфия. Фронтовой опыт убедил его в силе плацебо, и, когда после войны он вернулся в Соединенные Штаты, то приступил к изучению этого феномена.

В 1955 году Бичер вошел в историю, сделав клинический обзор 15 исследований, опубликованный *«Журналом американской медицинской ассоциации»*. Его работа не только свидетельствовала об огромном значении плацебо, но впервые предлагала новую модель медицинского исследования: испытуемых в случайном порядке делят на две группы – получающих активный препарат или плацебо (то, что теперь называется плацебо-контролируемыми испытаниями), чтобы эффект плацебо не искажал картину лечения.

Идея о том, что мы можем изменять физическую реальность с помощью одной только мысли (не важно, полностью ли мы понимаем, что делаем, или нет), конечно же, впервые зародилась не в том полевом госпитале времен Второй мировой войны. В Библии полно историй чудесного исцеления, и даже в наше время толпы людей постоянно стекаются в такие места, как Лурд в южной Франции (где 14-летняя крестьянка по имени Бернадетта в 1858 году удостоилась видения Девы Марии), оставляя там свои костыли, бандажи и инвалидные коляски в доказательство своего полного выздоровления. Похожие чудеса отмечались в португальской Фатиме (где трем пастушкам в 1917 году явилась Дева Мария), а также в связи с путешествующей статуей Марии, которую изваяли к тридцатой годовщине этого явления. Эскиз статуи был нарисован со слов самой старшей из трех детей, к тому времени постригшейся в монахини. Прежде чем статую отправили путешествовать по свету, ее благословил Папа Римский Пий XII.

Исцеление верой, конечно же, не ограничивается только христианской традицией. Покойный индийский гуру Сатья Саи Баба, которого многочисленные последователи считают *аватаром* – воплощением божества, – прославился тем, что испускал из ладоней священный пепел, известный как *вибхути*. Утверждают, что этот мелкий серый пепел обладал силой излечивать множество физических, психических и духовных недугов, стоило его съесть или размазать по коже. Говорят, что тибетские ламы тоже имеют способности к исцелению, им бывает достаточно дунуть на больного, чтобы тот выздоровел.

Даже французские и английские короли, правившие между IV и IX веками, использовали наложение рук для лечения своих подданных. Король Карл II Английский особенно прославился этим методом лечения, выполнив подобную практику около 100 000 раз.

Почему происходят такие чудеса (здесь не важно, что выступает инструментом исцеления, – вера в божество или вера в исключительную силу конкретной личности, объекта или даже места, считающегося духовным или священным)? Что собой представляет процесс, с помощью которого вера вызывает такие сильные последствия? Может быть, в феномене плацебо играет роль особое значение, которые мы приписываем ритуалу: будь то произнесение заклинания, втирание щепотки священного пепла в кожу или прием нового чудодейственного лекарства, назначенного врачом, которому доверяешь? Похоже, внутреннее состояние тех исцелившихся находилось под влиянием соответствующих обстоятельств (личность, место или некий предмет в нужное время) до такой степени, что новое состояние их ума смогло произвести настоящие физические изменения?

ОТ МАГНЕТИЗМА ДО ГИПНОТИЗМА

В 1770-х годах венский врач Франц Антон Месмер прославился тем, что развивал и демонстрировал то, что в те времена считалось медицинской моделью чудесного исцеления. Взяв идею сэра Исаака Ньютона о воздействии земной гравитации на человеческое тело, Месмер пришел к убеждению, что тело содержит невидимый флюид, которым можно умело управлять, чтобы лечить людей, используя силу, которую он назвал «животный магнетизм».

Его методика состояла в том, что он просил пациентов пристально смотреть ему в глаза, после чего начинал водить магнитами вокруг их тела, направляя и приводя в равновесие этот магнетический флюид. Позже Месмер обнаружил, что может с тем же успехом размахивать пустыми руками без магнитов. Вскоре после начала сеанса его пациенты начинали дрожать и дергаться, а потом впадали в конвульсии, которые Месмер считал лечебными. Месмер продолжал уравновешивать флюид, пока пациент снова не успокаивался. Он использовал этот метод для исцеления множества заболеваний: от серьезных нарушений, вроде паралича и судорог, до менее тяжелых недомоганий, вроде менструальных проблем и геморроя.

В своем самом знаменитом случае Месмер чуть было не вылечил концертную пианистку Марию-Терезию фон Парадиз от «истерической слепоты» — психосоматического заболевания, которым она страдала примерно с трехлетнего возраста. Девочка-подросток неделями жила в доме Месмера, пока он занимался ее лечением и в результате помог ей воспринимать движение и даже различать цвета. Однако ее родителей вовсе не радовал такой прогресс, потому что они боялись лишиться королевской пенсии, если их дочь поправится. Вдобавок с возвращением зрения ухудшалась ее игра на фортепиано, потому что ее отвлекал вид пальцев на клавиатуре. Кроме того, как всегда, поползли бездоказательные слухи о том, что Месмер вступал в интимные отношения со своей пациенткой-пианисткой. Родители силком забрали девушку из дома Месмера, после чего к ней вернулась слепота, а репутация Месмера серьезно пострадала.

Арман-Мари-Жак де Шастене, французский аристократ, более известный как маркиз де Пюисегюр, последовал за идеями Месмера и вывел их на дальнейший уровень. Пюисегюр вызывал глубокое состояние, которое именовал «магнетический сомнамбулизм» (сродни лунатизму), пребывая в котором его подопечные получали доступ к глубоким мыслям, а то и интуитивным прозрениям о своем здоровье и о здоровье других. В этом состоянии они были в высшей степени внушаемыми и выполняли приказы, при этом не помнили ничего произошедшего после выхода из гипноза. В отличие от Месмера, который считал, что доктор имеет власть над пациентом, Пюисегюр полагал, что мысли самого пациента (направляемые доктором) имеют власть над его собственным телом. Наверное, это была первая терапевтическая попытка исследовать взаимосвязь разума и тела.

В 1800-х годах шотландский хирург Джеймс Брейд развил идею месмеризма еще дальше, разработав концепцию, которую назвал «нейрипнотизм» (то, что сегодня мы знаем как гипнотизм). Брейд заинтересовался этой идеей, когда однажды он с опозданием прибыл на вызов и увидел, что пациент, не отрываясь, спокойно смотрит на мерцающее пламя масляного светильника. Брейд обнаружил, что тот пребывает в особом, крайне внушаемом состоянии, пока его внимание остается настолько прикованным к пламени, таким образом «угнетая» определенные отделы его мозга.

После множества экспериментов Брейд научил своих пациентов сосредоточиваться на отдельной идее, пристально глядя на некий объект, что приводило их в похожий транс. И Брейд предполагал использовать этот метод для лечения недугов своих подопечных, включая хронический ревматоидный артрит, заболевания органов чувств, а также разнообразные осложнения спинномозговых травм и инсульта. Книга Брейда *«Нейрипнология»* подробно описывает многие из его удачных исцелений, в том числе рассказ о том, как он вылечил 33-летнюю женщину с параличом ног и 54-летнюю даму, страдавшую кожной болезнью и сильными головными болями.

Позже прославленный французский невролог Жан-Мартен Шарко утверждал, что способностью входить в такой транс обладают только страдающие истерией, которую он считал наследственным и необратимым неврологическим расстройством. Шарко использовал гипноз не для лечения пациентов, а для изучения симптомов их заболеваний. Наконец, соперник Шарко, доктор по имени Ипполит Бернхейм из Университета Нанси, настаивал, что способность к внушаемости, столь важная для гипнотизма, не ограничивается больными истерией, но в той или иной степени свойственна всем людям. Он внушал своим пациентам определенные идеи, говоря им, что когда они выйдут из транса, то будут чувствовать себя лучше, а их симптомы исчезнут, — таким образом он использовал силу внушения как лекарственное средство. Работа Бернхейма продолжалась до начала 1900-х.

Несмотря на то, что каждый из этих ранних исследователей внушаемости имел собственную направленность и методику, все они сумели помочь сотням и тысячам людей избавиться от множества самых разных соматических и психических проблем, изменяя их представление о своем недуге и о том, как этот недуг выражается в их теле.

Во время первых двух мировых войн военные врачи, и прежде всего армейский психиатр Бенджамин Саймон, применяли концепцию гипнотической внушаемости (которую я рассмотрю ниже), чтобы помочь восстановлению солдат, страдавших от психологической травмы, которую поначалу называли «военным неврозом», а теперь именуют *посттравматическим стрессовым расстройством* (ПТСР). Участники боевых действий проходят на войне через такие жуткие испытания и видят такие жуткие сцены, что многие из них эмоционально как бы застывают, что является формой самосохранения, причем у некоторых развивается амнезия в отношении ужасных событий, а другие, что еще хуже, продолжают заново переживать трагические события в воспоминаниях. Все это нередко приводит вдобавок к соматическим заболеваниям.

Так вот Саймон и его коллеги обнаружили, что

гипноз помогает ветеранам осознать свои травмы и справиться с ними, и тогда исчезают симптомы тревожного состояния и физические расстройства — включая тошноту, высокое кровяное давление, сердечно-сосудистые нарушения, а также подавленный иммунитет.

Столетием раньше врачи, практикующие гипноз, помогали своим пациентам изменять свои ментальные модели, чтобы поправиться и вернуть себе психическое и физическое здоровье.

Эти техники гипноза были столь успешными, что гражданские врачи тоже стали использовать внушаемость. Они не обязательно вводили своих пациентов в транс, а, например, давали им сахарные пилюли или другие плацебо, убеждая, что эти «чудо-лекарства» поставят больных на ноги. И часто пациенты действительно *поправлялись*, подобно раненым солдатам Бичера, верившим в то, что получили инъекцию морфия.

И тут мы снова вернулись к эпохе Бичера, который в 1955 году написал свой новаторский обзор, призывающий к использованию случайного выбора пациентов для испытания лекарственных препаратов с плацебо. Этот метод стал признанной процедурой медицинских исследований.

Точка зрения Бичера была принята хорошо. Вначале большинство ученых предполагали, что показатели контрольной группы в таких испытаниях (группы принимавших плацебо) должны оставаться без изменений, и таким образом, сравнение между контрольной группой и группой, получавшей активное лечение, будет показывать, насколько эффективно работает исследуемое лечение. Однако оказалось, что во многих экспериментах показатели контрольной группы становились лучше, чем показатели основной группы (получавшей лечение). Это происходило благодаря *ожиданию и вере* пациентов в то, что они принимают лекарство или получают лечение, которое непременно им поможет. Само по себе плацебо инертно, но его воздействие никак не назовешь таковым, оно оказалось невероятно сильнодействующим! Так или иначе, это воздействие нужно было убрать из данных, чтобы вернуть им истинное значение.

С этой целью и учитывая ходатайство Бичера, исследователи начали проводить испытания на основе двойной слепой случайной выборки, произвольно распределяя испытуемых либо в активную группу, либо в группу плацебо, гарантируя, что ни один из испытуемых и исследователей не знает, кто из участников эксперимента принимает настоящее лекарство, а кто плацебо. Таким образом, эффект плацебо в каждой группе мог проявляться одинаково, а любая возможность того, что экспериментаторы будут по-разному обращаться с испытуемыми в зависимости от того, к какой группе они принадлежат, исключалась. (В наши дни исследования проводятся иногда по принципу *тройной слепой нормализованной выборки*, когда не только участники и ученые, проводящие испытание, до самого его окончания пребывают в полном неведении относительного того, кто и что принимает, но и статистики, обрабатывающие данные, тоже ничего не ведают до конца их расчетов.)

ЭФФЕКТ НОЦЕБО

Разумеется, что у всякого явления есть оборотная сторона. Когда внушаемость привлекала всеобщее внимание в силу своей способности исцелять, стало очевидно, что этот же феномен можно использовать для нанесения вреда. Такие магические практики, как сглаз, колдовство и проклятия вуду, иллюстрируют отрицательную сторону внушаемости.

В 1940-х годах гарвардский физиолог Уолтер Брэдфорд Кеннон (тот самый, что в 1932 году описал реакцию *«бей или беги»*) изучал предельную реакцию ноцебо – феномен, который он назвал «вуду-смерть». Кеннон исследовал множество сообщений о том, как люди, убежденные в могуществе знахарей или колдунов вуду, внезапно заболевали и умирали после того как становились объектами колдовства или проклятия (несмотря на отсутствие видимых следов насилия, воздействия яда или заражения). Его исследование заложило основу наших сегодняшних знаний о том, как системы физиологических реакций организма позволяют эмоциям (особенно страху) создать заболевание. Кеннон утверждал, что вера человека в способность проклятия убить его — лишь часть физиологического варева, приводящего жертву к гибели. Еще один значимый фактор — воздействие на жертву общественного мнения и отверженности, особенно со стороны собственной семьи жертвы. Такие люди легко становятся ходячими мертвецами.

Губительные воздействия безвредных причин, конечно, не ограничиваются одним только вуду. В 1960-х годах ученые ввели понятие *ноцебо* (в переводе с латыни «поврежу», в противоположность *плацебо* — «угожу») применительно к инертному веществу, которое вызывает губительное воздействие лишь потому, что человек верит или ожидает от него вреда. Эффект *ноцебо*, как правило, проявляется во время испытания лекарственных препаратов, когда принимающие плацебо испытуемые ожидают побочных эффектов на тестируемое лекарство (или когда их специально предупреждают о возможности побочных эффектов). Тогда они переживают те самые побочные эффекты, связывая мысль о лекарстве со всеми потенциальными последствиями.

В силу понятных этических причин экспериментов, специально разработанных для изучения этого феномена, не так уж много, хотя они все же проводятся. Знаменитый пример — эксперимент 1962 года, проведенный в Японии с группой детей, у которых была сильнейшая аллергия на ядовитый плющ. Исследователи натирали одну руку каждого ребенка листьями ядовитого плюща, но говорили им, что это безобидные листья сакуры, не причиняющие никакого вреда. Для контроля они натирали листьями сакуры другую руку ребенка, утверждая, что это ядовитый плющ. У всех детей появилась сыпь на той руке, которая была натерта листьями сакуры, выдаваемой за ядовитый плющ. Причем у 11 из 13 детей не было никакой сыпи там, где их кожи действительно коснулся яд.

Это было невероятное открытие! Как могли дети с тяжелейшей аллергией к ядовитому плющу *не* отреагировать сыпью на натертой им коже? *И как* они смогли отреагировать сыпью на прикосновение совершенно безвредных листьев? Новая мысль о том, что листья не причинят им вреда, *вытеснила* их память и веру в их аллергию, делая настоящий ядовитый плющ безобидным. И, наоборот, во второй части эксперимента безвредные листья стали ядовитыми всего лишь велением мысли. Получается, организм ребенка мгновенно реагирует на новое *представление.* Дети были освобождены от ожидания реакции на ядовитые листья. С помощью некого неведомого механизма они стали выше факторов среды (воздействие листьев ядовитого плюща). Значит, физиология их организма менялась за счет простого изменения мыслей. Это удивительное свидетельство того, что мысль (в форме ожидания и представления) может оказать большее воздействие на тело, чем реальный физический фактор, положило начало новому направлению научных исследований под названием *психонейроиммунология.* Оно изучает влияние мыслей и эмоций на иммунную систему – важный участок взаимосвязи ума и тела.

В другом известном исследовании 1960-х годов изучали эффект ноцебо у пациентов с бронхиальной астмой. Исследователи дали 40 пациентам ингаляторы, в которых не было ничего, кроме водяного пара, но сообщили им, что ингаляторы содержат раздражитель. В результате 19 испытуемых

(48%) пережили астматические симптомы в виде спазмов дыхательный путей, а 12 членов группы (30%) – полноценные острые астматические приступы. Затем исследователи дали испытуемым ингаляторы, сказав, что там содержится препарат, который облегчит их симптомы, и в каждом случае проходимость дыхательных путей восстанавливалась, хотя в ингаляторах был только все тот же водяной пар.

В обеих ситуациях (появление симптомов астмы, а затем их исчезновение) пациенты реагировали на одно лишь внушение – мысль, внедренную в их ум, которая сыграла именно так, как они себе представляли. Им становилось хуже, когда они «знали», что вдыхают нечто вредоносное, и наоборот – лучше, когда они думали, что получают лекарство.

Эти мысли были сильнее, чем реальность. Можно сказать, что мысли создавали *совершенно новую* реальность.

Что это говорит о тех убеждениях, которых мы придерживаемся, и о тех мыслях, которые роятся в нашей голове? Насколько повышается наша готовность подхватить грипп, когда всю зиму напролет, куда ни глянь, нам твердят о начале сезона заболеваний гриппом и необходимости сделать прививку? Может быть, мы вовсе не заражаемся от какого-нибудь больного гриппом, а заболеваем оттого только, что готовы к этому, как те астматики, которые пережили острый приступ бронхиальной астмы, вдохнув безобидный водяной пар?

Не потому ли мы с возрастом страдаем от артрита, тугоподвижности суставов, плохой памяти, упадка сил и снижения сексуального влечения, что нас с утра до вечера пичкают этой картиной возрастных изменений? Ведь нас нещадно бомбят всевозможные статьи, объявления, реклама, телевизионные шоу и информационные сообщения. Какие еще самореализующиеся пророчества создаем мы в своем уме, сами не ведая, что творим? И какие «прописные истины» мы можем успешно обратить вспять, попросту отметая их и избирая новые убеждения?

ПЕРВЫЕ БОЛЬШИЕ ПРОРЫВЫ

Новаторские исследования в конце 1970-х впервые показали, что плацебо может запускать выработку эндорфинов (естественные анальгетики человеческого тела – не хуже лекарственных препаратов). В своем исследовании Джон Ливайн, доктор медицины и философии из Калифорнийского университета в Сан-Франциско, давал плацебо вместо обезболивающего препарата 40 пациентам стоматолога, которым только что удалили зуб мудрости. Ничего удивительного: поскольку пациенты думали, что получили лекарство, снимающее боль, большинство из них испытали облегчение. Затем пациентам давали антидот к морфинам (налоксон), который химически блокирует клеточные рецепторы, восприимчивые к морфинам и естественным эндорфинам. Стоило исследователям ввести налоксон, как к пациентам снова вернулась боль!

> Было доказано, что благодаря эффекту плацебо у пациентов вырабатывались собственные эндорфины — наше природное обезболивающее.

Это стало вехой в исследовании плацебо, ибо означало, что облегчение, которое испытывали пациенты, присутствует не только в голове, но и в *теле*, в их *состоянии бытия*.

Если человеческое тело может быть само себе аптекой, производящей собственные анальгетики, то почему бы ему *так же* не обладать способностью вырабатывать по мере необходимости и другие натуральные лекарства, – с его-то несметными запасами химических элементов и целительных компонентов? И эти природные лекарства, наверное, могут действовать не хуже, а то и *лучше* тех, что прописывает врач?

Еще одно исследование проводил в 1970-х психолог Роберт Адер, доктор философии Рочестерского университета, добавивший восхитительное новое измерение в изучение плацебо – элемент обусловливания, выработку условного рефлекса. *Условный рефлекс,* впервые описанный русским физиологом Иваном Павловым, подразумевает связывание естественной функции с условным обстоятельством. Например, собаки Павлова связывали звук колокольчика с пищей после того, поскольку Павлов звонил в колокольчик всякий раз перед тем, как их покормить. Со временем у собак выработался условный рефлекс – стоило им услышать колокольчик, как у них тут же непроизвольно выделялась слюна в предвкушении кормежки. В результате этого типа обусловливания их организм стал физиологически реагировать на новый раздражитель в окружающей обстановке (в данном случае, колокольчик) даже в отсутствие естественного стимула (пищи), вызывающего эту реакцию.

Следовательно, в случае приобретенного (условного) рефлекса можно сказать, что подсознательная программа в теле (я больше расскажу об этом в следующих главах), по-видимому, доминирует над сознательным умом и берет управление на себя. Таким образом, у тела вырабатывается рефлекс, заменяя разум. Поэтому в опытах Павлова собакам было достаточно только услышать звук колокольчика, и их психическое и химическое состояние непроизвольно и автоматически менялось. Их *вегетативная нервная система*, которая действует вне осознания, автоматически брала управление на себя. Итак, обусловливание приводит к подсознательным внутренним изменениям в организме, связывая прошлый опыт с ожиданием результатов в данной ситуации (это называется *ассоциативной памятью*), пока эти ожидаемые или предвкушаемые конечные результаты не произойдут автоматически. Чем сильнее условный рефлекс, тем меньше наш сознательный контроль над этими процессами и тем машинальней становится подсознательное программирование.

Адер начал с того, что попытался исследовать, как долго такие приобретенные (условные) рефлексы могут сохраняться. Он поил лабораторных крыс подслащенной водой, в которую добавлял циклофосфамид, вызывающий желудочную боль. После выработки у крыс условного рефлекса, связывающего сладкий вкус воды с болью в брюхе, он предположил, что вскоре они откажутся пить такую воду. Он намеревался выяснить, как долго они будут избегать пить сладкую воду – измерить время, в течение которого будет сохраняться их приобретенный рефлекс.

Однако поначалу Адер не знал, что циклофосфамид также подавляет иммунную систему, а поэтому был весьма удивлен, когда его крысы вдруг начали неожиданно дохнуть от бактериальных и вирусных инфекций. Внеся коррективы в свои эксперименты, он продолжал давать крысам сахарную воду (насильно кормя их через пипетку), но уже без циклофосфамида. Несмотря на то что крысы уже не получали иммунодепрессант, они все так же погибали от инфекций (в то время как контрольная группа, которых поили только сладкой водой без препарата, продолжала здравствовать). Объединившись с иммунологом Рочестерского университета, доктором философии Николасом Коэном,

Адер обнаружил, что условный рефлекс, связывающий вкус подслащенной воды с действием лекарства, подавляющего иммунитет, был настолько сильным, что употребление простой подслащенной воды вызывало у крыс тот же физиологический эффект, что и лекарство — передавало нервной системе сигнал подавлять иммунную систему.

Подобно Сэму Лонду из главы 1, крысы Адера дохли из-за одной только «мысли». Исследователи начинали догадываться, что психика явно способна подсознательно влиять на тело за счет каких-то пока неисследованных механизмов.

ЗАПАД ВСТРЕЧАЕТСЯ С ВОСТОКОМ

Тем временем в Соединенных Штатах распространилась древняя восточная практика *трансцендентальной медитации* (ТМ), которую преподавал индийский гуру Махариши Махеш Йоги. Она быстро завоевала популярность, подогреваемую восторженным участием некоторых знаменитостей (начиная с «Битлз» в 1960-х). Эта техника сопровождается повторением мантры в течение 20-минутного сеанса медитации, выполняемого дважды в день. Она приводит к полному успокоению. Ее цель — духовное пробуждение.

Практика привлекла внимание гарвардского кардиолога Герберта Бенсона. Он заинтересовался, не может ли она помочь уменьшить стресс и сократить факторы риска сердечных заболеваний. Бенсон разработал похожую методику, которую назвал «реакция релаксации», а в 1975 году описал в своей книге с одноименным названием. Бенсон обнаружил, что простым изменением своей умозрительной модели люди могут снять стрессовую реакцию, таким образом снижая кровяное давление, нормализуя частоту сердечных сокращений и достигая состояний глубокой релаксации.

Кроме того, что медитация успокаивает, многие заметили, что она влияет на рост положительных эмоций. Так, бывший министр Норман Винсент Пил в 1952 году опубликовал книгу *«Сила позитивного мышления»*, где популяризировал идею о том, что наши мысли могут оказывать на нашу жизнь значимое влияние, как положительное, так и отрицательное. Эта идея захватила внимание медицинского сообщества в 1976 году, когда политический обозреватель и редактор журнала Норман Казинс опубликовал в *«Медицинском журнале Новой Англии»* данные о том, что с помощью смеха можно победить потенциально смертельную болезнь. Несколько лет спустя Казинс изложил эту идею в своем бестселлере *«Анатомия болезни»*.

Лечащий врач Казинса диагностировал у него дегенеративное расстройство под названием *анкилозирующий спондилит*, или болезнь Бехтерева, — разновидность артрита, вызывающая недостаток фибриллярного белка, который удерживает вместе клетки нашего тела, – и оценил его шансы на выздоровление как 1:500. Казинс страдал от невыносимой боли и с таким трудом двигал конечностями, что едва мог поворачиваться в постели. Под кожей у него появились зернистые желваки, а нижнюю челюсть почти заклинило.

Уверенный в том, что его заболеванию в значительной степени способствовало постоянное плохое настроение, он пришел к выводу, что более положительный эмоциональный настрой с той же вероятностью сможет обратить болезнь вспять. Продолжая советоваться со своим доктором, Казинс начал с ударных доз витамина С и фильмов братьев Маркс (а также других комедийных фильмов и передач). Он обнаружил, что 10 минут искреннего смеха давали ему 2 часа сна без боли. В конечном счете он полностью поправился. Проще говоря, Казинс досмеялся до выздоровления.

Как? В тот момент ученые не могли объяснить это веселое исцеление, но нынешние исследования говорят о том, что все дело в эпигенетических процессах. Смена настроя Казинса изменила химию его тела и его внутреннее состояние, посылая новые сигналы его генам. Благодаря этому те гены, что поддерживали его заболевание, попросту *выключились*, и *включились* гены, ответственные за выздоровление. (Я подробнее расскажу о включении и выключении генов в следующих главах.)

Много лет спустя Кейко Хаяси, доктор философии из Университета Цукуба в Японии, провела исследование, которое показало тот же результат. В исследовании Хаяси пациенты-диабетики смотрели часовую комедийную программу и включили целых 39 генов. Некоторые из этих генов были напрямую связаны с регуляцией уровня глюкозы, и уровень сахара в крови пациентов был сбалансирован лучше, чем после того, как они же слушали скучную лекцию о здоровье диабетиков на следующий день. Исследователи предположили, что смех влияет на множество генов, связанных с иммунитетом, что, в свою очередь, внесло свой вклад в улучшение контроля глюкозы. Приподнятое настроение включило генетические вариации, которые активировали естественные защитные механизмы и каким-то образом улучшало их глюкозную реакцию – возможно, в дополнение ко многим другим целительным эффектам.

Как сказал Казинс по поводу плацебо в 1979 году: «Процесс работает не под воздействием какой-то там магии в таблетке, а из-за того, что человеческое тело – лучший аптекарь, и оно выписывает себе самые действенные рецепты».

Вдохновленный опытом Казинса и бурным развитием альтернативной медицины и понимания взаимосвязи ума и тела, хирург Йельского университета Берни Сиджел стал анализировать, почему некоторые из его онкологических пациентов с низкими шансами на выздоровление выживали, а другие с высокими шансами – умирали. Сиджел охарактеризовал победивших рак пациентов как людей, по большей части обладавших непокорным бойцовским духом, а затем сделал вывод, что не бывает неизлечимых болезней, бывают лишь неизлечимые пациенты. Сиджел написал, что надежда – это могучая движущая сила выздоровления, а бескорыстная любовь, предоставляющая природную аптеку с лекарствами от всех болезней, – это самый мощный стимулятор иммунной системы.

ПЛАЦЕБО ПРЕВОСХОДИТ АНТИДЕПРЕССАНТЫ

Новая волна антидепрессантов, появлявшихся с конца 1980-х и все 1990-е годы как грибы после дождя, вызвала в медицинских кругах очередные дебаты, которые в конце концов (но не сразу) повысили интерес и уважение к силе плацебо. Проделав в 1998 году метаанализ опубликованных исследований лекарственных антидепрессантов, психолог Ирвинг Кирш, доктор философии, работавший тогда в Университете Коннектикута, был потрясен. Он обнаружил, что в 19 рандомизированных клинических испытаниях по дважды слепому методу с участием более 2300 пациентов большинство улучшений было связано не с антидепрессантами, а с плацебо.

Затем Кирш воспользовался Законом о свободе информации, чтобы получить доступ к неопубликованным данным клинических испытаний (которые, согласно законодательству, каждый производитель лекарственных препаратов должен передавать в Управление по продовольствию и медикаментам). Кирш и его коллеги провели еще один метаанализ.

На сей раз анализ охватил 5000 пациентов в 35 клинических испытаниях, касавшихся 4 из 6 наиболее распространенных препаратов, которые были одобрены в период между 1987-м и 1999 гг. И ученые снова выявили, что плацебо в 81% случаев работает не хуже популярных антидепрессантов (прозака, эффексора, серзона и паксила). В остальных случаях, когда лекарство *все-таки* лучше справилось с задачей, его преимущество оказалось статистически не значимым[1]. Патентованные препараты значимо превзошли плацебо только при лечении пациентов с тяжелой формой депрессии.

Неудивительно, что исследование Кирша вызвало настоящий переполох в медицинском мире. Однако вместо того чтобы расценивать работу Кирша как доказательство провала антидепрессантов, некоторые исследователи предпочли видеть стакан наполовину полным и обращали внимание на успех плацебо.

В конечном счете, эти испытания неопровержимо доказали – представление о том, что депрессия может отступить, способно излечить депрессию не хуже лекарства. Те пациенты, которым становилось лучше от плацебо, фактически производили свои *собственные, природные антидепрессанты* – точно так же, как пациенты Ливайна в 1970-х, которым удаляли зуб мудрости, вырабатывали собственные природные анальгетики. Так Кирш показал, что

человеческое тело обладает неким врожденным разумом, который позволяет ему снабжать организм набором химических веществ для естественного исцеления.

[1] То есть разница, вероятно, случайна и такие данные не могут претендовать на научную объективность. – *Прим. ред.*

Примечательно, что на дальнейших испытаниях антидепрессантов доля поправлявшихся от плацебо со временем возрастала, но возрастала и реакция на активный лекарственный препарат. Некоторые исследователи объясняют это так: общественность возлагает все больше надежд на антидепрессантные препараты, что, в свою очередь, увеличивает эффект плацебо во время слепых исследований.

НЕЙРОБИОЛОГИЯ ПЛАЦЕБО

Прошло не так уж много времени с той поры, как в арсенале нейробиологов появились передовые методы сканирования мозга, позволяющие заглянуть вглубь мозговых процессов и узнать, что происходит при назначении плацебо на нейрохимическом уровне. Примером служит исследование болезни Паркинсона в 2001 году, когда у пациентов восстановились двигательные навыки после единственной инъекции физиологического раствора, который они считали лекарством (см. главу 1). Итальянский исследователь Фабрицио Бенедетти, доктор медицины и философии, пионер изучения плацебо, вместе с коллегами проделал похожее исследование болезни Паркинсона несколькими годами позже (2004). Тогда впервые удалось показать воздействие плацебо на отдельные нейроны.

Бенедетти и соавторы исследовали не только нейробиологию ожидания, но и механизм плацебо на уровне классического условного рефлекса (то, что Адер годами ранее пытался исследовать на своих лабораторных крысах). В одном эксперименте Бенедетти давал испытуемым суматриптан, стимулирующий гормон роста и подавляющий секрецию кортизола, а затем без ведома пациентов заменял препарат на плацебо. Он обнаружил, что сканы мозга пациентов продолжали «светиться» в тех же самых местах, что и при получении суматриптана. Значит, мозг производил то же самое вещество – в данном случае гормон роста – самостоятельно.

Эта картина повторилась и в других сочетаниях препарата и плацебо: химические вещества, которые вырабатывал мозг, были близки по составу с теми, что испытуемые прежде получали в качестве лекарства для лечения заболеваний иммунной системы, двигательных расстройств и депрессии. Более того, Бенедетти продемонстрировал, что плацебо вызывало те же самые побочные эффекты, что и лекарства. Например, в одном исследовании с использованием наркотиков испытуемые из группы плацебо страдали от побочного эффекта в виде замедленного и поверхностного дыхания – плацебо с точностью воспроизводило воздействие лекарства.

Человеческое тело действительно способно вырабатывать множество различных биологических веществ, которые могут исцелять, защищать от боли, способствовать крепкому сну, укреплять иммунную систему, доставлять нам удовольствие и порой даже помогают нам влюбляться. Ведь если в определенный момент нашей жизни работа некоего гена выражалась в том, что организм вырабатывал эти особые химические вещества, но затем перестал вырабатывать их из-за какого-нибудь стресса или заболевания, мы должны иметь возможность снова включить этот ген, ведь наше тело *уже знает* из предыдущего опыта, как это сделать.

Итак, рассмотрим, как это происходит. Неврологическое исследование показывает нечто поистине замечательное. Если пациент продолжает принимать определенное вещество, то его мозг продолжает возбуждать одни и те же нейронные пути одним и тем же способом – фактически запоминая, что именно делает это вещество. У испытуемого может легко выработаться условный рефлекс на воздействие отдельных пилюль или инъекций благодаря ассоциированию с опытом привычного внутреннего изменения. В силу этого типа обусловливания, когда пациент затем принимает плацебо, те же самые нейронные пути будут возбуждаться так же, как когда он принимал лекарство. Ассоциативная память вызывает подсознательную программу, которая устанавливает связь между пилюлей или инъекцией и гормональным изменением в теле, а затем эта программа автоматически сигнализирует телу выработать соответствующие химические вещества, ассоциируемые с лекарством... Ну разве не удивительно?

Исследование Бенедетти четко проясняет еще один вопрос: для разных задач нужны разные типы стратегии плацебо. Например, в испытании суматриптана первоначальное словесное внушение о том, что плацебо будет работать, никак не способствовало выработке гормона роста. Дабы плацебо воздействовал на бессознательные психические реакции через ассоциативную память (например, способствуя выделению гормонов или изменениям в работе иммунной системы), необходимо сформировать условный рефлекс, а вот чтобы использовать плацебо для изменения более сознательных реакций (например, для ослабления боли или уменьшения депрессии), достаточно простого внушения или ожидания. Вот почему Бенедетти утверждал, что реакция плацебо *не одна* — их *несколько.*

ВЗЯТЬ В СВОИ РУКИ ПРЕВОСХОДСТВО СОЗНАНИЯ НАД МАТЕРИЕЙ

Новый удивительный поворот в изучении плацебо произошел в пилотном исследовании 2010 года, которое проводил гарвардский профессор медицины Тед Капчук. Этот эксперимент показал, что плацебо работает, *даже если люди знают, что принимают пустышку.* Капчук и его коллеги давали плацебо 40 пациентам с синдромом раздраженной толстой кишки (СРТК). Каждому пациенту вручали банку с недвусмысленной наклейкой «Пилюли плацебо» и сообщали, что в ней содержатся «пустые пилюли, изготовленные из инертного вещества, например сахара, которые хорошо зарекомендовали себя в клинических исследованиях, приводя к заметному улучшению симптомов СРТК за счет психосоматических процессов самоисцеления». Еще 40 пациентов с СРТК, не получавших никаких пилюль, выступали в качестве контрольной группы.

По прошествии трех недель группа принимавших плацебо показала *вдвое большее облегчение симптомов* в сравнении с контрольной. Такая ощутимая разница, по мнению Капчука, вполне сравнима с воздействием лучших *настоящих* медикаментов для лечения СРТК. Никто обманным путем не приводил этих пациентов к исцелению самих себя. Они *знали наверняка*, что не получают никаких лекарств – и все же они поддались тому внушению, что плацебо может облегчить их симптомы. Вера в независимый от причины результат так повлияла на их тело, что оно отреагировало улучшением симптомов.

Тем временем параллельный курс исследований, изучающих воздействие настроя, представлений и веры, прокладывает себе путь в текущие исследования взаимосвязи ума и тела, показывая, что с помощью веры можно повлиять даже на нечто вполне конкретное, например на пользу физических упражнений. Прекрасным примером этого служит исследование 84 горничных отеля, которое в 2007 году провели в Гарварде психологи и доктора философии Алия Крам и Элен Лангер.

В начале исследования некоторые из горничных знали, что рутинная работа, которую они выполняют в гостинице, превышает рекомендации Главврача США о полезной для здоровья ежедневной физической нагрузке (30 минут). На опросе 67% женщин сообщили исследователям, что они тренируются нерегулярно, а 37% заявили, что не занимаются фитнесом вообще. После этой первичной оценки Крам и Лангер разделили испытуемых на две группы. Горничным первой группы они рассказали, как их двигательная активность влияет на количество сжигаемых калорий, а также объяснили, что, просто выполняя свою работу, они уже получают тренировочной нагрузки более чем достаточно. Во второй группе исследователи ничего подобного не говорили. Поскольку горничные обеих групп работали в разных гостиницах, то обмена мнениями и информацией можно было не опасаться.

Через месяц исследователи обнаружили, что участники первой группы потеряли в среднем по два фунта веса[1], у них снизилось процентное содержание жира в организме, а также систолическое кровяное давление в среднем на 10 пунктов – хотя они не выполняли никаких дополнительных упражнений вне работы и не меняли свои пищевые привычки. Показатели второй группы, выполнявшей ту же самую работу, что и первая, остались практически неизменными.

Этот эксперимент перекликается с похожим исследованием, проведенным ранее в Квебеке, где 48 молодых людей участвовали в 10-недельной программе упражнений по аэробике, посещая три полуторачасовых занятия в неделю. Испытуемых разделили на две группы. Экспериментаторы сообщили первой, собственно испытательной, группе, что это исследование было специально разработано, чтобы улучшить не только их аэробную функцию[2], но и психическое

[1] Около 1 кг.

[2] Общая тренированность, устойчивость к кардионагрузкам и оптимизация баланса работы сердца и легких при нагрузках. – *Прим. ред.*

здоровье. Во второй же группе, которая выступала в роли контрольной, они упомянули только о физической пользе занятий аэробикой. В конце 10-й недели исследователи обнаружили, что показатели аэробной функции выросли в обеих группах, а вот значительное повышение самооценки (как показателя здоровья) отмечалось только во второй.

Эти данные свидетельствуют, что осознание уже само по себе может оказывать значимое физическое воздействие на тело и здоровье. То, что мы знаем, и язык, который используется для определения того, что мы будем переживать, и то, какое значение мы придаем предлагаемым объяснениям, – все это воздействует на наше стремление. И когда в основе того, что мы делаем, лежит ясное намерение, мы, естественно, получаем лучшие результаты.

Короче, чем больше узнаешь про «что» и «почему», тем легче и эффективней становится «как». (Надеюсь, моя книга сыграет ту же роль для тебя.)

Как показало давнее, но ставшее классическим исследование в Университете Цинциннати, мы придаем значение и таким деталям, как цвет лекарства и количество пилюль, которые глотаем. В этом эксперименте исследователи давали 57 студентам-медикам одну или две розовые или голубые капсулы. И те и другие были пустышками, хотя студентам сообщили, что розовые капсулы содержат стимулятор, а голубые – седативное средство. Исследователи выявили: «Две капсулы вызывали более заметные изменения, чем одна, а успокаивающее воздействие голубых капсул оказалось сильнее, чем стимулирующее у розовых». Фактически студенты усвоили, что голубые пилюли в два с половиной раза эффективнее как седативное, чем розовые пилюли как стимулятор, хотя *все* пилюли были плацебо.

Более поздние исследования свидетельствуют, что убежденность и представления могут влиять также на показатели умственной деятельности и на оценки при выполнении стандартных экзаменационных тестов. В канадском эксперименте 2006 года участвовали 220 студенток. Им дали прочесть поддельные исследовательские отчеты, где утверждалось, что способности мужчин к математике на 5% выше, чем у женщин. Испытуемых разделили на две группы, одна из которых прочла, что интеллектуальное превосходство мужчин объясняется недавно выявленными генетическими факторами, а вторая, что это превосходство – лишь результат известного стереотипа, проявляющегося в различном отношении учителей к способностям девочек и мальчиков в начальной школе. Затем студентки получили математическое задание. Те, что читали текст о генетическом превосходстве мужского пола, получили более низкие оценки в сравнении с теми, которые прочли объяснение о стереотипном происхождении мужского преимущества. Другими словами, когда девушек заранее настроили, что их умственная отсталость непреодолима, то они и действовали, подтверждая это представление.

Похожий эффект был отмечен в эксперименте с чернокожими студентами, которые исторически уступают белым в словарном запасе, умении читать и решать математические задачи, а также хуже проходят тест на обучаемость, причем независимо от социально-экономического фактора. По статистике, в большинстве стандартных тестов средний чернокожий студент набирает где-то от 70 до 80% баллов по сравнению с белыми студентами того же возраста. Социальный психолог Стэнфордского университета, доктор философии Клод Стил объясняет, что во всем виноват «эффект стереотипа». Его исследование показывает, что студенты, принадлежащие к группам, стереотипное отношение к которым носит явный негативный характер, справляются с заданиями хуже, когда полагают, что их результаты будут оцениваться в свете этого культурного стереотипа, чем когда не чувствуют такого давления.

В знаковом исследовании Стила, проведенном вместе с доктором философии Джошуа Аронсоном, исследователи давали второкурсникам Стэнфорда серию тестов на вербальное мышление. Некоторые студенты получили инструкции, поддерживающие стереотипный настрой превосходства белых над черными: в них говорилось, что предстоящий тест был разработан для сравнения их познавательных способностей. Остальным же было сказано, что это малозначимый инструмент исследования. В той группе, где был активирован стереотип, черные студенты набрали меньший средний балл, чем белые. Там же, где стереотип *не был* задан, результаты черных и белых второкурсников по тесту были одинаковыми. Это доказывает, что именно исходный настрой играет критическую роль.

Такая предварительная установка называется *«прайминг»*.

Прайминг — это когда *кто-то, где-то* или *что-то* в нашем окружении (например, при прохождении теста) приводит в действие определенные ассоциации и стереотипы, которые укоренились в нашем мозге и тем самым заставляют нас неосознанно действовать так или иначе.

Например – представление о том, что люди, оценивающие результаты данного теста, уверены, что черные студенты наберут меньше баллов, чем белые, заставляет первых неосознанно набирать меньше баллов. Выработку настроя называют праймингом[1], потому что она работает как насос. Нужно, чтобы вода уже была в насосной системе, чтобы выкачать из нее больше воды. Так и в этом примере пред-

[1] Англ. *priming*. Одно из значений этого слова – накачка.

ставление или вера в то, что другие ожидают от черных студентов худших результатов, подобна той воде, которая заведомо залита в систему. Когда вы делаете нечто, чтобы запустить систему (беретесь за ручку насоса или сдаете экзамен), то возбуждаете все эти связанные мысли, модели поведения и эмоции и производите именно то, что с самого начала только и ожидало своего часа, чтобы появиться из системы, — будь то заранее налитая вода или недобор баллов за тест.

Задумайтесь вот о чем.

Большинство непроизвольных поступков, которые вызваны праймингом, порождено бессознательным или подсознательным программированием, по большей части происходящим за кулисами нашего осознания.

Получается, что нас программируют на неосознанное поведение с утра до вечера — а мы даже не догадываемся об этом?

Стил экспериментально подтвердил этот эффект и с другими группами стереотипного отношения. Когда Стил давал математическое задание группе белых и азиатов (которые традиционно сильны в математике), то те белые студенты, которым сообщили, что азиаты превосходят белых, действительно решили задачи хуже, чем белые из контрольной группы, которым этого не сказали. Эксперименты Стила с сильными студентками-математиками показали похожие результаты. И в этом случае, когда студенты бессознательно ожидали, что наберут меньше баллов, они действительно набирали меньше баллов.

Высший смысл, лежащий в исследовании Стила, оказывается еще и весьма глубоким: то, что мы приучены думать о самих себе так или иначе, а также то, что мы заведомо запрограммированы своим представлением о том, что думают о нас другие люди, влияет на наше поведение и успех действий. Это все то же плацебо – установка, что произойдет, когда мы примем пилюлю. А тем более когда определенный результат ожидается всеми вокруг нас. Неужели многие лекарства или даже хирургические операции в действительности работают лучше из-за того, что нас неоднократно подвергали праймингу, убеждали и приучили верить в их воздействие? Что же получается, не будь эффекта плацебо, все эти лекарственные средства не работали бы вообще?

МОЖНО ЛИ БЫТЬ САМОМУ СЕБЕ ПЛАЦЕБО?

Два недавних исследования в Университете Толедо, возможно, лучше других пролили свет на то, как разум может без посторонней помощи решать, что пациент воспринимает и переживает. Для каждого эксперимента исследователи разделили группу физически здоровых добровольцев на две категории – оптимистов и пессимистов (в соответствии с тем, как они ответили на вопросы диагностической анкеты). В первом эксперименте они давали испытуемым плацебо, но говорили им, что это препарат, который ухудшит их самочувствие. Отрицательная реакция на пилюлю у пессимистов была сильней, чем у оптимистов. Во втором эксперименте исследователи тоже давали испытуемым плацебо, но на сей раз сказали, что лекарство поможет им крепче спать. В результате оптимисты спали намного лучше пессимистов.

Итак, оптимисты более склонны положительно реагировать на то внушение, что прием пилюль улучшит их самочувствие, потому что изначально настроены на лучшее будущее. А пессимисты, наоборот, склонны воспринимать то внушение, что лекарство вызовет ухудшение их состояния, потому что всегда осознанно или неосознанно ожидают негативного развития событий. Создается впечатление, что оптимисты подсознательно вырабатывают особые химические вещества, которые помогают им уснуть, а пессимисты так же подсознательно создают аптеку с препаратами, которые ухудшают их самочувствие.

Другими словами, при одних и тех же внешних условиях люди с позитивным складом ума имеют склонность порождать положительные ситуации, а обладатели негативного склада ума фактически сами создают негативные ситуации. Такое вот чудо нашей собственной, имеющей свободную волю биоинженерии.

Хотя мы не знаем точно, какова доля пациентов, обязанных своим исцелением эффекту плацебо (статья Бичера 1955 года, упомянутая выше в этой главе, приводит цифру 35%, но современные исследования показывают, что она может колебаться в диапазоне от 10 до 100%), однако общее их число, несомненно, огромно. С учетом этого следует задаться вопросом, *какой процент болезней и недомоганий возникает под влиянием негативной установки – ноцебо?* Учитывая, что самое последнее научное исследование в психологии установило, что около 70% наших мыслей, образов и представлений имеют негативный и избыточный характер, число неосознанно вызванных эффектом ноцебо заболеваний может оказаться весьма впечатляющим – и, уж конечно, намного большим, чем мы предполагаем. Это звучит вполне логично, учитывая, множество психических, физических и эмоциональных проблем со здоровьем, которые нередко появляются словно бы ниоткуда.

На первый взгляд может показаться неправдоподобным, что психика обладает такой мощью, однако исследования последних десятилетий ясно подтверждают это. То, что ты думаешь, есть то, что ты переживаешь, и когда дело доходит до твоего здоровья, то это реализуется благодаря той удивительной фармакопее, которая установилась в твоем теле – она автоматически и тонко действует заодно с твоими мыслями. Рецептурный отдел нашей внутренней аптеки активирует определенные природные молекулы организма, вызывая соответствующие эффекты. В последующих главах мы рассмотрим, как все это разворачивается на биологическом уровне. И главное: как применить эту врожденную способность, чтобы сознательно и намеренно создать себе такое здоровье, которое каждому хочется иметь, и такую жизнь, которую каждому хотелось бы прожить.

ГЛАВА 3

ЭФФЕКТ ПЛАЦЕБО В МОЗГЕ

Если ты уже знаком с моей книгой *«Сила подсознания, или Как изменить жизнь за 4 недели»*, можешь пропустить эту главу или просто выборочно просмотреть ее, чтобы освежить в памяти прочитанное. Сомневающимся я все же рекомендую прочесть эту главу, потому что для полного понимания следующих глав совершенно необходимо хорошо разбираться в том, что здесь изложено.

Как показывают истории, приведенные в последних двух главах, перемены в нашей жизни начинаются с изменения наших мыслей. Благодаря громадным размерам нашего переднего мозга – лобных долей – мы способны сделать мысль более реальной, чем что бы то ни было, – именно так работает плацебо. Чтобы увидеть, как разворачивается этот процесс, необходимо рассмотреть три ключевых элемента: *обусловливание, ожидание* и *смысл*. Как мы далее увидим, все эти три концепции, похоже, работают сообща в формировании реакции плацебо.

Я уже немного объяснял первый элемент этого трио – процесс обусловливания, формирования условного рефлекса, когда рассказывал о работах Павлова в предыдущей главе. Если вкратце, то обусловливание вырабатывается, когда мы связываем прошлый опыт (например, прием аспирина) с возникающими ощущениями (избавление от головной боли), потому что многократно это переживали. Это выглядит примерно так. Когда ты замечаешь, что у тебя болит голова, то, по сути, осознаешь психологическую перемену в своем внутреннем пространстве (чувствуешь боль). Следующий шаг – это поиск в своем внешнем мире чего-то такого (в данном случае аспирина), что поможет изменить твое внутреннее состояние. Можно сказать, что именно внутреннее состояние (ощущение боли) заставляет тебя подумать о каком-то прошлом выборе, о предпринятом в прошлом действии или пережитом опыте, которые некогда помогли в этой ситуации (принять аспирин и избавиться от боли).

Таким образом, полученный из внешнего окружения толчок или стимул, например тот же аспирин, изменяет твою внутреннюю среду и приводит к особому позитивному переживанию, которое воспринимается как награда. Ты замечаешь перемену в своей внутренней среде и запоминаешь, что именно вызвало эту перемену. Это называется *ассоциативной памятью*.

Если повторять этот процесс снова и снова, то благодаря закреплению ассоциации внешний стимул может стать таким сильным, что можно будет заменить аспирин сахарной пилюлей, которая выглядит как таблетка аспирина, и она вызовет автоматическую внутреннюю реакцию (уменьшение головной боли). Это один из способов работы плацебо.

Рисунки 3-1A, 3-1B и 3-1C иллюстрируют процесс выработки условного рефлекса.

Второй элемент, *ожидание*, вступает в игру, когда у нас есть причина предвкушать другой исход. Например, если

Рисунок 3-1А: Стимул

Рисунок 3-1В: Условный стимул + стимул

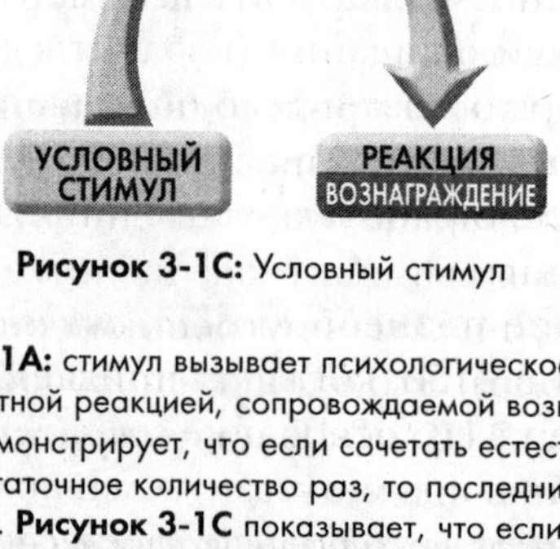

Рисунок 3-1С: Условный стимул

На рисунке 3-1А: стимул вызывает психологическое изменение, называемое ответной реакцией, сопровождаемой вознаграждением. **Рисунок 3-1В** демонстрирует, что если сочетать естественный стимул с условным достаточное количество раз, то последний сам начнет вызывать реакцию. **Рисунок 3-1С** показывает, что если теперь удалить природный стимул и заменить его условным — вроде плацебо, — то он будет приводить к такой же психологической реакции.

мы страдаем от хронической боли при артрите и получаем новый медицинский препарат от доктора, который восторженно объясняет нам, что теперь нашу боль как рукой снимет, то мы поддаемся на его внушение и ожидаем, что когда мы примем это новое лекарство, то произойдет нечто иное (мы перестанем испытывать боль). В этом случае наш доктор фактически повлиял на уровень нашей внушаемости.

Когда мы становимся более внушаемыми, то, естественно, связываем нечто снаружи нас (новый лекарственный препарат) с выбором другой возможности (быть свободным от боли). Мысленно мы выбираем другую потенциальную возможность и предвкушаем, что получим другой результат. Если мы эмоционально допускаем, а затем и принимаем тот новый результат, который выбрали, наш мозг и наше тело перейдут к свободному от боли состоянию. Представление о состояния нашего бытия и реальное событие – для мозга и тела это одно и то же.

Следовательно, мозг возбуждает те же самые нейронные сети, которые возбудил бы в случае внешнего изменения нашего самочувствия (когда лекарство ослабляет боль). При этом в организме вырабатываются те же химические соединения. Наши ожидания (избавиться от боли) воплощаются, потому что мозг и тело обладают идеальной аптекой, позволяющей изменить наше внутреннее состояние. Теперь разум и тело работают как единое целое. Вот какие мы могущественные!

Приписывание плацебо *смысла, значения* – третий элемент нашего трио. Ибо, когда мы придаем действию значение, то добавляем в его основание сознательное намерение. Другими словами, когда мы усваиваем и понимаем нечто для себя, то вкладываем в это больше своей сознательной, целенаправленной энергии. Вспомним, например, эксперимент с горничными отеля из предыдущей главы. Стоило горничным уяснить для себя, как много физической нагрузки они получают ежедневно, всего лишь выполняя свою работу, а также узнать о пользе таких упражнений, как они стали вкладывать больше смысла в свои действия. Теперь они не просто пылесосили, скребли и махали шваброй – теперь они сознательно тренировали мышцы, увеличивали подвижность суставов и сжигали калории. Поскольку все эти рутинные занятия стали более осмысленными, намерение горничных и цель их работы отныне не ограничивались выполнением производственных задач – теперь они воспринимали физическую нагрузку как возможность стать сильней и здоровей.

А произошло вот что. Участники контрольной группы не придавали особого значения своей деятельности, ибо не *осознавали в полной мере*, что выполняемая ими физическая работа может быть полезна для их здоровья, а потому и не получили особой пользы – хотя ежедневно совершали абсолютно такие же действия.

Плацебо работает аналогично.

Чем сильнее твоя вера в то, что конкретное вещество, процедура или хирургическая операция окажутся полезными, тем выше твои шансы на улучшение самочувствия и выздоровление.

Другими словами, если ты вкладываешь больше смысла в опыт некого взаимодействия с окружением (с человеком, местом или вещью), то ты добьешься большего успеха в намеренном изменении своего внутреннего состояния *одной только мыслью*. Чем сильнее ты *веришь*, тем лучше результат.

ПЛАЦЕБО: АНАТОМИЯ МЫСЛИ

Если эффект плацебо – результат того, как мысль может менять физиологию (можно назвать это превосходством разума над материей), то, возможно, нам следует исследовать свои мысли и то, как они взаимодействуют с мозгом и телом. Предлагаю начать с повседневных мыслей.

Нас всех создает привычка. Человеку приходит в голову где-то от 60 000 до 70 000 мыслей в день, причем 90% из них – это те же самые мысли, что посещали нас накануне. Мы поднимаемся с одной и той же стороны кровати, проделываем одни и те же процедуры в ванной, причесываем волосы на тот же манер, присаживаемся на один и тот же стул, чтобы съесть все тот же завтрак, во время которого держим привычную кружку привычной рукой, потом едем давно заученным путем на ту же самую работу, где исполняем одни и те же обязанности, в окружении примерно тех же людей, которые жмут на одни и те же эмоциональные кнопки – и так каждый день. А затем мы вскакиваем и бежим, чтобы до часа пик успеть домой, чтобы успеть проверить свою электронную почту перед тем, как успеть поужинать и потом посмотреть свое любимое телешоу, а затем успеть почистить зубы, выполняя одни и те же процедуры в ванной, стараясь вовремя лечь в постель, чтобы успеть выспаться, ведь завтра надо успеть проделать все то же самое.

Если тебе показалось, что большую часть жизни мы проживаем на автопилоте, это на самом деле так. Стереотипные *мысли* заставляют нас делать стереотипный *выбор*. А такой выбор приводит к совершению тех же самых *поступков*. Эти неизменные *поступки* приводят к тому же самому *опыту и эмоциям*. И эти *эмоции* снова способствуют тем же стереотипным *мыслям*. Взгляни на рисунок 3-2, где

Рисунок 3-2. Как мы создаем однообразную реальность шаблонным образом мыслей

изображена очередность, как наши однообразные мысли создают однообразную реальность.

В результате этого сознательного или бессознательного процесса твоя биология остается неизменной. Ни твой мозг, ни твое тело не изменяются вообще, потому что ты исходишь из одних и тех же представлений и мысленных шаблонов, выполняешь одни и те же действия и живешь одними и теми же эмоциями – хотя где-то в глубине души надеешься на перемены в своей жизни. Ты воспроизводишь одну и ту же деятельность мозга, которая активирует привычные нейронные цепи и стандартный набор химии мозга, которая одним и тем же способом воздействует на функции тела. И этот набор химикатов привычными способами стимулирует те же самые гены. И эти гены создают те же самые протеины, в результате чего тело остается как бы застывшим (о протеинах я подробнее расскажу ниже). А поскольку экспрессия протеинов – выражение жизни или здоровья, то твоя жизнь и здоровье остаются в лучшем случае прежними.

Задумайся на мгновение о своей жизни. Разве *тебя* это не касается? Если ты пережевываешь те же самые мысли, что и вчера, то, скорее всего, сделаешь привычный выбор и сегодня. Неизменный выбор сегодня приведет к шаблонным поступкам завтра. Те же самые привычные поступки завтра приведут к повторению прежнего опыта в будущем. А повторяющиеся события и ситуации в твоей жизни будут все время вызывать у тебя все те же предсказуемые эмоции. И в результате ты каждый день испытываешь одно и то же. Твое «вчера» становится твоим «завтра» – и поистине, твое прошлое есть твое будущее.

Если ты пока со мной согласен, тогда мы можем сказать, что то привычное чувство, которое я только что описал, есть «ты» – твоя индивидуальность, твоя личность. Это твое состояние бытия. Состояние это удобно и непроизвольно, оно не требует усилий. Это известный тебе «ты», который живет в прошлом. Если поддерживать этот рутинный процесс, со временем привычное тебе состояние бытия будет питать одни и те же мысли, которые будут заставлять тебя стремиться к привычному машинальному круговороту выборов, поступков и переживаний, чтобы раз за разом возвращаться к этому до боли знакомому ощущению, которое ты считаешь «собой». И поэтому с твоей личностью не происходит ничего нового, все остается прежним.

Если это и есть твоя личность, то именно *твоя личность создает твою персональную реальность*. Все проще простого. А личность твоя состоит из того, как ты *воспринимаешь, представляешь* и *думаешь*, как ты *действуешь* и что ты *чувствуешь*. Таким образом, твоя личность, прямо сейчас читающая эти строки, создает свою нынешнюю персональную реальность, которая называется твоей жизнью. Но если ты хочешь создать новую персональную реальность — надо начать обращать внимание на мысли, роящиеся в твоей голове, и изменять их. Следует понять те бессознательные поступки, которые ты предпочитаешь совершать и которые приводят к одним и тем же последствиям в опыте, а затем научиться делать новый выбор, совершать иные действия и получать иной опыт.

Следует обращать пристальное внимание на те эмоции, которые стали привычными, и решить, по сердцу ли тебе переживать их снова и снова.

Большинство людей безуспешно пытаются создать новую персональную реальность, оставаясь прежней личностью. Чтобы изменить свою жизнь, придется буквально стать другим человеком.

Продолжай читать, ибо правильно организовать этот процесс – целая наука. Рисунок 3-3 показывает, как личность человека влияет на его личностную реальность.

Итак, если ты понимаешь эту модель, то согласишься, что новые мысли должны привести тебя к новому выбору. Этот выбор приведет к новым поступкам, а те – к неиспытанному прежде опыту. Это называется «эволюцией». А твоя персональная реальность и твоя биология (нейронные сети мозга, внутренняя химия, генная экспрессия и, в конечном счете, твое здоровье) должны измениться благодаря появлению этой новой личности. И, похоже, все начинается с мысли. На рисунке 3-4 изображена эта последовательность.

Рисунок 3-3. Твоя личность состоит из того, что ты думаешь, делаешь и чувствуешь. Это твое состояние бытия. Следовательно, одни и те же мысли, действия и чувства будут держать тебя в оковах прошлой личностной реальности. Однако если ты примешь новые мысли, действия и чувства, то неминуемо создашь в своем будущем новую персональную реальность

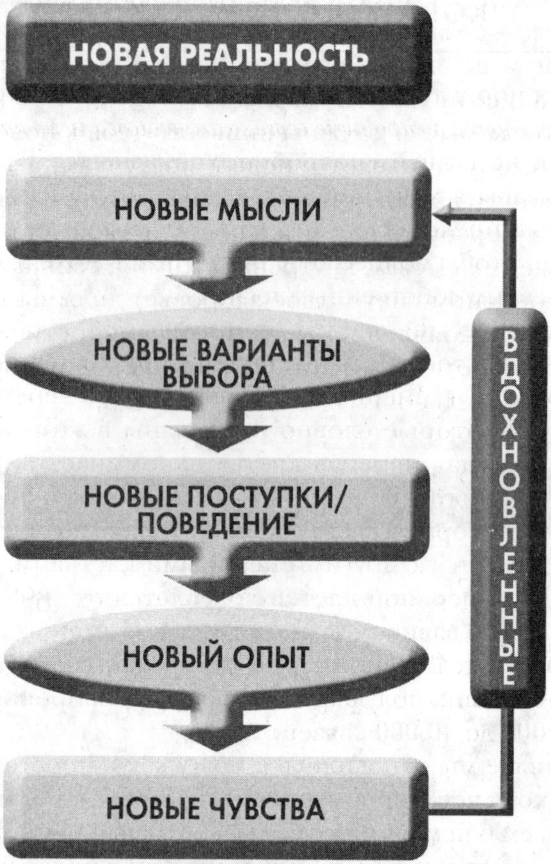

Рисунок 3-4. Как мы создаем *новую* реальность своими мыслями

КОРОТКО О ТОМ, КАК РАБОТАЕТ МОЗГ

До сих пор я только кратко упоминал такие термины, как *мозговые цепи, нейронные сети, химия мозга* и *генетическая экспрессия*, не давая им подробного объяснения. В завершение этой главы я хочу в общих чертах объяснить некоторые научные представления о том, как мозг и тело работают вместе, чтобы полнее тебе представить модель, как можно стать своим собственным плацебо.

Человеческий мозг как минимум на 75% состоит из воды, а по консистенции напоминает яйцо, сваренное всмятку. Он состоит примерно из 100 миллиардов нервных клеток, *нейронов,* которые словно развешаны в этой водянистой среде. Каждая нервная клетка напоминает ветвистое дерево, вроде дуба без листьев, с плавно раскачивающимися ветвями и корневой системой, которая то соединяется, то разъединяется с другими нервными клетками. Число связей одной нервной клетки колеблется от 1000 до 100 000 и более – в зависимости от того, где именно в мозге она располагается. Например, в *неокортексе* (передние отделы коры больших полушарий) на каждый нейрон приходится от 10 000 до 40 000 связей.

Раньше мы относились к мозгу как к простому компьютеру (хотя некоторое сходство действительно есть), теперь мы знаем о нем намного больше. Каждый нейрон – это собственный уникальный биокомпьютер с более чем 60 мегабайтами оперативной памяти. Он способен обрабатывать огромные объемы данных со скоростью несколько сотен тысяч операций в секунду. Когда мы изучаем что-то новое или испытываем новый опыт, наши нейроны образуют новые связи, обмениваясь электрохимической информацией друг с другом. Две соседние клетки обмениваются информацией через *синапс. Это* – промежуток, или щель, между ветвью (аксоном) одного нейрона и корнем (дендритом) другого. Вот почему соединения между нейронами еще называют *синаптическими связями.*

Освоение нового сопровождается установлением новых синаптических связей, а запоминание – это удерживание таких связей. Иначе говоря, память – это долгосрочные взаимоотношения или стабильные связи между нервными клетками. А образование этих связей и то, как они меняются со временем, перестраивает физическую структуру мозга.

Когда в мозге совершаются какие-нибудь изменения, в нем вырабатываются различные химические соединения под названием *нейротрансмиттеры* (к которым относятся, например: серотонин, дофамин и ацетилхолин). Нейротрансмиттеры на ветви одного нейронного дерева пересекают синаптическую щель, чтобы достичь корня другого нейронного дерева. Как только они пересекают этот зазор, нейрон производит электрический разряд информации. Если мы продолжаем думать одни и те же мысли, нейрон продолжает срабатывать по прежней схеме, укрепляя взаимосвязь между соответствующими клетками и повышая их готовность повторить сигнал в следующий раз. Этот процесс избирательного усиления носит название *синаптическая потенциация.*

Когда заросли нейронов согласованно срабатывают, обеспечивая новый опыт, то внутри нервной клетки образуется дополнительный протеин, который прокладывает себе путь в клеточное *ядро,* где стыкуется с ДНК и включает отдельные гены. Поскольку работа генов состоит в производстве протеинов, которые поддерживают структуру и функции тела, то нервная клетка быстро вырабатывает новый протеин, чтобы создать новые ветви между нервными клетками. Таким образом, когда мы многократно повторяем мысль или переживаем некий опыт снова, клетки нашего мозга не только усиливают связи друг с другом (что влияет на наши физиологические функции), но и увеличивают общее число связей. И мозг становится богаче.

Итак, стоит человеку пережить новый опыт, по-новому воспринять что-то или понять, как он тут же изменяется на нейронном уровне, а также на биохимическом и генетическом. На самом деле можно обрести тысячи новых связей за считаные секунды благодаря чтению нетривиального романа, необычному опыту и иному восприятию. Это означает, что одной только мыслью ты можешь активировать новые гены прямо сейчас. Простым изменением сознания. Это и есть преобладание разума над материей.

Нобелевский лауреат Эрик Кандел, доктор медицинских наук, показал, что когда нечто запечатлевается в памяти, то число синаптических связей в тех сенсорных нейронах, которые стимулируются, удваивается с 1300 до 2600. Однако если первоначальный новый опыт не повторяется снова и снова, то количество новых связей скатывается к первоначальному значению в 1300 за каких-то три недели.

Следовательно, если мы многократно повторяем то, что узнаем или учим, то этим усиливаем нейронные группы, которые помогут нам вспомнить это в следующий раз. Иначе синаптические связи вскоре исчезают, а память стирается. Вот почему следует непрерывно обновлять, пересматривать и перебирать в памяти новые представления, знания, выборы, приемы, привычки, убеждения и ситуации, — если мы хотим, чтобы они утвердились в нашем мозге. Рисунок 3-5 поможет поближе познакомиться с нейронами и нейронными сетями.

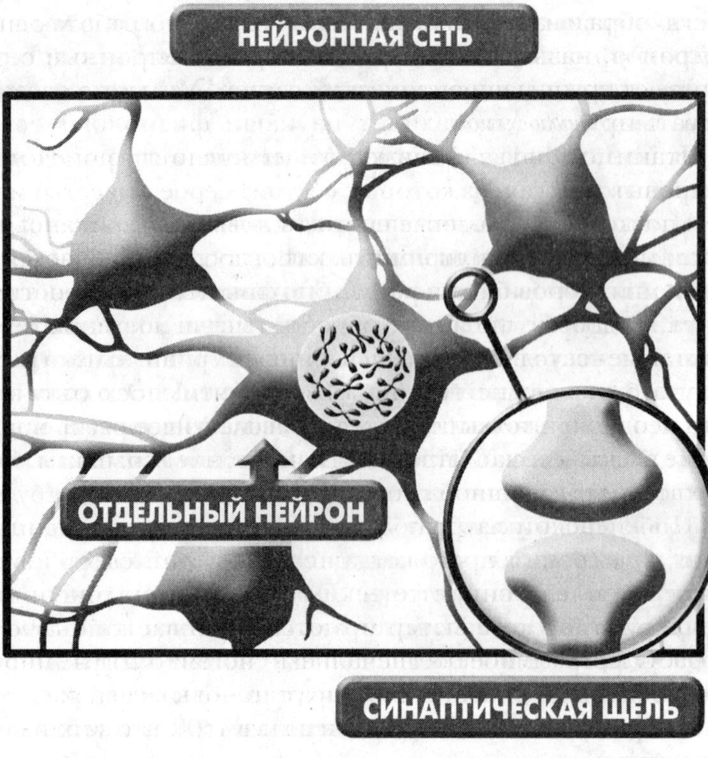

Рисунок 3-5. Это простое графическое изображение нейронов в нейронной сети. Крошечное пространство между ветвями отдельных нейронов, которое обеспечивает связь между ними, называется синаптической щелью. Около 100 000 нейронов с более чем миллиардом связей между ними могут уместиться в одной песчинке

Чтобы получить представление о том, насколько на самом деле огромна эта система, вообрази, что нервная клетка связана с 40 000 других нервных клеток. Предположим, она обрабатывает 100 000 бит информации в секунду и делится этой информацией с другими нейронами, которые тоже совершают 100 000 операций в секунду. Эта совокупность, образованная из кластеров совместно работающих нейронов, называется *нейронной сетью.* Нейронные сети образуют группы синаптических связей. Мы можем также назвать их *нейросхемой.*

Итак, поскольку физические изменения происходят в нервных клетках, из которых состоит серое вещество мозга, и поскольку избранные нейроны получили приказ самоорганизоваться в эти огромные сети, способные обработать сотни миллионов бит информации, физическое устройство мозга, подобное аппаратному обеспечению компьютера, тоже изменяется, адаптируясь к информации, которую он получает от внешней среды. Со временем, поскольку эти сети неоднократно включаются (пульсирующее распространение электрической активности, подобное вспышкам молнии во время страшной грозы среди густых туч), мозг будет не только продолжать использовать те же самые нейронные сети, но и создаст программу для этого компьютера (автоматическую нейронную сеть). Именно так программы инсталлируются в компьютер мозга. Аппаратура компьютера создает программное обеспечение, а система программного обеспечения загружается в аппаратуру – и каждый раз, когда программное обеспечение используется, это усиливает аппаратуру.

Таким образом, когда ты застываешь в плену шаблонных мыслей и испытываешь те же самые чувства, ибо не изучаешь и не делаешь ничего нового, твой мозг возбуждает свои нейроны и активирует нейронные сети в точно такой же последовательности, с той же структурой и с теми же сочетаниями. Они становятся автоматическими программами, которые ты неосознанно используешь каждый день. У тебя складывается автоматическая нейронная сеть, чтобы разговаривать, бриться или наносить макияж, стучать по клавишам ноутбука, судачить о коллегах и все такое, потому

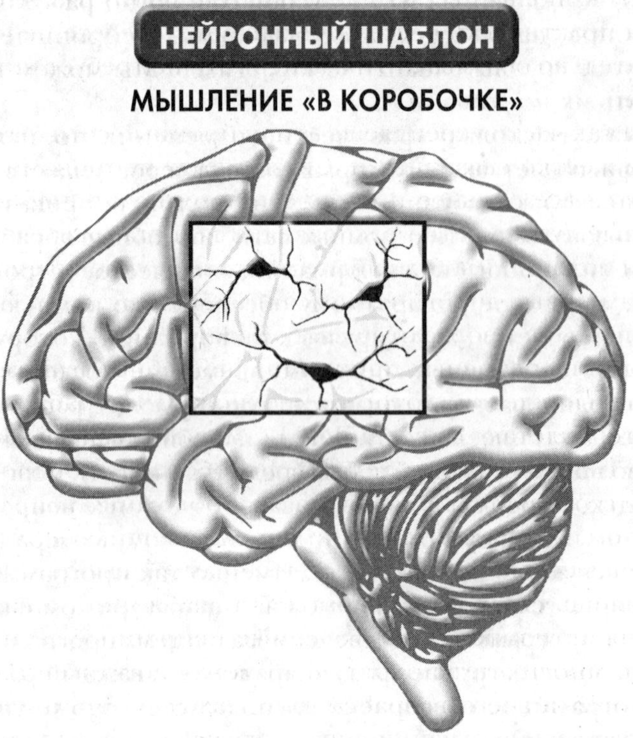

Рисунок 3-6. Если твои мысли, выбор, поступки, опыт и эмоциональные состояния остаются одинаковыми в течение многих лет подряд — а одинаковые мысли приводят к одинаковым чувствам, усиливая все тот же бесконечный круговорот, — тогда твой мозг становится жестко связанным в ограниченную сигнатуру. Это происходит потому, что ты воссоздаешь один и тот же шаблон мышления всякий раз, заставляя свой мозг срабатывать в тех же самых паттернах. Со временем это биологически укрепляет специфический ограниченный набор нейронных сетей, физически увеличивая склонность твоего мозга к созданию ментального шаблона — теперь ты мыслишь в этой «коробочке». Совокупность этих жестко связанных дуг становится твоей личностью

что ты выполнял все эти действия так много раз, что они стали практически бессознательными. Тебе уже не нужно сознательно обдумывать их. Теперь это не требует никаких усилий.

Ты так часто укрепляешь эти нейронные сети, что они стали жестко связанными. Связи между нейронами склеиваются все сильнее и прочнее, формируются дополнительные дуги, а ветви расправляются и становятся физически толще – мы будто бы усиливаем и укрепляем мост, строим новые дороги или расширяем магистраль, чтобы увеличить ее пропускную способность.

Один из основных принципов нейробиологии гласит: «Нервные клетки, которые неоднократно срабатывают вместе, сплетаются воедино». Если твой мозг срабатывает то и дело одним и тем же способом, ты воспроизводишь ту же модель поведения и мировосприятия. Таким образом, если ты ежедневно напоминаешь себе, кем ты являешься, воспроизводя тот же самый шаблон, то заставляешь свой мозг срабатывать шаблонно, а значит, будешь активировать те же самые нейронные сети в течение многих лет подряд. К моменту достижения примерно 35-летнего возраста твой мозг самоорганизуется в некую весьма ограниченную сигнатуру автоматических программ – и вот эта застывшая структура называется *личностью*.

Представляй ее в виде коробочки внутри своего мозга. (Конечно же, в буквальном смысле у тебя в голове нет ничего подобного.) Мышление внутри «коробочки» означает, что ты физически жестко связал свой мозг в ограниченный шаблон, как показано на рисунке 3-6. В результате многократного воспроизведения одного и того же мировосприятия сложившаяся нервная сеть предопределяет, кем ты стал и являешься.

НЕЙРОПЛАСТИЧНОСТЬ

Таким образом получается, что нашей целью должно стать мышление *вне* «коробочки», которое заставляет мозг срабатывать по-новому, как показано на рисунке 3-7. Вот что значит иметь открытый ум, ибо всякий раз, когда ты изменяешь свой разум, ты заставляешь свой мозг работать по-другому.

Исследования показывают, что по мере того как мы используем свой мозг, он способен расти и изменяться благодаря *нейропластичности*. Это – способность мозга гибко адаптироваться и меняться, сообразно новому опыту и новой информации. Например, у математика в той области мозга, которая причастна к математике, нейронные разветвления развиты гораздо лучше. А профессиональные музыканты после многих лет исполнения симфоний и выступлений с концертами развивают области мозга, связанные с языковыми и музыкальными способностями.

Механизмы нейропластичности – *сокращение* и *выращивание*, то есть избавление от старых нейронных связей, структур и дуг и создание новых. В хорошо отлаженном мозге этот процесс совершается за считаные секунды. Исследователи Калифорнийского университета в Беркли показали это в своем эксперименте с лабораторными крысами. Они обнаружили, что у крыс, живущих полноценной жизнью (в одной клетке с крысами одного помета, а также своими потомками, с множеством разных игрушек), размер мозга больше и выше число нейронов и связей между ними, чем у крыс, живущих в однообразной среде. Это лишний раз доказывает, что когда мы изучаем и переживаем что-то новое, мы буквально изменяем свой мозг.

Вырваться из кандалов жестко связанного программирования и условных рефлексов, которые заставляют тебя

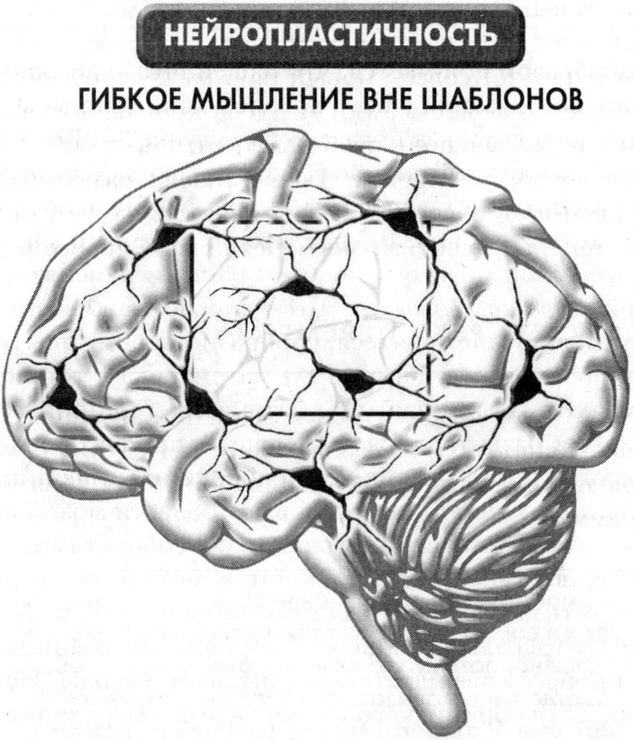

Рисунок 3-7. Когда ты изучаешь что-то новое и начинаешь мыслить по-новому, ты заставляешь свой мозг срабатывать в иных последовательностях, конфигурациях и сочетаниях. То есть ты различными способами активируешь множество разнообразных нейронных сетей. А всякий раз, когда ты заставляешь свой мозг работать по-другому, ты изменяешь свой разум. Поскольку ты выходишь за пределы «коробочки», то новый образ мыслей должен привести к новым выборам, поступкам, новому опыту и новым эмоциям. И тогда твоя личность тоже изменяется

оставаться тем же самым, очень непросто – это требует значительных усилий. Это требует еще и знаний, ибо, когда человек изучает важную информацию о себе или своей жизни, то вышивает совсем новый узор на трехмерной ткани своего серого вещества. Вот и у тебя прибавилось информации к размышлению, чтобы заставить мозг работать по-новому, не так, как прежде. Ты начинаешь размышлять об этом и по-иному воспринимать реальность, потому что смотришь теперь на свою жизнь через призму нового разума.

ПЕРЕСЕКАЕМ РЕКУ ПЕРЕМЕН

Сейчас тебе уже ясно – чтобы измениться, нужно осознать свое шаблонное полубессознательное «я» (которое, как ты теперь знаешь, есть всего лишь набор жестко связанных программ).

> Самое трудное в изменении себя — *не повторять тот же самый выбор, который делал накануне*. Это сложно, потому что нам становится не по себе, когда мы отказываемся от привычных мыслей, решений, автоматических действий и прежнего опыта, порождающего привычные эмоции.

Ведь новое состояние бытия нам не знакомо. Оно не кажется «нормальным». Мы больше не чувствуем себя самими собой, потому что мы – уже не мы. И поскольку все становится неопределенным, мы утрачиваем знакомое чувство «я» и привычное восприятие жизни.

Лиха беда начало! Тебе неуютно, зато ты точно знаешь, что шагнул в реку перемен. Ты вступил в неизвестность.

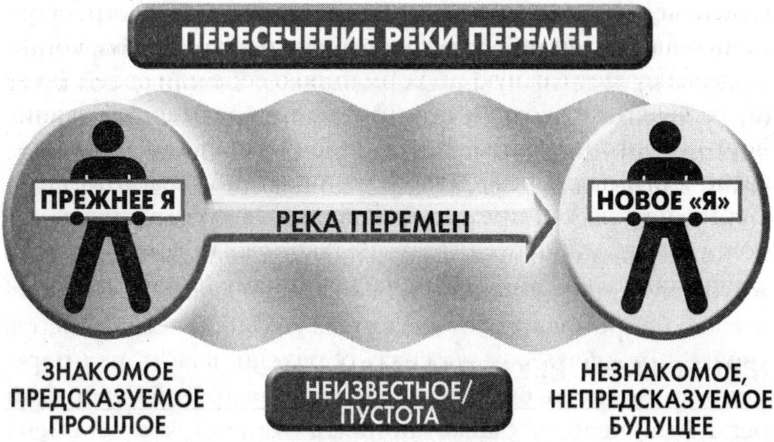

Рисунок 3-8. Чтобы пересечь реку перемен, нужно оставить свое прежнее предсказуемое «я» — соединенное с одними и теми же мыслями, решениями, поступками и чувствами — и шагнуть в пустоту, в неизвестность. Разрыв между прежним «я» и новым «я» — биологическая смерть твоей бывшей личности. Прежнее «я» должно умереть, и тебе придется создать новое «я» с новыми мыслями, новыми решениями, поступками и эмоциями. Войти в эту реку — значит шагнуть навстречу новому, непредсказуемому, незнакомому «я». Неизвестность — это единственное место, где ты можешь созидать: нельзя создать ничего принципиально нового из известного

Ты перестаешь быть прежним «я», но тебе предстоит преодолеть разрыв между прежним «я» и новым «я», это иллюстрирует рисунок 3-8. Другими словами, тебе не удастся мгновенно впорхнуть в новую личность в ритме вальса. Это требует времени.

Обычно когда люди вступают в реку перемен, то в пустоте между прежним «я» и новым «я» им становится настолько неуютно, что они как ошпаренные отскакивают назад в свое прежнее бытие. Они чувствуют: *«Что-то здесь не так, слишком уж неуютно»* или *«Мне как-то нехорошо»*.

Стоит человеку принять это представление, как он тут же неосознанно снова делает прежний *выбор*, который приведет к череде привычных *поступков*, которые создадут опыт тех же самых ситуаций, автоматически вызывающих прежние привычные *эмоции*. И тут он скажет себе: *«Вот теперь все в порядке!»*, поскольку будет чувствовать себя *привычно*.

Как только ты поймешь, что переход через реку перемен и это ощущение растерянности – фактически есть биологическая, нейронная, химическая и даже генетическая смерть твоего прежнего «я», ты сразу обретешь власть над переменой и сможешь обратить свой взор на другой берег этой реки. Если человек сможет принять тот факт, что перемена есть демонтаж жестко связанной схемы – порождения долгих лет неосознанного шаблонного мышления, он сумеет с ней совладать.

Если мы поймем, что потерянность, которую мы чувствуем, есть разрушение старых привычек, убеждений и ощущений, которые по многу-многу раз впечатывались в нашу мозговую конструкцию, то мы сможем вытерпеть все. Если мы сможем постичь, что следствием наших подсознательных привычек и поступков становятся реальные биологические вариации, пагубно изменяющие наш организм на клеточном уровне, то мы сможем прорваться вперед. И если мы будем помнить, что модифицируем те самые гены, которые достались нам в этой жизни от бесчисленных поколений предков, то сможем до конца сохранить собранность и вдохновение.

Некоторые называют опыт такого переживания черной ночью души. Душа-феникс поджигает саму себя и сгорает дотла. Прежнее «я» должно умереть, чтобы дать жизнь новому «я». *Конечно же*, тут будет не по себе!

Однако отчаиваться рано, ибо неизвестность – идеальное место для созидания. Именно тут обитают возможности. Что может быть лучше этого? У большинства из нас выработан условный рефлекс – убегать от неизвестности, однако теперь придется освоиться в пустоте и неопределенности.

Если ты пожалуешься, что тебе не по душе находиться в этой пустоте, потому что ты в ней заблудился, и тебе не видно, что там впереди, и ты не можешь предвидеть свое будущее... я отвечу, что на самом деле это прекрасно, потому что лучший способ предсказать будущее – это *создать* его, причем не из привычного, но *из неизвестного.*

Когда рождается новое «я», то и биологически ты становишься другим. Но чтобы взрастить и закрепить новые нейронные связи, следует сделать сознательный выбор мыслить и действовать по-новому каждый день. Надо укрепить эти связи, неоднократно повторяя этот опыт, пока он не станет привычкой. Необходимо привыкнуть к новым химическим состояниям, испытывая эмоции от нового опыта. А новые гены должны получить сигнал и заставить новые протеины изменить состояния нашего бытия. И если, как мы видели, экспрессия протеинов – это экспрессия жизни, а экспрессия жизни эквивалентна здоровью тела, тогда за этим последует новый уровень структурного и функционального здоровья и самой жизни. Должны возникнуть обновленный ум и обновленное тело.

И вот теперь, когда после мрака долгой ночи рассветает день и возрожденный феникс восстает из пепла, ты создал новое «я». Это «я» совсем иначе выражает себя физически и биологически, ты буквально становишься кем-то другим. Происходит полное преображение.

ПОБЕДИТЬ ВНЕШНЕЕ ОКРУЖЕНИЕ

Теперь ты понимаешь, что всякий раз, когда ты взаимодействуешь с внешним миром, эти события формируют того тебя, которым ты являешься сегодня. Сложные сети нейронов, которые срабатывали и сплетались вместе на всем протяжении твоего земного пути, сформировали триллионы и триллионы связей, когда ты переживал новый опыт, обучался и запоминал. И поскольку каждое место, где один нейрон соединяется с другим, можно назвать памятью, то твой мозг – живой архив прошлого. Обширные переживания, связанные с каждым человеком и каждым событием, произошедшим в разное время и в разных местах твоего внешнего окружения, отпечатаны в тайниках твоего серого вещества.

Получается, что по природе большинство из нас мыслят в прошлом, потому что мы используем ту же самую аппаратуру и то же самое программное обеспечение мозга на основе нашего прошлого опыта. И если мы каждый день проживаем ту же самую жизнь, делая одно и то же в определенное время, встречаясь с теми же людьми в том же месте и воспроизводя прежний опыт день за днем, тогда мы обречены на то, что наш внешний мир будет и дальше влиять на внутренний. При таких обстоятельствах именно наше внешнее окружение управляет тем, как мы думаем, действуем и что чувствуем. Мы остаемся жертвами своей персональной реальности, потому что она создает нашу личность, и это становится бессознательным процессом. Затем это, конечно же, вновь подтверждает те же самые мысли и чувства, и вот уже между нашим внешним и внутренним мирами царит гармония. Они, сливаясь, становятся одним целым – и мы тоже.

Раз наше окружение контролирует наш образ мыслей и чувств, значит, чтобы измениться – чтобы превзойти нынешние внешние обстоятельства, – нечто в нас самих должно стать чем-то большим.

МЫШЛЕНИЕ И ЧУВСТВА, И ЧУВСТВА И МЫШЛЕНИЕ

Если мысли называют языком мозга, то ощущения и эмоции скорее язык тела. А то, как ты думаешь, и то, что ты чувствуешь, вместе образует состояние бытия. То есть *состояние бытия* определяется совместной работой разума и тела. Таким образом, нынешние состояния твоего бытия отражает взаимосвязь твоего разума и тела.

Всякий раз, когда тебе в голову приходит какая-нибудь мысль, твой мозг помимо нейротрансмиттеров вырабатывает еще одно химическое соединение – *нейропептид*. Этот мелкий протеин посылает сообщение твоему телу. Тело реагирует тем, что испытывает определенное чувство или ощущение. В ответ мозг выработает еще больше тех же самых химических сообщений, которые подкрепляют то состояние, чувство и самоощущение, в котором ты находишься.

Таким образом, мысль как бы создает чувство[1], а затем оно создает соответствующую мысль или умонастроение. Круг замкнулся (и для большинства людей не размыкается годами). Но если мозг воздействует на тело через чувства, то что происходит в теле? Поскольку чувства – это язык

[1] Автор везде использует в этом разделе слово «feeling», которое переводится довольно многозначным словом «чувство». И, похоже, этим словом он обозначает и *ощущения* органов чувств (зрение, слух, осязание, обоняние...), и эмоции, и общее внутреннее состояние человека в данный момент. – *Прим. ред.*

тела, то непрерывно испытываемые эмоции, основанные на автоматическом мышлении, будут запечатлеваться в теле, подкрепляя бессознательные, жестко связанные шаблоны мышления и действия. В такой ситуации сознательный разум, по сути, ни за что не отвечает. Тело было подсознательно запрограммировано и обусловлено стать своим собственным разумом в самом прямом смысле.

В конце концов, когда этот цикл мыслей, ощущений и эмоций, а затем снова чувств и мыслей повторяется достаточно долго, наше тело запоминает те сенсорные ощущения и эмоции, которые ему приходится переживать. Этот цикл становится таким прочным и закоренелым, что создает привычное состояние бытия – основанное на старой информации, которая продолжает повторяться вновь и вновь. Такие эмоции (которые суть не что иное, как химические записи прошлых переживаний) управляют нашими мыслями и проигрываются снова и снова. Пока это продолжается, мы живем в прошлом. Неудивительно, что нам так трудно изменить свое будущее!

Раз нейроны срабатывают по-прежнему, то они запускают выработку тех же самых химических нейротрансмиттеров и нейропептидов в мозге и теле, а затем эти самые химические вещества начинают обучать тело дальнейшему запоминанию этих эмоций через его повторное изменение. Клетки и ткани воспринимают эти особые химические сигналы специфическими клеточными рецепторами. Эти рецепторы похожи на стыковочные станции для химических посланников. Посланники точно встают на место, как в пазл, где отдельные фигурки – будь то кружок, треугольник или квадрат – укладываются в отверстие соответствующей формы.

Химические посланники, которые на самом деле являются молекулами эмоций, как бы несут штрихкоды, которые позволяют клеточным рецепторам считывать электромагнитную энергию этих посланников. Когда найдено точное совпадение, принимающая сторона готовится к стыковке. Посланник причаливает, клетка получает химические сообщения, а затем она создает или изменяет протеин. Новый протеин активирует клеточную ДНК внутри ядра. ДНК открывается и разворачивается, в ней считывается ген, соответствующий сигналу, поступившему в клетку снаружи. Клетка вырабатывает новый протеин из своей ДНК (например, нужный гормон) и выпускает его в тело.

Вот так разум влияет на тело. Этот процесс продолжается годами и десятилетиями, и поскольку те же самые сигналы снаружи клетки исходят из того же самого умонастроения (когда человек думает, делает и чувствует каждый день одно и то же), то вполне логично, что одни и те же гены будут активированы одними и теми же путями, потому что тело получает одни и те же данные из окружающей среды. Человек не меняет образ мыслей, не делает нового выбора, не совершает новых поступков, не переживает нового опыта, не испытывает никаких новых чувств.

Когда одни и те же гены неоднократно активируются одной и той же информацией из мозга, когда мозг снова и снова выбирает одни и те же гены, то они попросту начинают изнашиваться —

как шестерни в старом автомобиле. Тело производит протеины со все более слабой структурой и меньшими функциями. Мы начинаем болеть и стареть.

Со временем возможен один из двух сценариев. Разум клеточной мембраны, который последовательно получает ту же самую информацию, может адаптироваться к нуждам и запросам тела, модифицируя свои клеточные рецепторы так, чтобы вмещать больше этих химических веществ. В основном он создает больше стыковочных станций, чтобы удовлетворять запросам, – совсем как супермаркет, открывающий дополнительные кассы, когда очередь становится слишком длинной. Если торговля идет бойко (если одни и те же химические вещества продолжают прибывать), приходится нанимать еще больше продавцов и открывать еще больше касс. Теперь тело стало не только равным разуму – оно само стало разумом.

Во втором сценарии клетка становится слишком переполненной непрерывным ежесекундным обстрелом чувств и эмоций, чтобы позволить всем химическим посланникам пришвартовываться к ней. Поскольку одни и те же химические вещества день за днем болтаются где-то вокруг, поблизости от клеточной стыковочной станции, клетка привыкает к наличию там этих химикатов. И она будет готова открыть свои шлюзы только в случае очень мощных эмоций – тогда клетка достаточно возбуждается, чтобы открыть шлюзы стыковочной станции и включиться в игру. (О важности эмоционального компонента мы поговорим ниже, а сначала решим это главное уравнение плацебо.)

В первом сценарии, когда клетка образует новые клеточные рецепторы, тело будет жаждать этих особых химических веществ, в то время как мозг будет вырабатывать их в недостаточном количестве, и, следовательно, наши чувства будут определять наши мысли – наше тело будет управлять разумом. Вот что я имею в виду, когда говорю, что *тело запоминает эмоцию.* Оно становится биологически обусловленным и изменяется, чтобы стать отражением разума.

Во втором сценарии, когда клетка подавлена обстрелом и рецепторы потеряли чувствительность, организму, чтобы включить клетку, потребуется (как и наркоману) гораздо большее химическое возбуждение. Другими словами, чтобы стимулировать свое тело и привести его в порядок, тебе придется серьезней разозлиться, глубже обеспокоиться, искренне раскаяться или сгореть от стыда – все это гораздо сильней, чем в прошлый раз. Ты вдруг почувствуешь, что тебе нужно затеять какую-то ссору или накричать на свою собаку безо всякой причины, лишь бы только дать телу его любимое лекарство для пробуждения клетки. Или ты начнешь мучиться ожиданием ужасных воображаемых последствий, лишь бы только тело получило впрыск гормонов надпочечников (адреналина). Как только тело перестает удовлетворять свои потребности в эмоциональных химических препаратах, оно тут же требует от мозга увеличить выработку этих веществ – тело управляет разумом. Все это напоминает мне зависимость – будь то алкогольную или наркотическую. Именно это я имею в виду, говоря об *эмоциональной зависимости*.

Когда чувства становятся средством мышления таким вот способом – то есть наше мышление не может превзойти наше восприятие, – это значит, что мы находимся *в рамках программы*. Мы думаем, как чувствуем, а чувствуем, как думаем. То, что мы переживаем, похоже на слияние мыслей и чувств – мы то ли *думаем*, то ли *думствуем*. Поскольку мы попались в этот замкнутый круг, наше тело как бессознательный разум действительно считает, что живет в одном и том же прошлом опыте 24 часа в сутки, 7 дней в неделю, круглый год. Наш разум и тело стали одним целым, отдавшись судьбе, предопределенной нашими бессознательными программами. Следовательно, чтобы измениться, необходимо перерасти свое тело и все его эмоциональные воспоминания, привычки и бессознательные навыки – то есть чтобы тело перестало быть разумом.

Повторение цикла «мысль–чувство и чувство–мысль» есть процесс выработки условного рефлекса, которым управляет сознательный разум. После того как тело становится разумом, это называется «привычкой». Привычка – это когда твое тело *и есть* разум. Девяносто пять процентов того, кем ты являешься к 35 годам, – набор заученных поступков, навыков, эмоциональных реакций, убеждений, представлений и отношений, который подсознательно функционирует как автоматическая компьютерная программа.

Итак, 95% того, кто ты есть, – это подсознательное, или скорее бессознательное, состояние бытия. Таким образом, лишь 5% твоего сознательного разума противостоят 95 процентам того, что ты усвоил подсознательно. Ты можешь сколько угодно думать положительно, но эти 5% твоего сознательного разума будут чувствовать, будто плывут против мощного течения остальных 95% – твоей бессознательной химии тела. Она запоминала весь негатив, который накапливался в течение твоей жизни. При этом ум и тело работают в противовес друг другу. Неудивительно, что тебе не уплыть далеко, если пытаешься бороться с таким течением!

Вот почему я и назвал свою последнюю книгу *«Сила подсознания, или Как изменить жизнь за 4 недели»*, ведь самая сильная привычка, которую нам нужно сломать, – это думать, чувствовать и поступать тем же самым образом, который укрепляет бессознательные программы, отражающие нашу личность и прежнюю персональную реальность.

Нам не создать новое будущее, пока мы держимся за эмоции прошлого.

Это попросту невозможно.

ЧТО НУЖНО, ЧТОБЫ СТАТЬ СВОИМ СОБСТВЕННЫМ ПЛАЦЕБО

Сначала пример, который подведет итог всему вышесказанному. Я намеренно выбрал отрицательный случай, потому что события такого типа, как правило, ограничивают наши возможности, тогда как более удачные, придающие силы и поднимающие настроение события обычно помогают нам создавать лучшее будущее. (Скоро этот процесс станет понятным.)

Итак, представим, что в прошлом у тебя имеется ужасный опыт публичного выступления, который эмоционально тебя покалечил. (Ты можешь свободно подставить любой другой случай из своей жизни на выбор.) Из-за этого опыта ты теперь боишься стоять и говорить перед группой людей. Это заставляет тебя чувствовать себя скованно, тревожно – короче, как угодно, только не уверенно. От одной только мысли о том, что тебе придется выступать в зале перед двумя десятками людей, твое горло зажимается, ладони становятся холодными и липкими, сердце выпрыгивает из груди, к лицу и шее приливает кровь, желудок сводит, а мозг застывает.

Всеми этими реакциями заправляет вегетативная нервная система. Она всегда функционирует *подсознательно* – ниже твоего сознательного контроля. Термин «*вегетативная*» следует понимать как *автоматическая*, ибо эта часть нервной системы регулирует пищеварение, гормоны, кровообращение, температуру тела и прочие физиологические функции без всякого сознательного контроля с твоей стороны. Ты не можешь принять решение изменить частоту сердечных сокращений, остановить приток крови к конечностям, чтобы остудить их, заставить пылать свое лицо и шею, изменить метаболизм выделения своих пищеварительных ферментов или скомандовать миллионам нервных клеток прекратить возбуждаться.

Так почему же в твоем теле происходят эти вегетативные физиологические изменения? Они происходят потому, что ты связываешь *будущую мысль* о том, как ты стоишь перед аудиторией со своим докладом или презентацией, с *прошлой эмоциональной памятью* об опыте провала своего публичного выступления. И это представление последовательно связано с прошлыми чувствами страха, провала или смущения, то есть у тебя выработан условный рефлекс, заставляющий тело автоматически реагировать на это представление. Вот так мы непрерывно съезжаем в привычные состояния бытия — наши мысли и чувства становятся одним целым с прошлым.

Теперь давай ближе познакомимся с тем, как это работает внутри твоего мозга. Конкретное событие, которое отпечаталось и закрепилось в памяти (вспомни, что опыт меняет и обогащает нейронные сети), оставляет в твоем мозге материальный отпечаток, почти как следы на песке. В результате этого ты можешь проследить свои шаги в обратном направлении и воскресить в памяти отрицательный опыт публичного выступления в виде мысли. Чтобы вспомнить такой опыт по команде, он должен иметь довольно значительный эмоциональный заряд. Ты также можешь эмоционально вызвать в памяти все чувства, связанные с твоей неудачной попыткой выступления перед аудиторией, ибо ты, похоже, химически изменился из-за этого переживания.

Я хочу еще раз подчеркнуть, что чувства и эмоции — результат прошлого опыта. Твои органы чувств фиксируют это событие, а затем передают всю эту насущную информацию в мозг (через пять различных сенсорных проводящих путей). Когда эти новые данные достигают мозга, сборища нервных клеток организуются в свежие сети, чтобы отразить новое внешнее событие. Как только эти дуги оформляются, мозг вырабатывает химикат, чтобы подать сигнал телу и изменить его физиологию. Действие этого химиката выражается в тех или иных эмоциях. Таким образом, мы способны помнить прошлые события потому, что они связаны с определенными эмоциями.

Таким образом, когда твое выступление пошло наперекосяк, вся та информация, которую твои пять органов чувств собирали в твоем внешнем окружении, изменила то, как ты ощущаешь себя в своей внутренней среде. Та информация, которую получили твои органы чувств (сенсорные органы), – вид человеческих лиц в аудитории, объем зала и яркие прожектора над твоей головой; гулкое эхо микрофона и оглушительная тишина после твоей первой попытки пошутить; мгновенное повышение температуры воздуха в зале, стоило тебе заговорить; терпкий аромат твоего бывшего одеколона, усиленный твоим нервным потоотделением, – изменила внутреннее состояние твоего бытия. И в тот момент, когда ты связал эту сенсорную картину (причина) с переменами, происходящими в твоем внутреннем мире – с мыслями и эмоциями (следствие), ты запечатлел соответствующий образ в памяти. Ты связал причину со следствием, и начался процесс выработки условного рефлекса.

Наконец, после самоуничижительной пытки того дня, когда тебя только по счастливой случайности не закидали тухлыми яйцами или гнилыми помидорами, ты поехал домой. По пути ты снова и снова бередил свои раны, вспоминая произошедшее. И каждый раз, на все лады воспроизводя эти переживания, ты вызывал одни и те же химические изменения в своем мозге и теле. В известной степени ты многократно повторил пережитой опыт, продолжая процесс выработки условного рефлекса.

Поскольку твое тело действует как бессознательный разум, оно не понимает различия между настоящим событием, которое породило эмоциональное состояние, и теми эмоциями, которые ты испытываешь, когда перебираешь в памяти это событие. Твое тело словно пребывало в том же самом переживании снова и снова. Хотя ты сидишь в одиночестве в уютном автомобиле, твое тело физиологически реагирует на воспоминания, как будто ты заново проживаешь этот публичный провал прямо сейчас. Кроме того, ты закрепил синаптические связи и обеспечил переход воспоминаний о неприятном событии из кратковременной памяти в долговременную.

Когда ты добрался до дому, то рассказал своей супруге, своим друзьям, а может быть, даже маме о том, что сегодня с тобой приключилось. Ты в мучительных подробностях расписывал свою душевную травму и заново переживал эмоциональное потрясение и заодно химически вырабатывал в своем теле условный рефлекс на подобную ситуацию. Ты физиологически тренировал свое тело, чтобы оно стало твоей персональной историей, – подсознательно, неосознанно и автоматически.

В следующие дни ты ходил мрачнее тучи. Окружающие не могли этого не заметить, и, каждый раз, когда кто-то интересовался, что с тобой, тебе было не удержаться. Ты воспользовался их приглашением впасть в еще большую зависимость от впрыска химикатов из твоего прошлого. Настроение, созданное этим переживанием, стало единой долгой эмоциональной реакцией, которая продолжалась не один день. Когда недели переживания одного и того же чувства при каждом воспоминании об этом провале превратились в месяцы или даже годы, это стало затяжной эмоциональной реакцией. И вот теперь это не только часть твоей физиологии, характера и природы, но также твоя личность. Теперь это ты сам.

Если кто-нибудь предложит тебе снова выступить перед группой людей, ты автоматически вздрогнешь, съежишься и занервничаешь. Твое внешнее окружение управляет твоей внутренней средой, и ты неспособен стать выше его. Стоит тебе допустить мысль, что твое будущее (публичное выступление) воспроизведет переживания из твоего прошлого (невыносимая мука), то, как по волшебству, твое тело, как и разум, реагирует автоматически и подсознательно. Сколько бы ты ни пытался, похоже, твой сознательный разум не может взять тело под контроль. За считаные секунды букет приобретенных (условных) рефлексов из собственной аптеки твоего мозга и тела расцветает пышным цветом – тут и обильное потоотделение, и сухость во рту, дрожь в коленях и тошнота, головокружение, одышка и внезапный упадок сил – и все это от одной только мысли, которая враз меняет твою физиологию. Ну чем не плацебо!

Ты будешь изо всех сил стараться отвергнуть возможность нового выступления, говоря что-то вроде: «Да я же совсем не оратор», «Я чувствую себя неуверенно на сцене», «Я не умею делать презентации» или «Да я же боюсь выступать перед большой аудиторией». Всякий раз, когда ты говоришь это свое «Да я же...» (вставь сюда свой вариант отговорок), ты на самом деле усиливаешь заученное состояние бытия.

Если тебя вдруг спросить, почему ты – такой как есть, ты наверняка расскажешь историю, соответствующую твоим прошлым воспоминаниям и эмоциям, фактически вновь подтверждая, что хочешь остаться тем же. (Ну, может быть, слегка кое-что приукрасишь.) С биологической же точки зрения ты на самом деле заявляешь о том, как тебя физически, химически и эмоционально изменило то событие несколько лет назад, а также о том, что ты не переменился с тех пор. Ты сам выбираешь, чтобы тебя определяло твое собственное ограничение.

Из этого примера следует, что тебя полностью подчинило твое *тело* (ибо оно теперь стало разумом), что ты заложник обстоятельств своего *окружения* (ибо твое восприятие людей и обстоятельств в данном месте и в данное время влияют на то, как ты думаешь, действуешь и чувствуешь) и что ты заблудился во времени (ибо, живя в прошлом и предвкушая точно такое же будущее, твои ум и тело никогда не оказываются *в настоящем моменте*). И чтобы изменить твое нынешнее состояние бытия, тебе нужно стать выше, превзойти эти три элемента: свое тело, свое окружение и время.

Если теперь вернуться к началу этой главы, где говорилось, что в основе плацебо лежат три элемента (условный рефлекс, ожидания и смысл), то очевидно, что ты и есть свое собственное плацебо. Почему? Да потому, что в предыдущем примере в действие вступили все три элемента.

Во-первых, ты, как талантливый дрессировщик, выработал у своего тела *условный рефлекс*, приучив его к подсознательному *состоянию бытия*, в котором разум и тело едины (ведь твои мысли и чувства слились), — а теперь твое тело *одной только мыслью* запрограммировано автоматически, биологически и физиологически быть этим разумом. И всякий раз, когда ты получаешь из своего внешнего окружения стимул — очередной повод для дрессировки, — то вырабатываешь в своем теле рефлекс (совсем как у собак Павлова) подсознательно и автоматически реагировать на представления из прошлого опыта.

В силу того, что согласно большинству исследований плацебо единственная мысль может активировать вегетативную нервную систему тела и вызвать значительные физиологические изменения, получается, что ты регулируешь свой внутренний мир, попросту связывая мысль с эмоцией. Все твои подсознательные вегетативные системы нейрохимически усиливаются привычными чувствами и телесными ощущениями, связанными с твоим страхом, — а твоя биология полностью это отражает.

Во-вторых,

если ты *ожидаешь*, что твое будущее будет похоже на твое же прошлое, тогда ты не только мыслишь в прошлом, но также выбираешь известное будущее, основанное *только на* твоем прошлом,

и эмоционально принимаешь это событие, а твое тело (как бессознательный разум) считает, что оно живет в этом будущем в настоящий момент. Все твое внимание обращено на известную, предсказуемую реальность, что заставляет тебя ограничивать любые новые выборы, поступки, опыт и эмоции. Ты неосознанно прогнозируешь свое будущее, физиологически цепляясь за прошлое.

В-третьих, если ты придаешь некоему действию *смысл* или сознательное намерение, то его результат усиливается. То, что ты ежедневно говоришь себе (в данном случае, что ты никудышный оратор, а выступление на публике вызывает у тебя панику), – есть то, что имеет для тебя значение. Ты становишься восприимчивым к своим собственным внушениям. И если твое нынешнее знание основано на твоих выводах о прошлых переживаниях, тогда без притока новых знаний ты будешь неизменно воспроизводить результат, который соответствует образу в твоей голове. Придай своим действиям новый смысл и смени намерения, и тогда ты сможешь изменить результаты, как те горничные отеля в эксперименте из последней главы.

Итак, независимо от того, стараешься ли ты предпринять положительные изменения, чтобы создать новое состояние бытия, или по-прежнему живешь на автопилоте, застряв в одном и том же состоянии, – ты *всегда* был и есть сам себе плацебо.

ГЛАВА 4

ЭФФЕКТ ПЛАЦЕБО В ТЕЛЕ

Бодрящим сентябрьским утром 1981 года группа из восьми мужчин в возрасте за 70 и даже 80 лет, рассевшись по нескольким микроавтобусам, два часа ехали на север от Бостона в монастырь городка Питерборо, штат Нью-Гэмпшир. Мужчины собирались принять участие в пятидневном семинаре, где им было предложено прикинуться снова молодыми, – как минимум на 22 года моложе своего нынешнего возраста. Семинар был организован командой исследователей, которую возглавляла психолог из Гарварда, доктор философии Элен Лангер. На следующей неделе планировалось привести туда же еще одну группу из восьми пожилых мужчин. Старикам во второй, контрольной группе предложили вспомнить, какими они были на 22 года моложе, но не воображать, что они моложе своих лет.

Когда первая группа мужчин прибыла в монастырь, они обнаружили, что там со всеми подробностями воссоздана обстановка прошлых лет, призванная помочь им перенестись во времена расцвета своих зрелых сил. Они листали старые выпуски журнала *Life* и *Saturday Evening Post*, они смотрели фильмы и телешоу, популярные в 1959 году, слушали по ламповому радиоприемнику записи Перри Комо и Нэта Кинг Коула. Они бурно обсуждали «последние» события — приход к власти на Кубе Феделя Кастро, визит Генерального секретаря ЦК КПСС Никиты Хрущева в Соединенные Штаты, а также трюки бейсбольной звезды Микки Мэнтла и сокрушительные нокауты великого Флойда Паттерсона. Все эти элементы жизни и быта были грамотно подобраны так, чтобы старики могли представить себя на 22 года моложе.

Каждые пять дней заточения исследователи проводили некоторые измерения и сравнивали их с теми показателями, которые были сняты перед началом эксперимента. Выяснилось, что организм испытуемых обеих групп помолодел структурно и функционально. Однако мужчины первой, экспериментальной группы (те, что вжились в образ молодых) поздоровели значимо больше, чем члены контрольной группы, которые только предавались воспоминаниям.

Исследователи отметили изменения в росте, весе и походке. Мужчины перестали сутулиться, их суставы стали подвижнее, а пальцы длиннее из-за уменьшения артрита. Зрение и слух заметно обострились. Мышцы окрепли. Память улучшилась, испытуемые набрали больше баллов при тестировании их умственных способностей (первая группа улучшила показатели на 63%, а контрольная — на 44%). Мужчины буквально *становились* моложе за эти пять дней, прямо на глазах исследователей.

Лангер сообщала: «К концу эксперимента я играла в футбол с этими мужчинами (пусть и вполсилы), часть из которых отбросили свои трости».

Как такое могло быть? Понятно, что мужчины сумели включить те нейронные цепи в своем мозге, которые напомнили им, какими они были 22 года назад, а затем химия их тела волшебным образом воспроизвела это. Они не просто *чувствовали* себя моложе — они *стали* физически моложе, о чем свидетельствовали все показатели. Изменение коснулось не только *их психики*; оно произошло *в их теле*.

Что же произошло в их организмах при таком поразительном физическом омоложении? Что отвечает за все эти занесенные в протокол изменения в физической структуре и функционировании? Ответ прост: их *гены*. Что ж, пора уделить время им — разобраться, что собой представляют гены и как они работают.

ЧТО ТАКОЕ ДНК

Представь себе садовую лестницу или застежку-молнию, скрученную в спираль, и ты получишь общую картину, как выглядит *дезоксирибонуклеиновая кислота — ДНК*. Хранящаяся в ядре всякой живой клетки организма ДНК содержит необработанную информацию, своего рода инструкции, которые делают организм таким, какой он есть (впрочем, мы скоро увидим, что эти инструкции не являются неизменяемой схемой, которой наши клетки должны следовать на протяжении всей нашей жизни). Каждая половинка «молнии» этой ДНК содержит соответствующие друг другу пары нуклеиновых кислот, которые вместе составляют *пары оснований* (их число в одной клетке доходит до трех миллиардов). Группы длинных последовательностей этих нуклеиновых кислот и называют *генами*.

Гены — это уникальные небольшие структуры. Если бы удалось извлечь ДНК из ядра всего лишь одной клетки нашего тела и растянуть ее спираль по прямой, то ее длина составила бы 6 футов[1]. Если же взять все ДНК из всех кле-

[1] 1,8 м.

ток нашего тела и составить из них нить, то она 150 раз достала бы до Солнца и обратно. При этом, если собрать все молекулы ДНК у семи миллиардов людей на планете и смять их вместе, то они займут пространство величиной с зернышко риса.

Наша ДНК использует инструкции, запечатленные в ее индивидуальных последовательностях, чтобы производить протеины, то есть белки. Слово *протеин* происходит от греческого *протас*, которое означает «первостепенной важности». Белки – это сырье, которое наше тело использует не только для строительства связанных трехмерных структур (нашей физической анатомии), но также и для сложного физиологического функционирования и взаимодействия. Человеческое тело – машина по производству определенных белков. Мышечные клетки вырабатывают актин и миозин; клетки кожи – коллаген и эластин; клетки-иммуноциты – антитела; клетки щитовидной железы – тироксин; специальные клетки глаза – кератин; клетки костного мозга – гемоглобин, а клетки поджелудочной железы производят такие белки-ферменты, как протеаза, липаза и амилаза.

Все элементы, которые вырабатывают эти клетки, являются протеинами. Протеины управляют нашей иммунной системой, переваривают пищу, врачуют наши раны, катализируют химические реакции, поддерживают структурную целостность нашего тела, снабжают лучшими молекулами для взаимосвязи между клетками и так далее. Одним словом, белки – выражение жизни (и здоровья нашего тела). Взгляните на рисунок 4-1, иллюстрирующий упрощенное представление о генах.

Все 60 лет с тех пор, как доктор философии Джеймс Уотсон и доктор философии Фрэнсис Крик открыли двойную спираль ДНК, «центральная догма» о том, что гены определяют все, которую Уотсон провозгласил в выпуске 1970

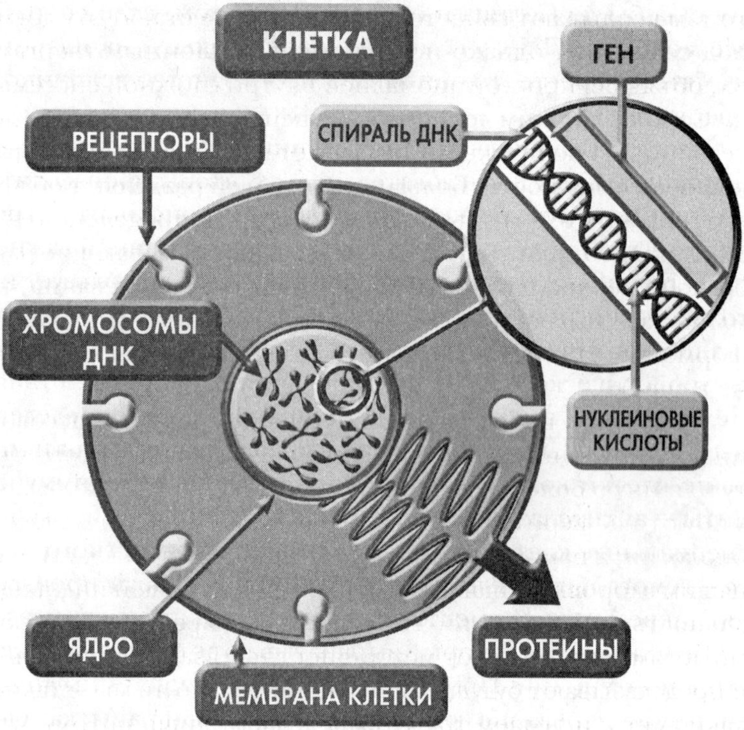

Рисунок 4-1. Это очень упрощенное изображение клетки с ДНК внутри клеточного ядра. Если генетический материал вытянуть в длину, то он выглядит как скрученная застежка-молния или лесенка, именуемая спиралью ДНК. Ступеньки этой лестницы обозначают спаренные нуклеиновые кислоты, которые служат кодами для производства протеинов. Отрезки ДНК различной длины и состава называют генами. Экспрессия гена выражается в том, что он вырабатывает протеин. Различные клетки тела вырабатывают определенные протеины, служащие для построения различных структур и для функционирования организма

года журнала *Nature*, держится прочно, как скала. То здесь, то там всплывают свидетельства, которые ставят эту догму под сомнение, однако исследователи склонны отвергать их, объявляя простой аномалией внутри сложной системы.

Сорок с лишним лет спустя концепция генетического детерминизма по-прежнему оказывает влияние на умы широкой общественности. Большинство людей разделяют общее заблуждение о том, что наша судьба предопределена генетически, что если мы унаследовали гены, вызывающие рак, болезни сердца, диабет или любые другие заболевания, то мы можем управлять этим не больше, чем цветом глаз или формой носа (контактные линзы и пластическая хирургия не в счет).

Свою лепту вносят в это заблуждение средства массовой информации, неоднократно вещая на все лады о том, что ту или иную болезнь вызывают особые гены. Они программируют нас верить в то, что мы являемся жертвами своей биологии, а наши гены обладают всей полнотой власти над нашим здоровьем, нашим благополучием и нашей индивидуальностью. И даже в то, что наши гены управляют мирскими делами, определяют межличностные взаимоотношения и предсказывают будущее. Но действительно ли мы – такие, какие есть, и делаем то, что мы делаем, лишь потому, что мы такими родились?

Генетический детерминизм глубоко укоренился в нашей культуре. Утверждают, что есть гены, отвечающие за шизофрению, за гомосексуализм, за склонность к руководству и так далее.

Все это – устаревшие убеждения, почерпнутые из вчерашних выпусков новостей. Прежде всего, не существует генов дислексии, синдрома дефицита внимания или алкоголизма, например, так что совсем не каждое отклонение здоровья или физическое отличие связано с геном.

Менее 5% людей на планете рождается с каким-либо генетическим отклонением — вроде диабета I типа, синдрома Дауна или серповидноклеточной анемии. Остальные 95% из тех, кто заболевает чем-то подобным, обязаны этим своему образу жизни и неправильному поведению.

Верно и обратное: не каждый унаследовавший гены, связанные с отклонением (скажем, с болезнью Альцгеймера или раком груди), непременно им заболевает. Наши гены вовсе не похожи на яйца, из которых во что бы то ни стало должны вылупиться болезни. Они работают совсем не так. На самом деле вопрос стоит так: проявился уже некий ген, носителем которого мы являемся, или пока нет и какое наше действие может подать этому гену сигнал включиться или выключиться.

Огромный сдвиг в наших взглядах на гены произошел, когда ученые наконец расшифровали геном человека. В 1990 году, в самом начале этого проекта, исследователи предполагали открыть 140 000 различных генов. Они взяли эту цифру, исходя из того, что гены производят протеины (а также управляют их производством), а человеческое тело вырабатывает 100 000 различных белков плюс 40 000 регуляторных протеинов, необходимых для изготовления других белков. Поэтому ученые, изучавшие геном, прикинули, что каждому протеину будет соответствовать один ген, однако к концу проекта, в 2003 году, они с изумлением обнаружили, что на самом деле у человека всего лишь 23 688 генов.

С точки зрения центральной догмы Уотсона, этих генов не хватит не только для того, чтобы создать и поддерживать функционирование нашего сложного тела, но даже для обеспечения работы мозга. Так откуда же – раз ее нет в генах – берется тогда вся эта информация, необходимая для того, чтобы создать так много протеинов и поддерживать жизнь?

ГЕНИАЛЬНОСТЬ НАШИХ ГЕНОВ

Ответ на этот вопрос приводит к новой идее — возможно, гены работают сообща в системном взаимодействии друг с другом. При этом в каждый момент времени в клетке находится множество проявленных (включенных) или подавленных (выключенных) генов. Именно комбинация тех генов, что включены в данный момент, производит все разнообразие протеинов, от которых мы всю жизнь зависим. Представь этакую мигающую гирлянду новогодней елки, где одни лампочки вместе вспыхивают, а другие гаснут. Или вообрази силуэт ночного города с многоквартирными домами, в которых одни окна зажигаются, а другие гаснут — и так всю ночь.

Конечно же, это происходит не случайным образом. Полный геном — или спираль ДНК — знает, что делает каждая его часть в том тонком взаимодействии, которое глубоко и тщательно скоординировано. Любой атом, любая молекула, клетка, ткань и система тела функционирует на том уровне энергетической когеренции, который соответствует намеренному или ненамеренному (сознательному или бессознательному) состоянию бытия индивидуальной личности. Таким образом, гены могут быть активированы (включены) или дезактивированы (выключены) средой *снаружи клетки*, но к этой среде относятся и факторы внутри организма (эмоциональное состояние, биологическое, нейронное, психологическое, энергетическое и даже духовное состояние бытия), и внешняя для организма среда (температура, высота, токсины, бактерии, вирусы, травматическое воздействие, еда, алкоголь и так далее).

Действительно, гены обычно классифицируют по типу стимула, который включает и выключает их. Например, гены, зависящие от нашего опыта или деятельности, активируются, когда мы испытываем новые эмоции, изучаем новую информацию или лечимся. Эти гены синтезируют протеины и химических посланников, приказывающих стволовым клеткам превратиться в те или иные виды клеток, которые необходимы в данный момент для излечения (подробней о стволовых клетках и их роли в исцелении – чуть ниже).

Такие гены, зависящие от поведения, активируются в периоды высокого эмоционального возбуждения, стресса и в различных состояниях сознания (включая сновидения). Они фактически реализуют взаимосвязь разума и тела. Эти гены позволяют нам влиять на свое здоровье, переводя психику и тело в такое состояние, которое способствует здоровью, физической гибкости и исцелению.

Сегодня ученые пришли к выводу, что наша генетическая экспрессия колеблется ежемоментно. Исследования показывают, что наши мысли и чувства, равно как и наша деятельность – то есть выбор, поступки и переживания, – имеют сильное исцеляющее и восстанавливающее воздействие на наше тело, как в том эксперименте со стариками в монастыре. Следовательно, на твои гены влияет все – и твои взаимоотношения с семьей, друзьями, коллегами по работе, и твоя духовная практика, а также твои сексуальные предпочтения, уровень тренированности и даже марка стирального порошка, которым ты пользуешься. Самые последние исследования показывают, что примерно 90% генов вовлечены во взаимодействие с сигналами из внешнего окружения. И если наш *опыт* есть то, что активирует преобладающую часть наших генов, то выходит, что «воспитание» оказывает большее влияние на наш характер, чем «природа» (если говорить на языке этого старого спора). Так почему бы не применить силу этих идей и сделать все возможное для того, чтобы максимально улучшить свое здоровье и свести к минимуму нашу зависимость от рецептурного отдела аптеки?

Как пишет доктор философии Эрнст Росси в своей монографии *«The Psychobiology of Gene Expression»*: «Наши субъективные психологические состояния, сознательно-мотивированное поведение, а также акты свободной воли могут модулировать экспрессию генов для оптимизации здоровья». В соответствии с самыми последними научными изысканиями, индивидуумы могут изменить свои гены в течение жизни. В то время как процесс генетической эволюции занимает тысячи лет, отдельный ген может успешно изменить свою экспрессию через изменение поведения или новый опыт в считаные минуты, а затем передаться следующему поколению.

Удобно представлять наши гены не столько в виде гранитных скрижалей, на которых высечены письмена нашей судьбы, сколько в виде хранилища огромных объемов закодированной информации или даже в виде богатой библиотеки возможностей для экспрессии протеинов. Правда, мы не можем попросту затребовать эту информацию, чтобы воспользоваться ею (как руководство компании может по накладной заказать что-нибудь со своего склада). Мы или не знаем, что там хранится, или не можем получить туда доступ, поэтому нам приходится довольствоваться лишь небольшими порциями того, что есть под рукой. На самом деле в нас проявляется всего 1,5% нашей ДНК, в то время как оставшиеся 98,5% лежат в теле мертвым грузом. (Ученые называют этот фрагмент «мусорной ДНК», но это вовсе не мусор – просто они пока толком не выяснили, как весь этот генетический материал используется, хотя уже и установили, что какая-то его часть отвечает за производство регуляторных протеинов.)

«В действительности гены вносят свой вклад в наши особенности, но не определяют их», – как пишет доктор философии Доусон Черч в своей книге *«Гений в ваших генах»*: «Инструменты нашего сознания – включая наши убеждения, мысли, намерения и веру — часто намного сильней соотносятся с нашим здоровьем, долголетием и счастьем, чем наши гены».

Дело в том, что не только наше тело – нечто большее, чем мешок мяса и костей, но и наши гены – нечто большее, чем хранилище информации.

БИОЛОГИЯ ЭКСПРЕССИИ ГЕНОВ

Пора ближе познакомиться с тем, как включаются гены. (На самом деле за это могут отвечать сразу несколько различных факторов, но чтобы остаться в рамках обсуждения взаимосвязи разума и тела, мы не будем усложнять.)

Когда химический посланник (например, нейропептид) снаружи клетки (т.е. из окружающей среды) швартуется к клеточной стыковочной станции и проходит сквозь клеточную мембрану, он направляется в ядро, где натыкается на ДНК. Химический посланник модифицирует или создает новый протеин, а затем тот сигнал, который он принес с собой, транслируется в информацию, понятную внутри клетки. После этого он входит в ядро клетки через маленькое окошко и, в зависимости от содержания протеинового сообщения, ищет в ядре соответствующую хромосому (отдельный фрагмент скрученной в жгут ДНК, содержащий множество генов) – так же, как мы ищем нужную книгу на библиотечной полке.

Каждый из этих жгутов заправлен в протеиновый рукав, который действует как фильтр между информацией, содержащейся в ДНК, и остальной внутриклеточной средой ядра. Дабы выбрать нужный код ДНК, этот рукав нужно убрать или развернуть, чтобы увидеть ДНК (аналогично: чтобы прочесть книгу, снятую с библиотечной полки, ее нужно сперва раскрыть). Генетический код ДНК содержит информацию, ожидающую, что ее прочтут и активируют, чтобы создать соответствующий протеин. Пока протеиновый рукав не развернут, эта информация в гене не видна, и ДНК остается *латентной*. Это скрытое хранилище закодированной информации, только и ждущей, чтобы ее разомкнули или открыли. ДНК – словно каталог потенциальных возможностей, ожидающих команд для создания протеинов, которые регулируют и поддерживают каждый аспект жизни.

Как только протеин выбирает хромосому, он открывает ее, убирая внешнюю оболочку вокруг ДНК. Затем еще один протеин регулирует и приводит в состояние готовности всю генную последовательность внутри хромосомы (нечто вроде главы в книге), чтобы прочесть ее целиком, от начала последовательности до конца. Когда ген открыт, а протеиновый рукав снят и прочитан, регуляторный протеин читает ген, в результате чего происходит синтез очередной нуклеиновой кислоты, которая называется *рибонуклеиновой кислотой* (РНК).

Теперь ген становится выраженным, или активированным. РНК выходит из ядра клетки, чтобы войти в состав нового протеина согласно тому коду, который она в себе несет. Генная экспрессия реализовала скрытый потенциал РНК, хранящийся в виде чертежа, и сделала ее активной. Протеин, созданный геном, теперь может строить, входить в состав, взаимодействовать, восстанавливать, поддерживать – и вообще влиять на множество различных аспектов жизни как внутри клетки, так и снаружи ее. Рисунок 4-2 представляет общую схему этого процесса.

Подобно тому, как архитектор берет всю информацию, необходимую для возведения здания, из чертежей, организм берет все инструкции, необходимые ему для созда-

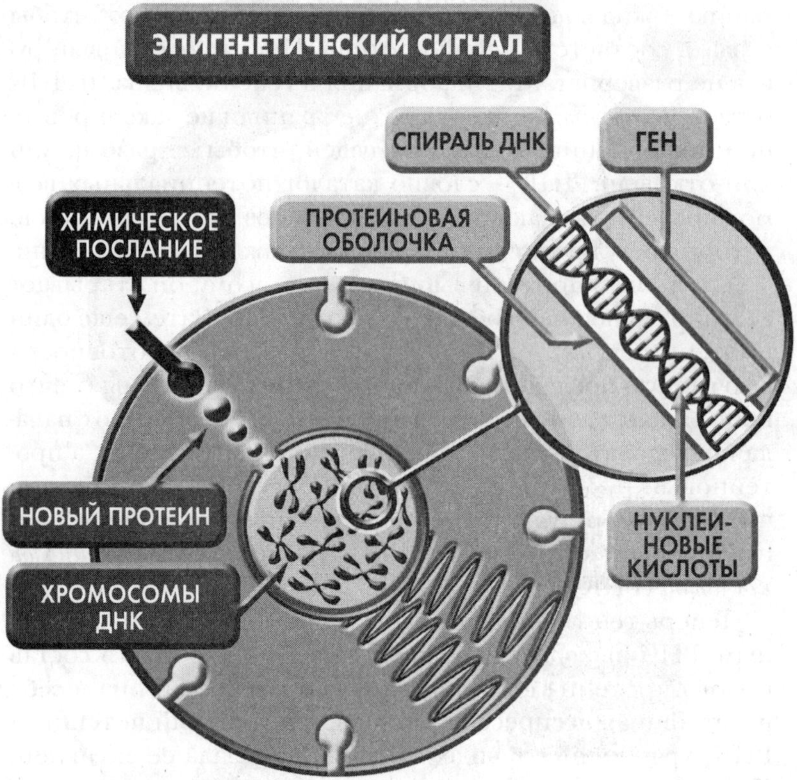

Рисунок 4-2А иллюстрирует эпигенетический сигнал, входящий на участок клеточного рецептора. Как только химический посланник воздействует на клеточную мембрану, другой сигнал в форме нового протеина идет в ядро клетки для выбора генной последовательности. Ген пока обернут в протеиновую оболочку, защищающую его от внешнего окружения, и чтобы его можно было прочитать, эта оболочка должна быть снята

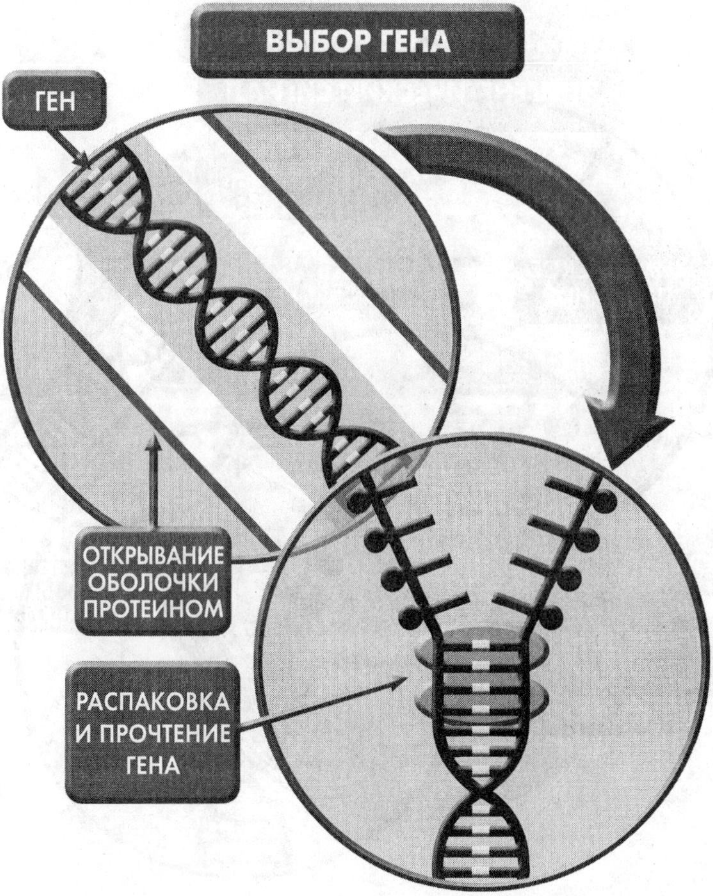

Рисунок 4-2В иллюстрирует, как открывается протеиновый рукав вокруг генной последовательности ДНК, чтобы другой регуляторный протеин мог распаковать и прочитать ген в определенном месте

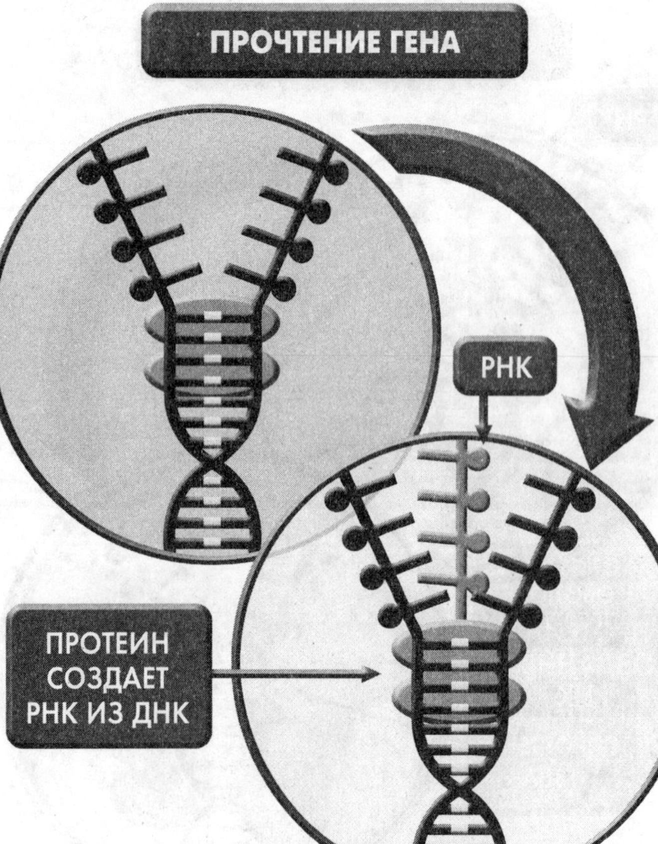

Рисунок 4-2С демонстрирует, как регуляторный протеин создает еще одну молекулу под названием РНК, которая организует трансляцию и транскрипцию кодированного генетического материала в протеин

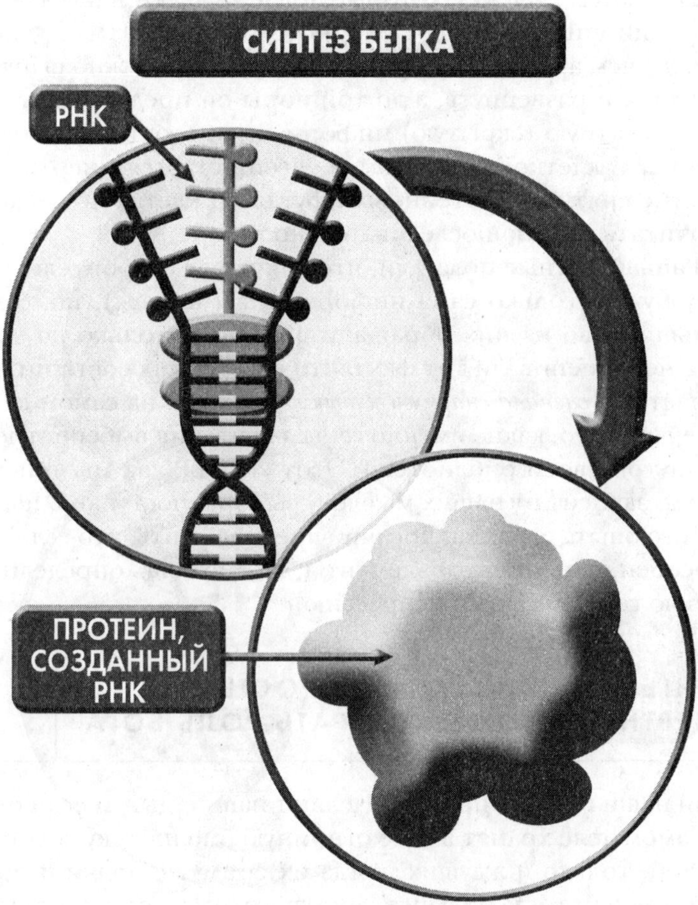

Рисунок 4-2D иллюстрирует синтез молекулы протеина. РНК собирает новый протеин из отдельных строительных блоков, именуемых аминокислотами

ния сложных молекул, которые поддерживают нашу жизнь и функционирование, – из хромосом нашей ДНК. Однако прежде чем архитектор прочтет чертеж, его нужно вынуть из тубуса и развернуть, а до той поры он представляет собой латентную (скрытую) информацию, ожидающую прочтения. С клеткой то же самое – ген остается инертным, пока не снят его протеиновый футляр и клетка не решает прочитать генную последовательность.

Раньше ученые полагали, что для начала строительства телу нужна только сама информация (чертеж), поэтому большинство из них обращали внимание только на это. Они недооценивали тот факт, что весь каскад событий начинается с *сигнала снаружи клетки*, который на самом деле отвечает за то, какие именно гены для чтения выберет клетка внутри своей библиотеки. Этот сигнал, как мы теперь знаем, зависит от наших мыслей, выбора, поступков, пережитого опыта и чувств. Логично предположить, что если ты способен изменить эти элементы, то сможешь определить и свою генетическую экспрессию.

ЭПИГЕНЕТИКА: КАК МЫ, ПРОСТЫЕ СМЕРТНЫЕ, МОЖЕМ СЫГРАТЬ РОЛЬ БОГА

Если наши гены не предопределяют нашу судьбу и если они на самом деле хранят в себе огромную библиотеку возможностей, только и ждущих, когда их снимут с полки и прочтут, как нам тогда получить доступ к этим возможностям – ведь они способны оказать мощнейшее влияние на наше здоровье и благополучие? Старики из монастырского эксперимента явно получили такой доступ, но как им это удалось? Ответ лежит в относительно новой области исследований, которая носит название эпигенетика.

Слово *«эпигенетика»* буквально означает «над геном». Оно учитывает управление генами не изнутри самой ДНК, а с помощью сигналов, приходящих снаружи клетки – другими словами, из окружающей среды. Эти сигналы заставляют метиловую группу (один атом углерода, связанный с тремя атомами водорода) примкнуть к особому месту на гене. Этот процесс (именуемый *метилирование ДНК*) – один из основных процессов, которые включают и выключают ген. (Два других процесса, *ковалентная модификация гистона* и *некодирующая РНК*, тоже включают и выключают гены, но детали их механизмов выходят за рамки нашего обсуждения.)

Эпигенетика учит, что мы действительно *не* предопределены своими генами и что изменения в сознании и поведении могут привести к изменениям в структуре и функциях организма.

Мы можем модифицировать свою генетическую судьбу, — включив гены, которые хотим, и выключив нежелательные гены, —

работая с разнообразными факторами, которые посылают сигналы нашим генам. Мы говорили, что некоторые из этих сигналов идут изнутри (например, наши чувства и мысли), а другие сигналы организм вырабатывает в виде реакции на факторы внешней среды (например, загрязнение или солнечный свет).

Эпигенетика исследует все эти внешние (для клетки) сигналы, которые сообщают ей, что и когда делать, изучая факторы, которые активируют или подавляют экспрессию генов, а также динамику и порядок процесса клеточного функционирования на ежемоментной основе. Эпигенетика предполагает, что хотя код нашей ДНК неизменяем, однако в одном-единственном гене возможны тысячи сочетаний, последовательностей и вариантов конфигурации (как в мозге возможны тысячи сочетаний, последовательностей и конфигураций нейронных сетей).

При рассмотрении полного генома человека выясняется, что в нем существует много миллионов возможных эпигенетических вариаций. У ученых голова идет кругом от одной только мысли об этом. В 2003 году, когда проект «Геном человека» подошел к концу, в Европе стартовал и уже полным ходом шел другой проект — «Эпигеном человека». Некоторые исследователи поспешили заявить, что по сравнению с ним проект «Геном человека» кажется домашним заданием на счетах для двоечников XV века.

Вернемся к аналогии с чертежом. Итак, мы можем изменить цвет сооружения, виды строительных материалов, масштаб сооружения и даже расположение его структуры — внести практически бесконечное число вариаций — и все это без какого бы то ни было изменения самого чертежа.

Великолепный пример эпигенетики в действии — наблюдение однояйцовых близнецов, ДНК которых идентична. Если принять идею генетической предрасположенности (будто все болезни имеют генетическую природу), тогда однояйцовые близнецы должны иметь совершенно одинаковую экспрессию генов. Однако они не всегда страдают одними и теми же заболеваниями и в одинаковой форме. Случается, что у одного из них проявляется генетическая болезнь, которая совсем не проявляется у другого.

Исследование, проведенное в Испании, прекрасно иллюстрирует этот вывод. Исследователи из лаборатории раковой эпигенетики Испанского национального онкологического центра в Мадриде изучили 40 пар гомозиготных близнецов в возрасте от 3 до 74 лет. Они обнаружили, что у более юных близнецов, которые жили в одной семье и большую часть своей молодой жизни прожили вместе, были похожие эпигенетические структуры, в то время как у близнецов постарше (особенно у тех, чей образ жизни различался и они провели вместе меньше времени) эпигенетические структуры сильно разнились. К примеру, исследователи обнаружили *четырехкратное увеличение* различий генной экспрессии между парой 50-летних близнецов и парой близнецов-трехлеток.

Близнецы родились с одной и той же ДНК, но неодинаковый образ жизни и неодинаковые внешние обстоятельства привели к тому, что их гены проявились очень поразному – особенно с течением времени. Уместно сравнить пару близнецов зрелого возраста с двумя компьютерами одной и той же модели и конфигурации. Первоначально на компьютеры было установлено одинаковое программное обеспечение, но со временем пользователи загружали на каждый из них те или иные дополнительные программы. Сами компьютеры (ДНК) оставались теми же, но в зависимости от того, какие программы (эпигенетические вариации) устанавливали пользователи, компьютеры выполняли очень разные задачи с очень разной нагрузкой. Аналогично, наше тело реагирует на наши мысли и чувства по сложной формуле биологических изменений, и каждое переживание нажимает на кнопки настоящих генетических изменений внутри наших клеток.

Скорость этих изменений может быть поистине поразительной. Так, пациенты с начальной стадией рака предстательной железы (31 мужчина) всего *за три месяца* смогли активировать 48 генов (в основном связанных с подавлением опухолей) и выключить 453 гена (в основном связанных с разрастанием опухолей), получая особое питание и соблюдая правильный режим. За это время мужчины, которых привлек в свое исследование Дин Орниш, доктор медицины Калифорнийского университета в Сан-Франциско, сбросили вес и избавились от пивного живота, снизили кровяное давление и нормализовали липидный обмен. Орниш отмечал: «Это не так уж связано с уменьшением факторов риска или предотвращением чего-то ужасного. Тебе не придется годами ждать полезных сдвигов – эти изменения могут произойти так быстро, что не успеешь и глазом моргнуть».

Еще более впечатляющим оказалось количество эпигенетических изменений, произошедших за шесть месяцев шведского эксперимента с участием 23 располневших здоровых мужчин, которые сменили малоподвижный образ жизни на регулярные занятия аэробикой или, например, рыбалкой примерно 2 раза в неделю. Исследователи Лундского университета обнаружили, у них эпигенетически изменились 7000 генов – почти 30% всех генов полного генома человека!

Причем такие эпигенетические вариации могут быть унаследованы нашими детьми и затем переданы нашим внукам. Первым исследователем, который показал это, был доктор философии Майкл Скиннер в бытность свою директором Центра репродуктивной биологии Вашингтонского государственного университета. В 2005 году Скиннер провел эксперимент, подвергая воздействию пестицидов беременных крыс. У самцов, родившихся от этих самок, отмечалась повышенная бесплодность и сниженная выработка спермы при эпигенетическом изменении двух генов. Такие же мутации присутствовали примерно у 90% самцов в четырех последующих поколениях, хотя ни один из них не контактировал с пестицидами.

Однако факторы внешней среды – это еще не все. Мы уже выяснили, что приписывание определенного значения пережитому опыту порождает шквал физических, психических, эмоциональных и химических реакций, которые тоже активируют гены. То, как мы интерпретируем информацию, поступающую от органов чувств, и тот смысл, который мы ей придаем, приводят к значительным биологическим изменениям на генетическом уровне. Таким образом, наши гены комплексно взаимодействуют с нашим сознанием. Можно сказать, что *смысл* непрерывно воздействует на нейронные структуры, которые влияют на то, кем мы являемся на микроскопическом уровне, что затем определяет то, кем мы являемся на макроскопическом уровне.

Исследования в области эпигенетики также поднимают следующие вопросы. Что будет, если ничто не меняется в твоем внешнем окружении? Что будет, если делать одни и те же вещи с одними и теми же людьми в одно и то же время каждый день – то есть совершать поступки, которые вызывают те же самые эмоции, которые посылают сигнал тем же самым генам тем же самым способом?

Можно сказать, что пока ты воспринимаешь свою жизнь через призму прошлого и реагируешь на обстоятельства той же самой нейронной архитектурой и с того же самого уровня разума, ты следуешь в направлении вполне конкретной, предопределенной генетической судьбы. Вдобавок то, как ты представляешь самого себя и свою жизнь, и тот выбор, который ты делаешь в рамках этих убеждений, тоже продолжает посылать все те же самые сигналы все тем же самым генам.

Только если удастся возбудить клетку по-новому – с помощью новой информации, только тогда она сможет создать тысячи вариаций того же самого гена, чтобы выдать новую экспрессию протеинов – которая изменит твое тело. Нам не дано управлять всеми факторами и обстоятельствами своего внешнего мира, но мы вольны контролировать многие аспекты своего внутреннего мира.

Твои убеждения, твои ощущения, а также то, как ты взаимодействуешь со своим внешним окружением, имеют влияние на твою внутреннюю среду (которая для клетки остается внешней).

Именно *ты* — а не твоя запрограммированная биология — владеешь ключами своей генетической судьбы. Надо только подобрать нужный ключ к замку, чтобы освободить свой потенциал.

Так почему же не разглядеть настоящую ценность генов? Ведь это поставщики возможностей, ресурсы с безграничным потенциалом. Поистине мы владеем инструментом *трансформации* (а это слово буквально означает «изменение формы»).

СТРЕСС ЗАСТАВЛЯЕТ НАС ЖИТЬ В РЕЖИМЕ ВЫЖИВАНИЯ

Стресс — это одна из главных причин эпигенетического изменения, потому что он вышибает организм из равновесия. Различают три вида стресса: физический стресс (например, травма), химический стресс (токсины) и эмоциональный стресс (страх, беспокойство, подавленность и так далее). Стресс может вызвать более 1400 химических реакций и способствовать выбросу свыше 30 гормонов и нейротрансмиттеров. Когда запускается этот химический каскад гормонов стресса, наша психика влияет на тело через вегетативную нервную систему.

Ирония в том, что способность испытывать стресс изначально несла в себе приспособительную функцию. Все живые организмы в природе, включая людей, запрограммированы переживать краткий стресс, чтобы мобилизовать ресурсы, необходимые для чрезвычайных ситуаций. Когда ты чувствуешь угрозу или опасность, то в твоей симпатической нервной системе (одна из подсистем вегетативной нервной системы) активируется реакция «бей или беги». При этом частота сердечных сокращений и кровяное давление повышаются, мышцы напрягаются, происходит выброс таких гормонов, как адреналин и кортизол.

Если тебя преследовала стая голодных волков или толпа разъяренных представителей чужого племени и тебе удалось спастись, то твое тело возвращается к нормальному гомеостазу (в свое нормальное, спокойное состояние) вскоре после того, как ты окажешься в безопасности. Такое функционирование организма рассчитано на существование в режиме выживания. Тело выходит из состояния равновесия – но только на короткий период времени, пока не минует опасность. Во всяком случае, природой задумано было именно так.

Нечто похожее происходит в нашем современном мире, хотя и в другой обстановке и с другими персонажами. Если тебя вдруг подрезают, когда твоя машина мчится по автомагистрали, ты можешь на мгновение испугаться. Но когда ты понимаешь, что на сей раз пронесло и тебя отпускает страх попасть в аварию, твое тело тут же возвращается в норму – если, конечно, это была лишь одна из множества стрессовых ситуаций, в которых ты оказался в тот день.

Однако если ты подобен большинству людей, то череда всех этих неприятностей, связанных с нервотрепкой, постоянно держит тебя в напряжении, в режиме «бей или беги» – и вне нормального гомеостаза. Возможно, эта ситуация с подрезанием на магистрали была единственной серьезной угрозой твоей жизни за весь день, но пробки по дороге на работу, ссора с супругой, крупный счет за превышение кредитного лимита в почтовом ящике, поломка жесткого диска твоего компьютера и новые седые волосы в твоей шевелюре – заставляют гормоны стресса циркулировать в твоем теле практически постоянно.

Между воспоминаниями о стрессовых переживаниях прошлого и предчувствием стрессовых ситуаций в ближайшем будущем все эти повторяющиеся краткие стрессы сливаются вместе в один большой длительный стресс. Добро пожаловать в жизнь в режиме выживания в ее версии для XXI века!

В режиме «бей или беги» мобилизуется энергия поддержания жизни, чтобы особь могла спасаться бегством либо сражаться за свою жизнь. Но когда возвращения в гомеостаз не происходит (потому что ты продолжаешь ощущать угрозу или беспокоиться), система растрачивает на стресс свою жизненную энергию. В твоей внутренней среде остается все меньше ресурсов, необходимых для роста и ежедневного восстановления клеток, для всех строительных проектов на клеточном уровне, включая естественное исцеление, ведь вся эта энергия израсходована на аварийный режим экстремальных ситуаций. Клетки отключаются, они больше не обмениваются информацией друг с другом – они становятся «эгоистками», замыкаясь в себе. Теперь не время для поддержания нормальной работоспособности (не говоря уже о внесении улучшений), они настроены лишь обороняться. Теперь каждая клетка сама за себя, поэтому прежде единая система сообща работающих клеток распадается на отдельные части. Помимо прочего ослабевает иммунная и эндокринная система, поскольку гены в связанных с ними клетках в опасности, когда информационные сигналы снаружи клеток выключены.

Это все равно что жить в стране, где 98% ресурсов уходит на оборону и ничего не остается на школы, библиотеки, здравоохранение, строительство и ремонт дорог, системы связи, выращивание продуктов питания и так далее. На дорогах появляются ухабы, которые никто не асфальтирует. Школам не хватает бюджетных средств, отчего ученики получают все меньше знаний. Больные не получают необходимого лечения. Программы социального обеспечения, которые должны заботиться о малоимущих и пожилых людях, закрываются. И даже не хватает еды, чтобы накормить голодных.

Неудивительно, что хронический стресс вызывает целый букет расстройств и заболеваний: беспокойство, депрессия, проблемы с пищеварением, провалы в памяти, бессонница, гипертония, болезни сердца, инсульт, рак, язвы, ревматоидный артрит, простуда, грипп, преждевременное старение, аллергии, ломота, хроническое переутомление, бесплодие, импотенция, астма, гормональные нарушения, кожная сыпь, выпадение волос, мышечные спазмы и диабет. И это еще далеко не полный список отклонений (каждое из которых, между прочим, есть результат эпигенетических изменений). Ни один живой организм в природе не рассчитан на то, чтобы противостоять воздействию хронического стресса.

Многие исследования свидетельствуют, что эпигенетические сигналы, отвечающие за исцеление, отключаются во время стрессовых ситуаций. Например, исследователи Медицинского центра Государственного университета штата Огайо обнаружили, что стресс затронул более 170 генов, причем 100 из них отключились полностью (в том числе те, что непосредственно вырабатывают протеины, способствующие заживлению ран). Исследователи выявили, что раны подвергнувшихся стрессу пациентов заживают на 40% дольше и что «стресс нарушил геномный баланс, сдвинув его в сторону генов, несущих шифры протеинов, отвечающих за подавление, смерть и возбуждение клеточного цикла». Другой эксперимент, в котором исследовались гены 100 жителей Детройта, выявил 23 пациента, страдавших от посттравматического стрессового расстройства. У этих людей было в 6–7 раз больше эпигенетических вариаций, основная часть причастна к выходу из строя иммунной системы.

Исследователи СПИДа из центра UCLA не только обнаружили, что ВИЧ быстрее всего распространяется у пациентов, испытывающих постоянный стресс, но и выявили такую зависимость: чем выше уровень стресса пациента, тем слабее его реакция на антиретровирусные препараты. Лекарства помогали в 4 раза лучше тем пациентам, которые были относительно спокойны по сравнению с теми, чье кровяное давление, влажная кожа и частота сердечных сокращений указывали на то, что они переживают сильнейший стресс. Ученые сделали вывод о том, что состояние нервной системы оказывает непосредственное воздействие на размножение вирусов.

Изначально реакция «бей или беги» была высоко приспособительной (потому что помогала древним людям выживать). Однако чем дольше эта система выживания (стрессовая реакция) остается активированной, тем больше организм растрачивает свои жизненные ресурсы, необходимые для поддержания здоровья, поэтому в конце концов адаптивность системы ухудшается.

НАСЛЕДИЕ ОТРИЦАТЕЛЬНЫХ ЭМОЦИЙ

Поскольку мы продолжаем вырабатывать гормоны стресса, это способствует целому букету вызывающих быстрое привыкание отрицательных эмоций. Гнев, враждебность, агрессию, зависть, ненависть, разочарование, страх, беспокойство, ревность, неуверенность, чувство вины, стыд, тоску, депрессию, отчаяние и бессилие. Когда мы сосредоточиваемся на негативных мыслях или неприятных воспоминаниях или тревожимся, воображая неприятности в ближайшем будущем, то, кроме всего прочего, нарушаем гомеостаз в собственном организме. Ведь мы способны запустить стрессовую реакцию одной только мыслью. Если же мы запустим ее и не сможем сразу отключить, то это непременно приведет к какому-нибудь заболеванию или нарушению – будь то простуда или рак (поскольку все больше и больше защитных генов выключается по принципу домино, пока мы, наконец, не встречаемся со своей генетической судьбой).

Если мы рисуем в своем воображении возможный сценарий будущего, а затем сосредоточиваемся на этом образе, то организм тут же начнет физиологически изменяться, чтобы подготовиться к этому событию.

Тело прямо сейчас, в настоящий момент уже живет в этом представляемом будущем. И вегетативная нервная система *автоматически* создает соответствующие химические вещества стресса. Вот так взаимосвязь ума и тела может действовать против нас.

Когда это происходит, мы демонстрируем абсолютную симметрию трех элементов эффекта плацебо. Прежде всего, мы неосознанно впадаем в зависимость от выбросов адреналина в теле, чтобы почувствовать прилив энергии. Мы начнем вырабатывать в теле условный рефлекс для включения реакции, если будем просто думать о таком стимуле. Со временем мы привыкаем приводить себя в особое эмоционально-приподнятое состояние одной только мыслью – мыслью о *возможном событии*. Тревожное ожидание такого события меняет физиологию тела.

Однако независимо от того, считаешь ты стресс в своей жизни оправданным или нет, воздействие этого стресса на тело пользы не приносит и здоровье отнюдь не укрепляет. Твое тело уверено, что за ним гонится рассвирепевший лев, что оно стоит на краю обрыва на головокружительной высоте или сражается с толпой оголодавших людоедов. Вот несколько примеров из научных исследований, демонстрирующих воздействие стресса на организм.

Исследователи Медицинского колледжа Университета штата Огайо подтвердили, что стрессовые эмоции запускают гормональные и генетические реакции, оценив, как стресс влияет на скорость заживления незначительных повреждений кожи, – важный показатель генной активации. Группе из 42 супружеских пар делали небольшие всасывающие волдыри, а затем в течение трех недель наблюдали у них показатели трех протеинов, обычно участвующих в заживлении ран. Супругов просили вести нейтральную беседу в течение получаса для снятия базовых показателей, а после этого вспомнить свою последнюю семейную ссору.

Ученые обнаружили, что после того, как пары обсуждали предыдущую размолвку, уровень исцеляющих протеинов у них снижался (то есть соответствующие гены выключались). Подавление синтеза белков достигало еще большего уровня – около 40% – у тех супругов, которые раздували из своей дискуссии серьезный конфликт, приправленный язвительными замечаниями, упреками и взаимными унижениями.

Исследование также подтвердило обратный эффект: снижение стресса за счет положительных эмоций запускает эпигенетические изменения, которые улучшают показатели здоровья. В двух ключевых экспериментах сотрудники Института медицины Бенсона–Генри (в Центральной больнице штата Массачусетс в Бостоне) изучали воздействие медитации на экспрессию генов. Медитация, как известно, приводит человека в состояние покоя и даже блаженства. Во время первого исследования, в 2008 году, 20 добровольцев в течение 8 недель упражнялись в разнообразных практиках взаимосвязи сознания и тела (различные виды медитации, йоги и повторяющихся молитв). Эти практики обычно вызывают реакцию релаксации, физиологическое состояние глубокого покоя (о чем идет речь в главе 2). Параллельно исследователи отслеживали 19 опытных практиков, применяющих те же методы.

К концу исследования у новичков были выявлены изменения в 1561 гене (874 улучшающих здоровье генов были включены, а 687 вызывающих стресс – выключены), а также снижение артериального давления, уменьшение частоты сердечных сокращений и замедление дыхания, а опытные практикующие выдали экспрессию 2209 новых генов. Большинство генетических изменений касалось оптимизации реакций тела после хронического физиологического стресса.

Второе исследование, проведенное в 2013 году, обнаружило, что реакция релаксации приводит к экспрессии генов уже после *первого сеанса* медитации, как у новичков, так и среди опытных практикующих (неудивительно, что практикующие со стажем извлекали из этого больше пользы). Гены, которые были включены, отвечали за иммунную функцию, энергетический метаболизм и секрецию инсулина, а выключенные гены были связаны с возбуждением и стрессом.

Эти и подобные им исследования наглядно показали, насколько быстро можно изменить свои гены. Вот почему реакция плацебо может осуществить физические изменения за считаные секунды. На своих мастер-классах по всему миру мы с моими коллегами были свидетелями значительных и мгновенных изменений здоровья наших участников после первого же сеанса медитации. Они преображали себя и подавали новые сигналы генам одной только мыслью. (С некоторыми из них ты скоро познакомишься.)

Когда мы живем в режиме выживания, с постоянно включенной стрессовой реакцией, то способны сосредоточиться только на трех вещах: мое тело (*Как я себя чувствую?*), окружающая обстановка (*Где тут безопасно?*) и время (*Долго еще будет висеть надо мной эта угроза?*). Из-за постоянной озабоченности этими тремя обстоятельствами мы становимся бездуховными. Мы хуже осознаем настоящее и теряем бдительность, потому что наше внимание направлено на самих себя, на наше тело и на другие материальные и житейские вещи (например, чем мы владеем, где живем, сколько у нас денег и так далее). Сосредоточенность на этом навязывает нам назойливую мысль о времени: заставляет постоянно прокручивать в голове наихудшие сценарии будущего, основанные на травмирующих психику прошлых переживаниях, потому что мы никогда ничего не успеваем и все занимает слишком много времени.

Таким образом, гормоны стресса заставляют не только клетки нашего тела стать эгоистичными, чтобы обеспечить выживание, но и побуждают наше эго выйти на первый план. В результате мы становимся материалистами, определяющими реальность при помощи чувств. Кончается тем, что мы чувствуем свое обособление от любых новых возможностей. Ибо, поскольку нас никогда не покидает это состояние хронической боеготовности, то настрой на первостепенную ценность своего «эго» отныне пропитывает все наше существование, усиливается и продлевается, а мы все больше потакаем своим желаниям, обслуживаем свои прихоти, выведя заботу о себе на первый план. Тогда наше «я» представляет собой тело, живущее в окружающей среде и в потоке времени.

ГЛАВА

5

КАК МЫСЛИ ИЗМЕНЯЮТ МОЗГ И ТЕЛО

Теперь тебе понятно, что с каждой мыслью, которая посещает твою голову, с каждой эмоцией и с каждым событием, которое ты переживаешь, – будь они радостные или стрессовые, – ты действуешь как эпигенетический инженер своих собственных клеток. Ты сам управляешь своей судьбой. И тут возникает другой вопрос. Если ты способен посылать сигнал новым генам, то возможно ли сигнализировать гену *раньше, чем это сделает реальная среда*? Как правило, чувства и эмоции – итог пережитого опыта, но нельзя ли, сочетая ясное намерение с эмоциональным настроем, предвосхитить будущее переживание до того, как оно наступит?

Если ты глубоко сосредоточен на стремлении к некоторому будущему результату и тебе удастся сделать мысленный образ более реальным, чем внешнее окружение, то мозг не отличит одно от другого. В этом случае твое тело начнет переживать новое воображаемое будущее прямо сейчас. Ты будешь посылать новые сигналы своим генам, готовя их к этому воображаемому будущему событию.

Если ты продолжишь мысленно практиковать достаточное количество раз этот новый ряд поступков, решений и переживаний, к которым ты стремишься, снова и снова воспроизводя тот же самый новый уровень сознания, то твой мозг начнет физически изменяться, — вводя в действие новую нейронную сеть. Все будет выглядеть так, будто воображаемое уже произошло. Ты будешь производить эпигенетические вариации, которые ведут к реальным структурным и функциональным изменениям в теле благодаря своим мыслям. Твой мозг и тело больше не будут жить в том же самом прошлом — они будут жить в новом будущем, которое ты создал в своем сознании.

Это возможно проделать с помощью *мысленной репетиции.* Методика заключается в том, чтобы с закрытыми глазами многократно представлять, как выполняешь некое действие, и мысленно всматриваться в то будущее, которого желаешь, напоминая себе все это время, каким ты желаешь *стать.* Этот процесс включает обдумывание будущих действий, мысленное планирование и сосредоточение на новом опыте.

Рассмотрим эту последовательность действий подробнее, дабы более основательно разобраться в том, что конкретно происходит при мысленной репетиции и как она работает. Когда ты рисуешь в мыслях новую судьбу или мечту, ты воображаешь ее снова и снова, пока она не становится для тебя привычной. Чем больше знаний и переживаний, связанных с новой реальностью, о которой ты мечтаешь, ты вмонтировал в свой мозг, тем больше у тебя ресурсов, чтобы создать ее лучшую модель в своем воображении, и тем сильней твое стремление и ожидание (как в эксперименте с горничными отеля). Ты «напоминаешь» себе, как твоя жизнь будет выглядеть и ощущаться, когда ты получишь желаемое. Таким образом, твое внимание становится намеренным.

Затем ты сознательно сочетаешь свои мысли и стремления с такими состояниями приподнятости, как радость или благодарность. (Ниже я расскажу о приподнятом настроении подробней.) Как только ты сможешь принять это новое вдохновение, ты приходишь в большее воодушевление и купаешь свое тело в той нейрохимии, которая вырабатывается, как будто это будущее событие происходит наяву. Можно сказать, что ты даешь своему телу попробовать будущее переживание на вкус.

На нейрохимическом уровне мозга и тела нет разницы между воображаемым переживанием и реальностью, поэтому твой организм уже переживает желанный новый опыт — прямо сейчас.

Сосредоточив свое внимание на желанном будущем событии и не позволяя посторонним мыслям тебя отвлекать, ты за считаные секунды убавляешь объем нейронных сетей, причастных к представлению о прежнем «я», что приводит к выключению пагубных старых генов. Ты же возбуждаешь и сплетаешь новые нейронные схемы, стимулируя активацию новых генов. Благодаря нейропластичности, связи в твоем мозге начинают перестраиваться, чтобы отражать то, что ты мысленно представляешь. И поскольку твои новые мыслеобразы сочетаются с сильным позитивным воодушевлением, твоя психика и тело едины — а ты оказываешься в новом состоянии бытия.

На этой стадии твои мозг и тело перестают быть архивом прошлого. Отныне они — карта дороги в твое будущее, в то самое будущее, которое ты создал в своем разуме. Твои мысли превратились в реальность, а ты попросту стал плацебо.

НЕСКОЛЬКО ИСТОРИЙ УСПЕХА МЫСЛЕННОЙ РЕПЕТИЦИИ

Наверное, ты слышал недавний рассказ о том майоре, которого посадили в концлагерь во Вьетнаме, где он, чтобы не сойти с ума, каждый день мысленно играл в гольф на своем любимом поле, стараясь выбить совершенный балл, пока его, наконец, не освободили и он не смог вернуться домой и сыграть уже по-настоящему. Или, возможно, ты читал о злоключениях советского правозащитника Анатолия Щаранского (позже известного, как Натан Щаранский), который в 1970-х провел больше девяти лет в заключении в Советском Союзе после сфабрикованного обвинения в шпионаже в пользу Соединенных Штатов. Этот пламенный борец с тоталитаризмом провел 400 дней из своего тюремного срока в крошечной, лишенной света ледяной клетке штрафного изолятора, где он ежедневно сам с собой играл в воображаемые шахматы, удерживая в голове координаты доски и расположение каждой фигуры. Это позволило Щаранскому сохранить работоспособность многих нейронных схем своего мозга (сохранность которых обычно требует внешней стимуляции). После освобождения он иммигрировал в Израиль, где со временем стал членом кабинета министров. Когда чемпион мира по шахматам Гарри Каспаров приехал в 1996 году в Израиль, чтобы дать сеанс одновременной игры в шахматы против 25 израильтян, Щаранский его обыграл.

Вот и Аарон Роджерс, квортербек команды «Грин-Бей Пэкерс», сначала частенько отрабатывает игровые комбинации в голове, а позже с точностью повторяет их на поле. Это в 2011 году привело «Пэкерс» к победе в матче финальной серии игр за Суперкубок, когда посеянные под шестым номером «Пэкерс» выиграли со счетом 48:21 у посеянной первым номером команды «Атланта Фэлконс». В этом поединке Роджерс завершил 31 из 36 передач (86,1%), выйдя по итогам сезона на пятое место по результативности за всю историю американского футбола.

«В шестом классе тренер научил нас понимать важность визуализации, – рассказал Роджерс спортивному репортеру газеты *USA Today*. – Когда я сижу на собрании, смотрю кино или ворочаюсь в постели, прежде чем уснуть, то всегда визуализирую передачи или атакующие маневры. Множество из этих приемов, которые я применил в игре, были мысленно отработаны заранее. Когда я валяюсь на диване, то представляю, как их нужно делать». В той игре Роджерс сумел также ловко увернуться от трех опасных захватов, о чем позже заметил: «Я сперва визуализировал большую часть этих приемов, прежде чем применить их на поле».

Не счесть профессиональных спортсменов, которые тоже с оглушительным успехом применяют мысленную репетицию. Это игрок в гольф Тайгер Вудс, звезды баскетбола Майкл Джордан, Ларри Берд и Джерри Уэст, бейсбольный питчер Рой Халлидей и многие другие. Чемпион по гольфу Джек Никлаус написал в своей книге *Golf My Way*:

> Я никогда не бью по мячу, даже на тренировках, пока не построю очень ясную, сфокусированную картину этого в голове. Это похоже на цветное кино. Сперва я «вижу», как белоснежный мяч высоко торчит в ярко-зеленой траве как раз там, где я хочу нанести по нему завершающий удар. Затем сцена быстро меняется, и я «вижу», как мяч прилетает туда: его путь, траекторию и вид, а также приземление и даже отскок. Потом происходит что-то вроде затемнения, а уже следующая сцена иллюстрирует, как я делаю нужный свинг, который воплотит предыдущие картины в реальность. И лишь в конце этого короткого частного голливудского представления я выбираю клюшку и подступаю к мячу.

Как видно из одних только этих примеров (а сколько их еще — и не сосчитать!), есть масса свидетельств тому, что мысленная репетиция очень эффективна для приобретения физического навыка с минимальной физической практикой.

Не могу удержаться, чтобы не привести еще один пример, на сей раз от Джима Керри, который рассказывает удивительную историю о той поре, когда он впервые приехал в Лос-Анджелес в конце 1980-х в поисках работы актера и едва сводил концы с концами. Он набросал на листе бумаги обращение к самому себе длиной в абзац, где расписал, как встречаться с нужными людьми, как получать желанную актерскую работу, как сниматься в правильном кино с правильным подбором актеров, как добиться успеха и совершить нечто стоящее и как изменить мир.

Каждый вечер Джим въезжал на улицу Малхолланд-драйв в районе Голливуд-Хиллс, откидывался назад в своем кабриолете и смотрел в небеса. Он повторял этот свой абзац, заучивая его наизусть, и представлял, что написанное там происходит наяву. Он не съезжал с этой голливудской горы с ее всемирно известным видом до тех пор, пока не вживался в образ человека, которым себя представлял и реально им становился. Он даже выписал себе чек на 10 миллионов долларов с пометкой «За оказанные актерские услуги» и датой «День благодарения, 1995 год». Этот чек не покидал его бумажник несколько лет.

В конце концов, в 1994 году вышли три фильма, которые сделали Керри звездой. Первый из них, *«Эйс Вентура: розыск домашних животных»*, увидел свет в феврале, за ним в июле последовала *«Маска»*. А вот за роль в третьем фильме *«Тупой и еще тупее»*, вышедшем в декабре, Керри получил чек ровно на 10 миллионов долларов. Он *в точности* воплотил в жизнь то, что некогда вообразил и визуализировал.

Всех этих людей объединяет одно – они не брали в расчет внешнюю среду, вышли за рамки своего тела и за пределы времени, обеспечив значительные нейрофизиологические изменения внутри своего организма. Когда они представили себя миру, то заставили ум и тело работать сообща и создали в материальном мире то, что сначала заложили в своем воображении.

Это подтверждается научными исследованиями. Прежде всего, множество экспериментов по мысленной репетиции доказали, что когда человек концентрируется на какой-то части своего тела, отдел мозга, управляющий этой частью, стимулируется, и если продолжать этим заниматься, то такая практика приведет к физическим изменениям в соответствующей сенсорной зоне мозга. Это понятно, ибо если удерживать осознание в одном и том же месте, то возбуждаешь и сплетаешь одни и те же сети нейронов, и в результате ты выстроишь более сильные мозговые карты в этой области.

В одном гарвардском исследовании испытуемые, которые прежде никогда не играли на фортепиано, мысленно практиковали простое упражнение на пять пальцев по 2 часа в день на протяжении 5 дней и получили те же самые изменения в мозге, что и участники контрольной группы, которые выполняли такие же упражнения на реальном инструменте. Область мозга, которая управляет движениями пальцев, значительно увеличилась у воображавших и выглядела так, будто опыт, который они себе только представляли, происходил наяву. Они установили нейронное аппаратное (сети) и программное обеспечение, таким образом, создав новые мозговые карты одним только усилием мысли.

В другом исследовании, продолжавшемся 12 недель, участвовали 30 человек. Часть из них регулярно упражняли свои мизинцы, а остальные только воображали себе это упражнение. Контрольная группа, которая выполняла физические упражнения наяву, увеличила силу мизинцев на 53%, а те, кто *только представлял* выполнение, тоже увеличили силу своих мизинцев – но на 35%. Их разум изменил их тело.

В похожем эксперименте десять добровольцев изо всех сил представляли себе, что качают один из своих бицепсов 5 раз в неделю. Каждые две недели исследователи записывали электрическую активность мозга испытуемых во время сеансов, а также измеряли силу их мышц. У тех, кто только воображал сгибание-разгибание, мышечная сила бицепса выросла на 13,5% за несколько недель, и они сохраняли эту форму еще три месяца после того, как «тренировки» закончились. Их тела отозвались на ментальный образ.

Последний пример – французское исследование. Здесь сравнивали показатели испытуемых, которые либо поднимали, либо только воображали подъем гантелей различного веса. В результате те, кто воображал подъем более тяжелых гантелей, нарастили мышцы сильнее в сравнении с теми, кто поднимал в своем воображении меньший груз.

Во всех трех упомянутых исследованиях мысленной репетиции испытуемые смогли заметно увеличить силу своего тела, используя *только мысли*.

Может возникнуть вопрос, есть ли исследования, где испытуемые не только воображают то, что хотят создать, но и соединяют это с мощными положительными эмоциями. Так вот, такие исследования действительно проводятся. И совсем скоро мы с ними познакомимся.

СИГНАЛ НОВЫМ ГЕНАМ

Чтобы яснее понять, почему срабатывает мысленная репетиция, необходимо вникнуть в некоторые подробности анатомии мозга и его нейрохимии. Начнем с того, что *лоб-*

ные доли – это наш созидательный центр. Именно эта часть мозга связана с освоением нового, мечтами о будущих возможностях, сознательными решениями, постановкой целей и так далее. В мозге лобная кора выполняет роль генерального директора. Но что еще важнее, лобные доли позволяют тебе еще наблюдать, кто ты есть, и оценивать, что ты делаешь и как ты себя чувствуешь. Здесь дом твоего сознания.

Когда человек полностью осознает свои мысли, он, в конце концов, научается управлять ими.

Когда ты практикуешь мысленную репетицию и целиком сосредоточиваешься на желаемом результате, лобные доли выступают в роли твоего союзника. Ведь они, кроме всего прочего, способны понижать шум внешнего мира, чтобы тебя не так сильно отвлекали сигналы, приходящие от органов чувств. Сканирование мозга показывает, что в глубоко сосредоточенном состоянии (в том числе при мысленной репетиции) исчезает восприятие времени и пространства. Это происходит потому, что лобные доли приглушают сигналы от сенсорных центров (которые позволяют нам ощущать свое тело в пространстве), от моторных центров (отвечающих за физическое движение) и ассоциативных центров (связанных с представлениями о том, кто ты есть), а также от теменных долей (которые, как полагают, причастны к чувству времени). В результате ты выходишь за пределы своего окружения, за пределы своего тела и даже за пределы времени, а это помогает сделать воображаемое более реальным, чем все остальное.

Стоит тебе в тот момент, когда ты воображаешь свое новое будущее, подумать о новой возможности и начать задавать специфические вопросы, — например: *«Каково это будет – жить без этой боли и ограничения?»* – как твои лобные доли направляют на это все внимание, поддерживая *стремление* быть здоровым и *мысленный образ*, каково это — быть здоровым.

Как у генерального директора, у лобной коры есть связи со всеми частями мозга. Она начинает отбирать сети нейронов, чтобы создать новое состояние разума в ответ на запрос. Можно сказать, что она становится симфоническим дирижером, подавляя твою старую жесткую связь (сократительную функцию нейропластичности), а также отбирая другие сети нейронов из различных частей мозга и связывая их вместе, чтобы создать новый уровень сознания, отражающий то, что ты воображаешь. Ментальные изменения заставляют мозг работать в других последовательностях, конфигурациях и сочетаниях.

Теперь добавим сюда немного нейрохимии. Если твоя лобная кора заставляет достаточное количество этих нейронных сетей срабатывать в унисон, когда ты сосредоточиваешься на ясном стремлении, то наступит момент, когда мысль станет ментальным опытом, — то есть твоя внутренняя реальность станет реальнее внешней. Как только мысль уподобляется реальному опыту, ты начинаешь испытывать те же чувства, которые сопровождали бы это событие в реальности. Твой мозг вырабатывает химического посланника – нейропептид – и рассылает его по клеткам твоего тела. Нейропептид ищет соответствующие клеточные рецепторы (стыковочные станции) на разнообразных клетках, чтобы доставить свое сообщение в гормональные центры тела и, в конечном счете, в клеточные ДНК. В результате клетки получают новое сообщение о том, что воображаемое событие произошло.

Рисунок 5-1А. Блок-схема на рисунке 5-1А демонстрирует, как мысли преобразуются в череду упрощенных механизмов и химических реакций более низкого уровня (в нисходящей причинно-следственной зависимости), меняя тело

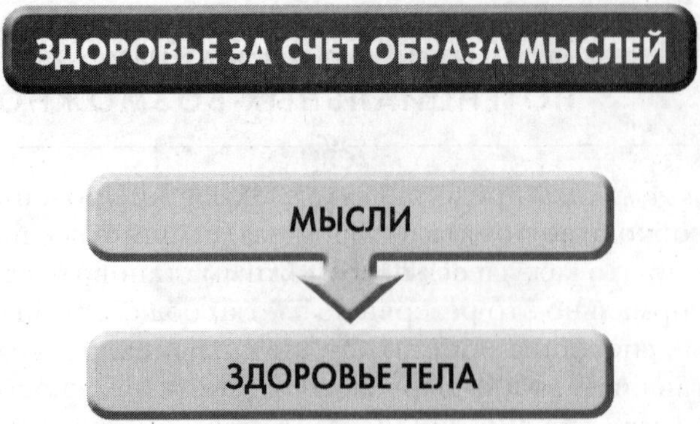

Рисунок 5-1В иллюстрирует, как мысли могут лечить тело. Двигаясь от общего к частному, новые мысли действуют через активацию новых нейронных сетей, вырабатываются другие нейропептиды и гормоны (которые посылают новые сигналы клеткам и эпигенетически активируют новые гены, а те производят новые протеины)

Когда ДНК в клетке получает эту новую информацию от нейропептида, она реагирует тем, что включает одни гены и выключает другие, призванные поддержать новое состояние твоего бытия. Это включение и выключение похоже на лампы, которые либо разогреваются и становятся ярче, либо остывают и тускнеют соответственно. Когда ген активируется, он «загорается» и производит соответствующий белок. Когда ген дезактивируется, он «гаснет», тускнеет, становится все слабее и уже не производит достаточно протеинов. И мы наблюдаем последствия этого в виде физических изменений в своем теле.

Рисунки 5-1А и 5-1В помогут увидеть полную последовательность изменений тела за счет изменения образа мыслей.

СТВОЛОВЫЕ КЛЕТКИ: МОЩНЫЙ ФОНД НАШИХ ПОТЕНЦИАЛЬНЫХ ВОЗМОЖНОСТЕЙ

Стволовые клетки представляют следующий уровень, который необходимо понять в нашем пазле. Они тоже причастны к тому, что кажущееся невозможным становится возможным. Формально это резервные клетки общего назначения, которые способны обретать нужную специализацию. Они представляют собой сырьевой потенциал – своего рода *табула раса* (*лат.* чистая доска). Когда они активируются, то превращаются в клетку того типа, который необходимо восполнить в данный момент, – будь то мышечные клетки, клетки костной ткани, клетки кожи, иммунные или даже нейроны мозга. Обычно это требуется для того, чтобы заменить поврежденные или погибшие клетки в тканях, органах и системах тела. Стволовые клетки можно сравнить с кусками глины, ожидающими на гончарном круге, когда из них по очереди вылепят тарелки, чашки, вазы или кружки.

Вот пример работы стволовых клеток. Когда ты порезал палец, телу нужно восстановить поврежденную кожу. Местные рецепторы посылают сигнал твоим генам. Ген включается и вырабатывает соответствующие протеины, которые заставляют стволовые клетки превратиться в специфические клетки кожи. Травматический сигнал – это информация, необходимая стволовой клетке, чтобы в данном случае, превратиться в клетку кожи. Миллионы подобных процессов все время идут в нашем организме. Заживление, относящееся к этому типу экспрессии генов, отмечено не только в печени, мышцах, коже, кишечнике и костном мозге, но даже в головном мозге и сердце.

Исследования заживления ран показывают: если человек испытывает ярко выраженные отрицательные эмоции вроде гнева, его стволовые клетки не получают четкого сообщения. Сигнал принимается с помехами, и потенциальная клетка не получает правильной вразумительной стимуляции. Она толком «не знает», в какую полезную клетку ей превращаться. И (мы уже говорили об этом в разделе, посвященном стрессовой реакции и жизни в режиме выживания) в результате выздоровление займет больше времени, поскольку большая часть энергии тела уходит на обуздание гнева и его химических последствий. Тут уж не до того, чтобы создавать, выращивать, восстанавливать повреждения тканей и насыщать их.

Зато когда твое сознание находится на должном уровне и подкрепляется ясным намерением вкупе с позитивным воодушевлением, нужный сигнал достигает клеточной ДНК. И он повлияет на производство протеинов для оздоровления тела. Благодаря этому появятся совершенно новые здоровые клетки из латентных стволовых клеток, которые только и ждут, чтобы их активировали должным образом.

На самом деле феномен стволовых клеток помогает объяснить, как происходит выздоровление, по меньшей мере, в половине случаев применения плацебо, включая сюда псевдохирургию (будь то операция на артритном колене или коронарное шунтирование, описанные в главе 1).

СТРЕМЛЕНИЕ И ЭМОЦИОНАЛЬНЫЙ ПОДЪЕМ ИЗМЕНЯЮТ НАШУ БИОЛОГИЮ

Мы уже упоминали, что эмоциональное состояние играет важнейшую роль в исцелении тела, но теперь рассмотрим этот вопрос подробнее и глубже. Если человек испытывает *эмоциональный подъем, благодаря* тем новым мыслям, на которых он сосредоточен, это сыграет роль турбонаддува для его усилий. Хотя тем участникам эксперимента, которые накачивали свои мышцы, воображая, что поднимают тяжести, не требовалось получать удовольствие, чтобы изменить свои гены. Однако они вдохновляли сами себя, когда подстегивали свое воображение с каждым воображаемым подъемом гантелей, приговаривая: «Давай! Давай! Давай!» Устойчивый эмоциональный заряд служил тем энергетическим катализатором, который действительно усиливал процесс. Поддержание такого приподнятого эмоционального настроя позволяет нам добиться куда более существенных результатов, причем намного быстрее. Это объясняет многие удивительные результаты эффекта плацебо.

Помнишь тот эксперимент со смехом из главы 2? Японские исследователи обнаружили, что просмотр часового комедийного шоу включил 39 генов, 14 из которых имели отношение к деятельности защитных клеток иммунной системы. Некоторые другие исследования отметили рост разнообразных антител после того, как испытуемые смотрели юмористическую видеозапись. Исследование сотрудников Университета Северной Каролины в Чейпел-Хилл, кроме того, показало, что положительные эмоции способствуют повышению *тонуса блуждающего нерва*, который играет главную роль в регуляции вегетативной нервной системы и гомеостаза. В одном японском исследовании крысят щекотали по пять минут в день на протяжении пяти дней подряд, чтобы вызывать у них положительные эмоции. В результате их мозг порождал новые нейроны.

Сильные положительные эмоции помогают запускать реальные физические изменения, укрепляющие здоровье. Позитивный настрой заставляет тело и мозг расцветать.

Взглянем еще раз на картину многочисленных исследований плацебо. Когда пациент ясно и определенно устремлен к новому будущему (осознанное желание жить без боли и болезней) и это сочетается с эмоциональным воодушевлением (надежда и предвкушение реальной жизни без болезней), его тело уже больше не живет в прошлом. Тело оказывается в этом новом будущем, ибо, как мы видели, тело не знает различий между эмоциональным состоянием, порожденным реальным опытом или порожденным представлением будущего.

Вспомним господина Райта из главы 1. Его так сильно вдохновила мысль о том, что он будет принимать новое сильнодействующее лекарство, о котором все столько говорили, что он стал представлять, как оно его вылечит. Господин Райт был до такой степени возбужден, что просто изводил своего лечащего врача просьбами прописать ему этот препарат. Когда он стал, наконец, принимать эту панацею, то ему и в голову не пришло, что это пустышка. Но поскольку мозг не ведает различий между эмоционально заряженными мыслеобразами здоровья и действительным здоровьем, то его тело эмоционально отреагировало так, будто то, что он вообразил, уже произошло. *Именно это*, а не плацебо, которое он принимал, привело к уменьшению его опухолей и вернуло ему здоровье. *Именно это* создало новое состояние его бытия.

Позже, когда господин Райт узнал, что испытание лекарства показало, что оно не работает, он скатился назад к своим старым мыслям и мрачным чувствам, и неудивительно, что его опухоли вернулись. Но вот доктор обрадовал Райта – якобы он сможет получить улучшенную модификацию того же препарата, и Райт снова воодушевился. Он действительно поверил в то, что эта новая модификация сработает. К нему вернулся эмоциональный подъем и надежда, и в его теле выработались нужные химические вещества. И опять-таки, его мозг и тело отреагировали так, словно то, что он еще только вообразил, уже произошло, – и опухоли снова исчезли. О*н сам* себе стал плацебо.

Недостаточно избегать таких отрицательных чувств, как страх и гнев, — необходимо сознательно культивировать в себе искренний позитивный настрой:

чувство благодарности, радости, воодушевления, восхищения, а также благоговение, изумление, доверие, признательность, доброту и сочувствие. Это чудодейственным образом поможет укрепить здоровье.

Исследования показывают, что такие всеобъемлющие чувства, как доброта и сочувствие (присущие нам от рождения), способствуют производству в организме важного нейропептида — *окситоцина*, который естественным образом отключает рецепторы в *миндалевидном теле*, то есть в той области мозга, которая связана с переживанием страха и тревоги. А избавившись от страха, человек чувствует несравнимо больше веры, прощения и любви. Его эгоизм сменяется самоотверженностью. И благодаря этому новому состоянию бытия появляется доступ к бесконечным возможностям, потому что теперь человек попусту не тратит всю свою энергию на страхи и беспокойство, словно речь идет о выживании в опасном окружении.

Многие органы нашего тела содержат клеточные рецепторы, восприимчивые к окситоцину: кишечник, иммунная система, печень и сердце и другие. Главный исцеляющий эффект окситоцина связан с выращиванием новых кровеносных сосудов в сердце, стимуляцией иммунной функции, усилением моторной функции желудка и нормализацией уровня сахара в крови.

Вернемся на минуту к мысленной репетиции. Мы установили, что лобная кора помогает нам выйти за пределы самих себя — в состояние чистого сознания, в котором наше эго исчезает. И когда в этом новом состоянии ты представляешь желаемое, твое сердце распахнуто, благодаря чему тот замкнутый круг, в котором ты чувствуешь то, что думаешь, и думаешь то, что чувствуешь, теперь наконец-то работает тебе во благо. Того эгоистического склада ума, в котором ты пребывал, живя в режиме выживания и потребления, больше нет, потому что энергия, которую ты направлял на нужды выживания, теперь высвобождена и позволяет творить новое. Ты, наконец, свободен.

Твой симфонический дирижер (лобные доли) чувствует себя как ребенок в кондитерском отделе – в радостном возбуждении разглядывая всевозможные творения новых нейронных связей, которые могут сплетаться в новые нейронные сети. Теперь ты больше *не ждешь* изменений и *не надеешься* на перемены, – теперь *ты сам перемена.*

НАЗАД В МОНАСТЫРЬ

Обратимся снова к тому исследованию из начала последней главы, по условиям которого пожилые мужчины притворялись молодыми и действительно стали физически моложе. Вопрос о том, как им это удалось, теперь получил свой ответ, а мы разгадали эту тайну.

Прибыв в монастырь, эти старики расстались со своей привычной жизнью. Им больше ничто не напоминало о том, кем они, по их мнению, были, опираясь на внешний антураж. Затем они начали свой семинар, придерживаясь очень четкой установки, – притвориться, что они снова молоды, и вжиться в этот образ как можно глубже. Поскольку они смотрели фильмы, читали журналы, а также слушали радио и смотрели телевизионные программы тех времен, когда они были на 22 года моложе, живя вне современных отвлечений, то они смогли выбросить из головы, что им по 70–80 лет.

Они действительно начали жить так, будто снова стали молодыми. Поскольку они мыслили и чувствовали по-молодому, их мозг начал возбуждать нейроны в новых последовательностях, конфигурациях и сочетаниях, – некоторые из которых не были востребованы 22 года. Все вокруг этих молодеющих мужчин (равно как и их собственное возбужденное воображение) радостно поддерживало их в том, чтобы сделать это переживание реальным. В результате за считаные дни в организме возникли генетические изменения, отражающие то, кем они стали. Появились нейропептиды, соответствующие их новым эмоциям и, высвобождаясь, доставляли в клетки тела новые сигналы. Клетки впускали этих химических посланников внутрь, прямо к ДНК в своем ядре. И там создавались новые протеины. Они, в свою очередь, искали новые гены (в соответствии с информацией, которую они с собой несли), а обнаружив нужные гены, протеины разворачивали ДНК, включая ген и запуская эпигенетические изменения. Если же организму не удается обнаружить необходимые составляющие для создания требуемых эпигенетических изменений, то эпигеном попросту обращается к стволовым клеткам, чтобы изготовить из них все, что нужно.

Как мы помним, у тех испытуемых выявили целый каскад физических улучшений на фоне большого числа эпигенетических изменений, включивших множество генов. И после окончания эксперимента через монастырские ворота выпорхнули молодые мужчины, которые не имели ничего общего с теми стариками, что приковыляли туда всего неделю назад.

И раз уж процесс сработал для этих ребят, то, поверь мне, он сможет сработать и для тебя тоже. Какую реальность ты *выбираешь* для жизни и кем ты *притворяешься*? *Неужели все так просто?*

ГЛАВА 6

ВНУШАЕМОСТЬ

Тридцатишестилетний Иван Сантьяго терпеливо стоял на нью-йоркской улице вместе со стайкой папарацци, столпившихся за бархатным канатом у служебного входа в 4-звездочный отель в Нижнем Ист-Сайде. Они ждали высокопоставленного иностранца, который с минуты на минуту должен был выйти из гостиницы и вскочить в один из двух черных полноприводных лимузинов, скучавших у тротуара. Но у Сантьяго не было с собой фотоаппарата. В одной руке он держал совершенно новый красный рюкзак, а вторая была засунута внутрь полураскрытого отделения и сжимала рукоятку пистолета с глушителем. Сантьяго, внушительных размеров офицер исправительной системы из Пенсильвании, с выбритой головой, которой гордился бы сам Вин Дизель, слабо разбирался в смертоносном оружии. По роду службы ему никогда не приходилось стрелять, но сегодня он был готов застрелить человека.

Несколько минут тому назад Сантьяго был на пути домой, не думая ни о пистолетах, ни о рюкзаках, ни о зарубежных

ГИПЕРАКТИВНОСТЬ

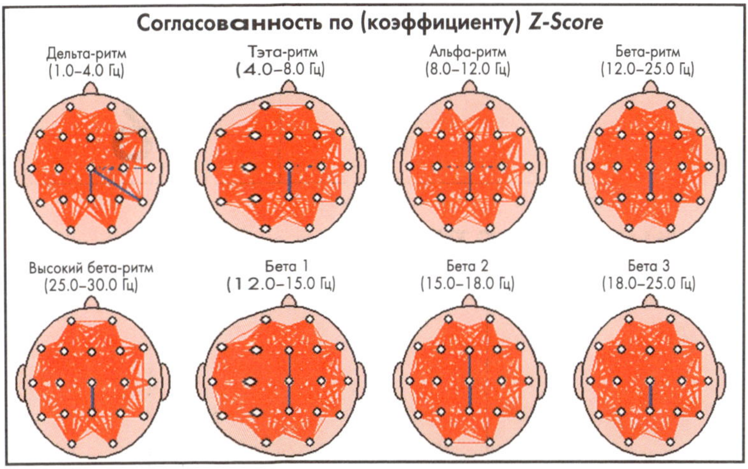

ГИПОАКТИВНОСТЬ

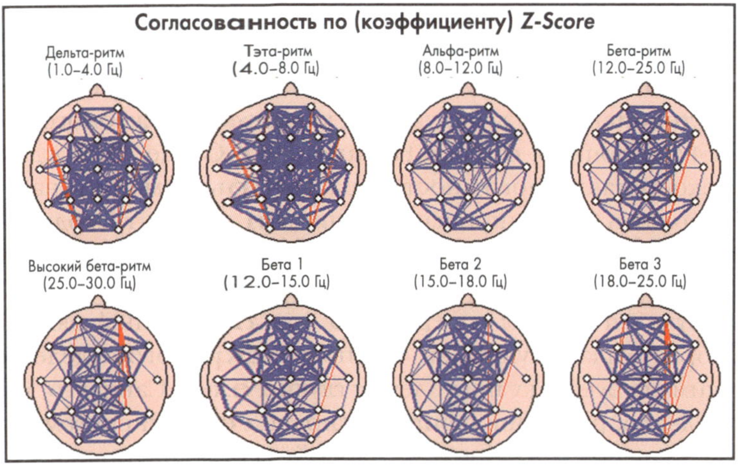

\- + Z-Score ≥ 1.98   - + Z-Score ≥ 2.58   - + Z-Score ≥ 3.09

Представлено с учетом показателей стандартного отклонения (СО)

Красный — выше нормального СО   Синий — ниже нормального СО

РИСУНОК 10-2

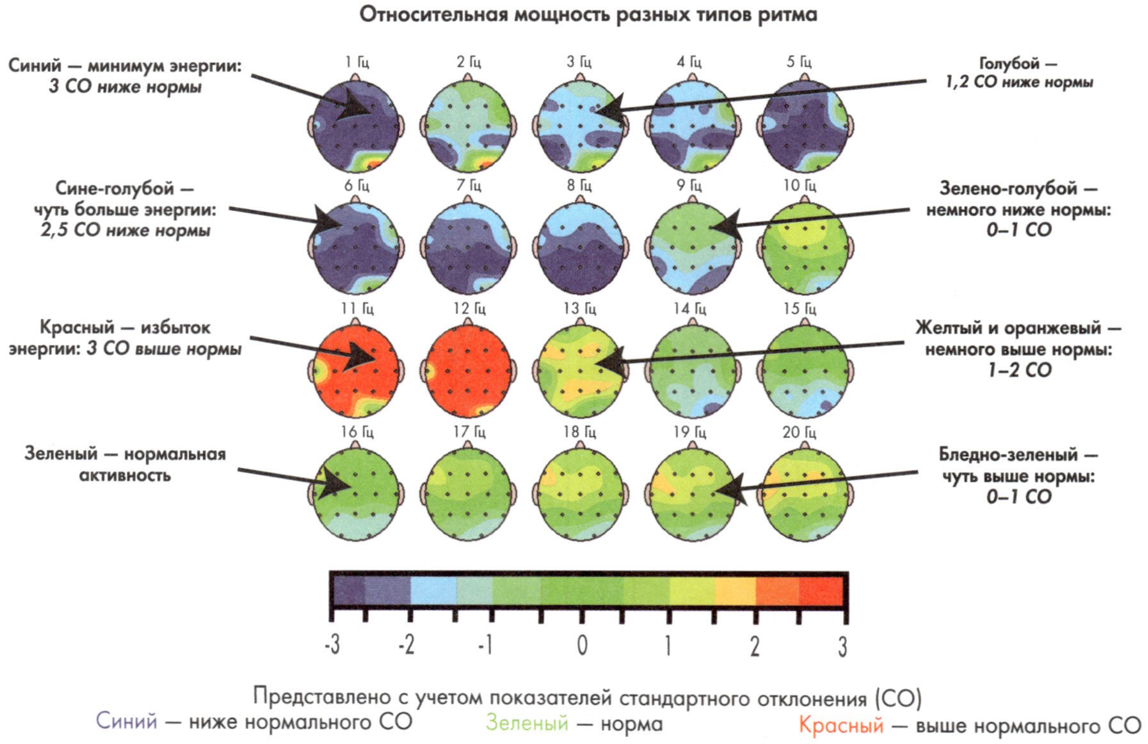
Относительная мощность разных типов ритма
Синий — минимум энергии: 3 СО ниже нормы
Сине-голубой — чуть больше энергии: 2,5 СО ниже нормы
Красный — избыток энергии: 3 СО выше нормы
Зеленый — нормальная активность
Голубой — 1,2 СО ниже нормы
Зелено-голубой — немного ниже нормы: 0–1 СО
Желтый и оранжевый — немного выше нормы: 1–2 СО
Бледно-зеленый — чуть выше нормы: 0–1 СО
1 Гц
2 Гц
3 Гц
4 Гц
5 Гц
6 Гц
7 Гц
8 Гц
9 Гц
10 Гц
11 Гц
12 Гц
13 Гц
14 Гц
15 Гц
16 Гц
17 Гц
18 Гц
19 Гц
20 Гц
-3
-2
-1
0
1
2
3
Представлено с учетом показателей стандартного отклонения (СО)
Синий — ниже нормального СО
Зеленый — норма
Красный — выше нормального СО

РИСУНОК 10-3

ИЗМЕНЕНИЕ СОГЛАСОВАННОСТИ В ПРОЦЕССЕ МЕДИТАЦИИ

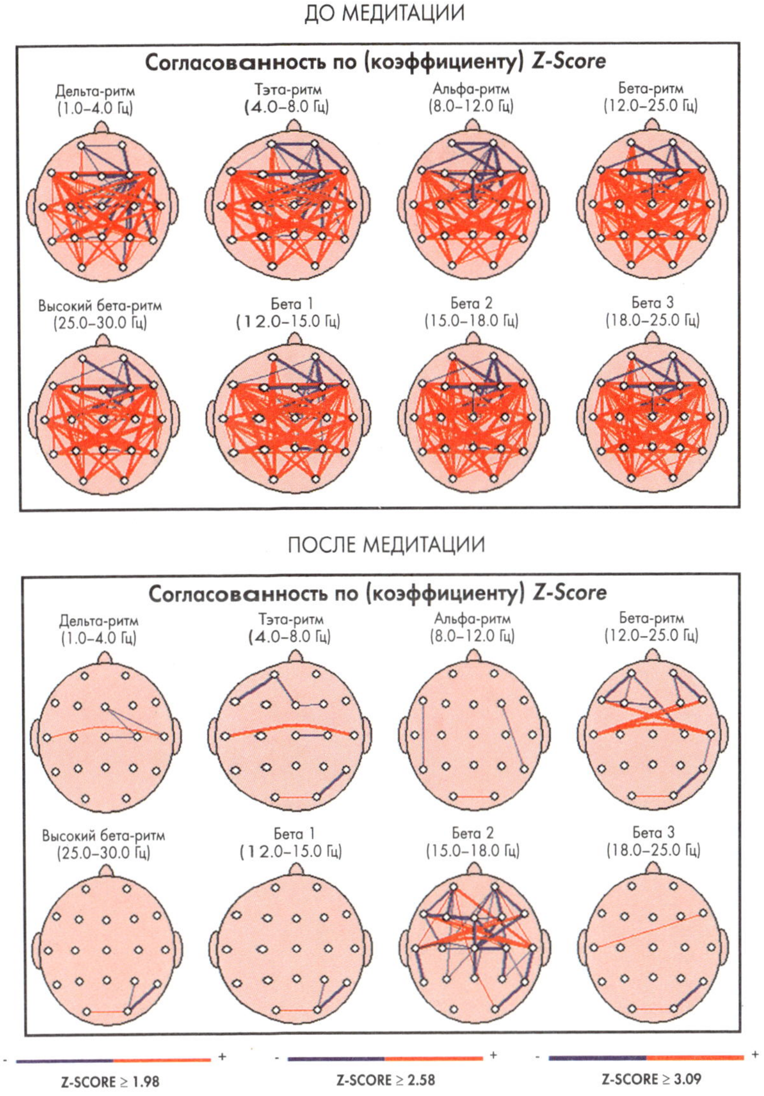

РИСУНОК 10-4

ИЗМЕНЕНИЕ ПРОЯВЛЕНИЙ БОЛЕЗНИ ПАРКИНСОНА ПОСЛЕ МЕДИТАЦИИ

ДО МЕДИТАЦИИ

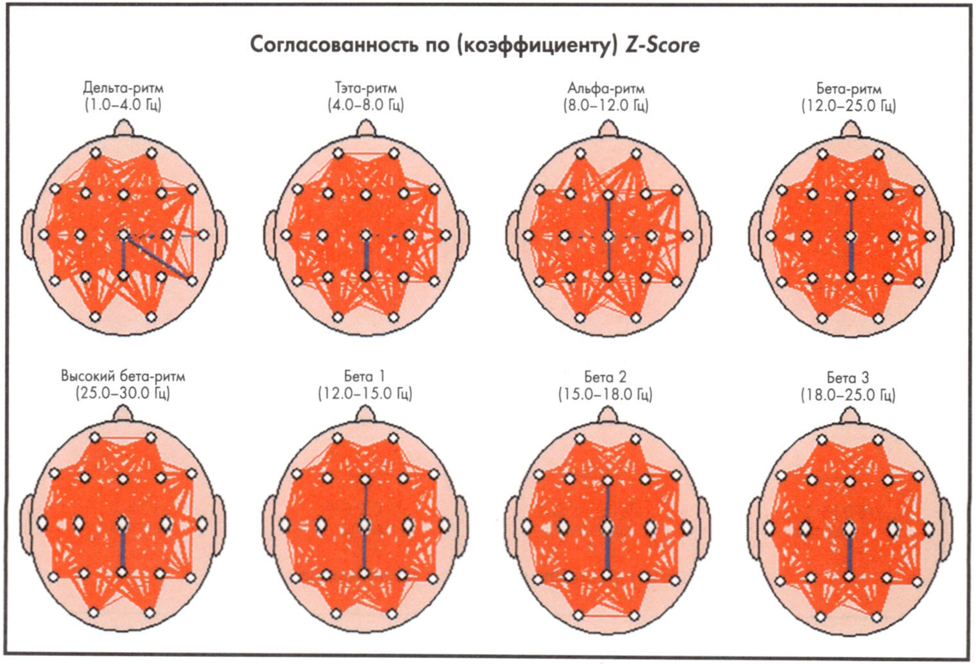

ПОСЛЕ МЕДИТАЦИИ

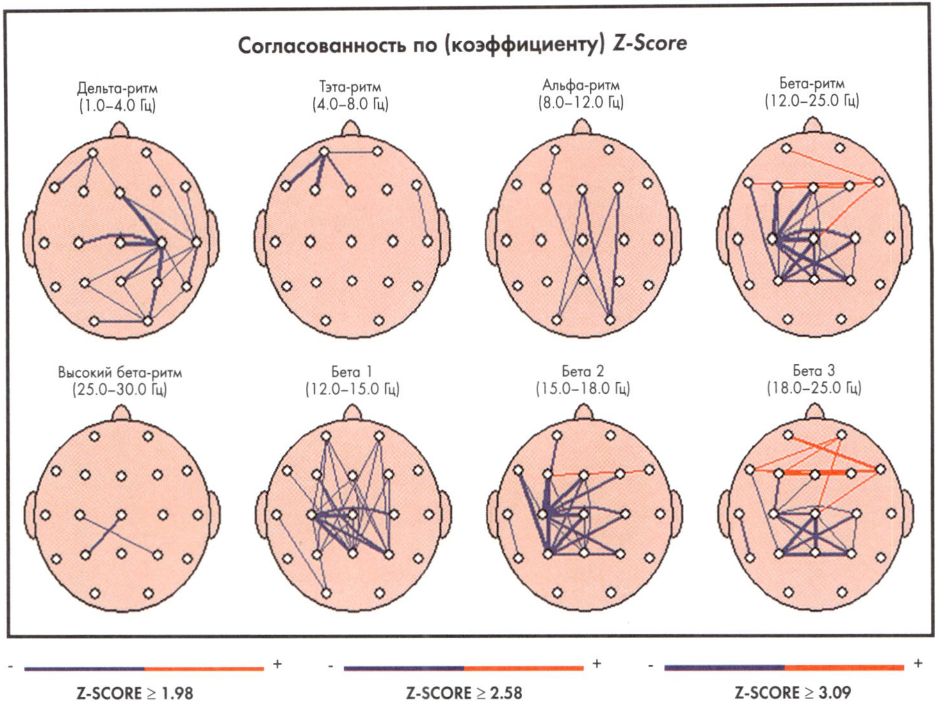

РИСУНОК 10-5

ИЗМЕНЕНИЕ ПРОЯВЛЕНИЙ БОЛЕЗНИ ПАРКИНСОНА ПОСЛЕ МЕДИТАЦИИ

20 февраля 2013 года

ДО МЕДИТАЦИИ

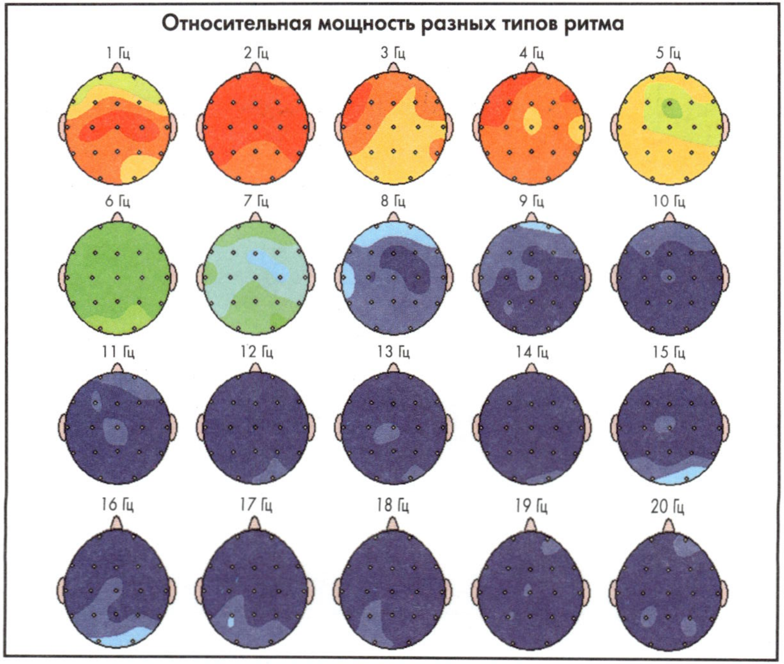

ПОСЛЕ МЕДИТАЦИИ

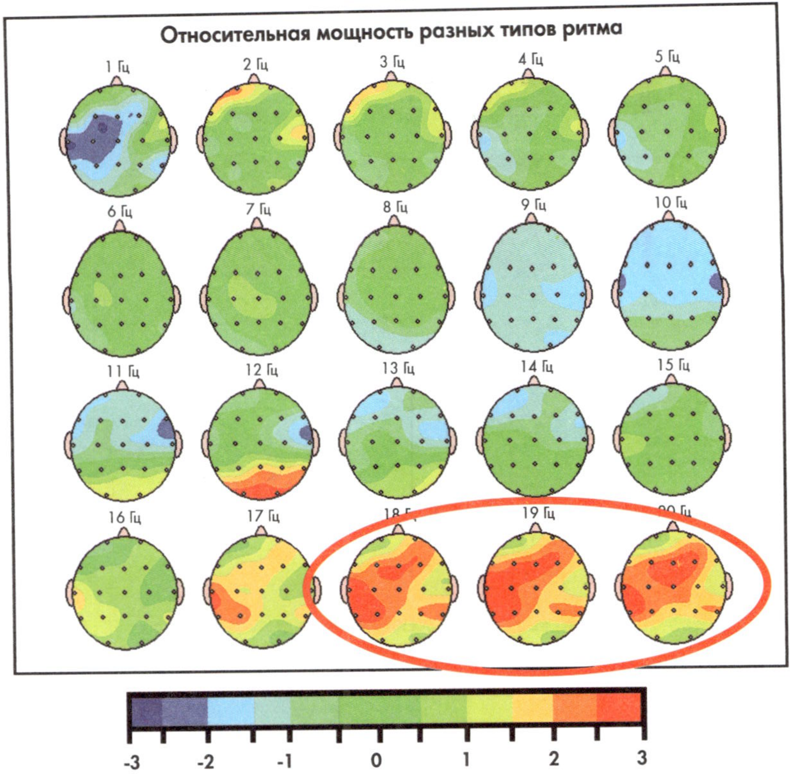

РИСУНОК 10-6А

9 мая 2013 года

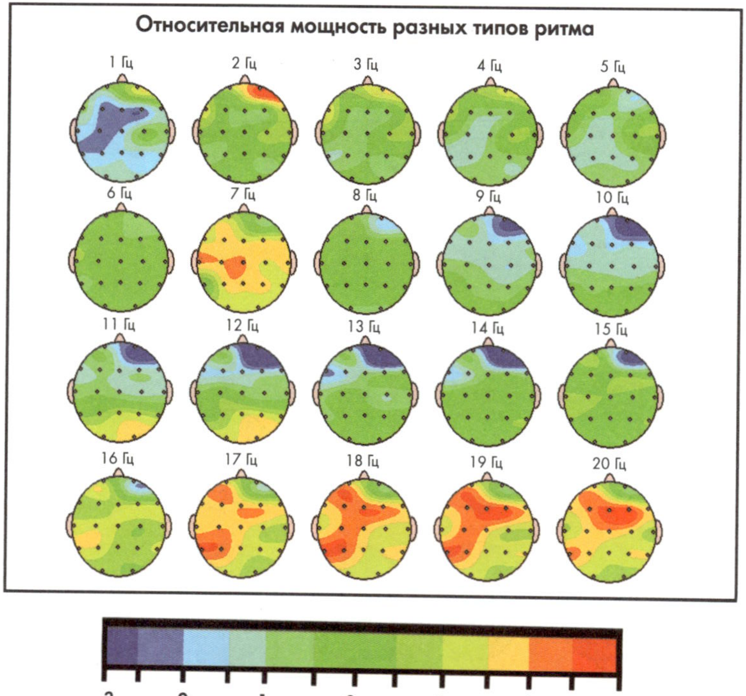

РИСУНОК 10-6В

3 июня 2013 года

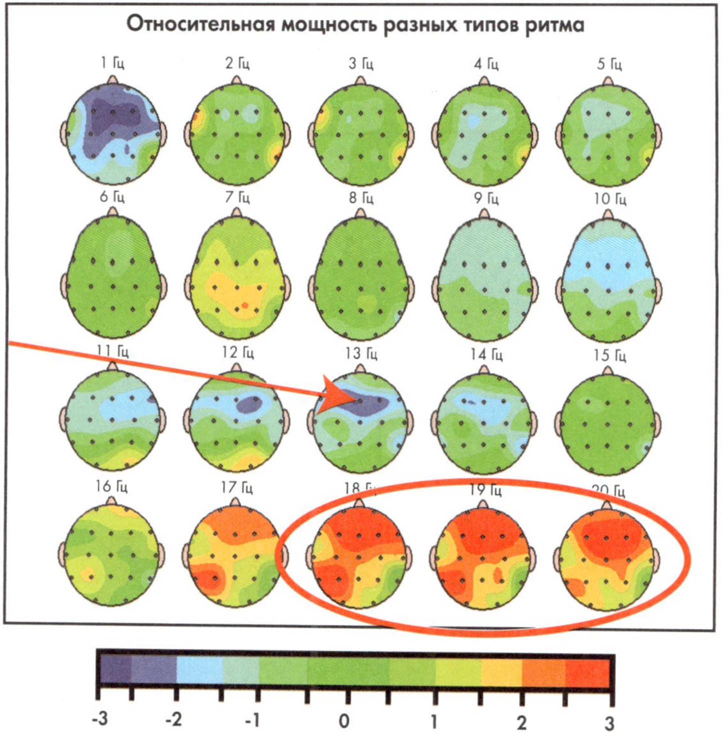

РИСУНОК 10-6С

27 июня 2013 года

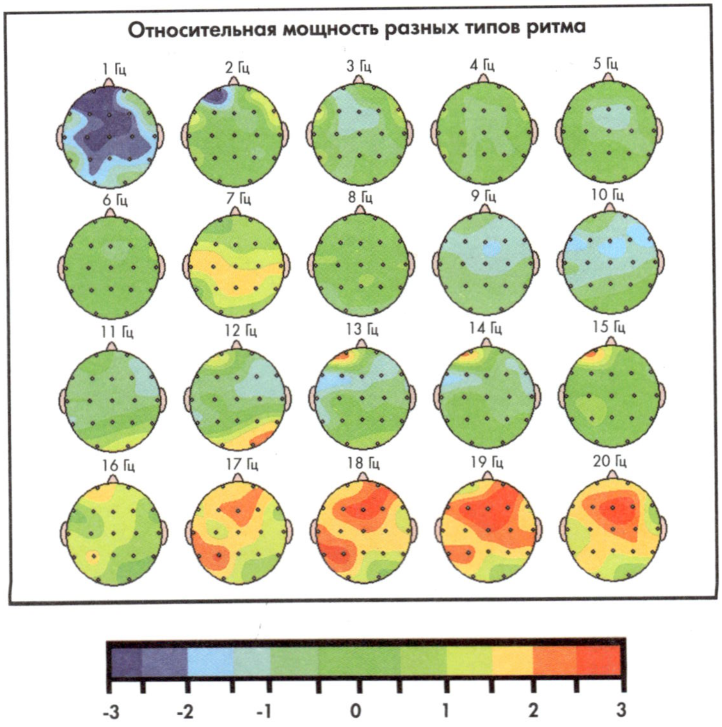

РИСУНОК 10-6D

13 июля 2013 года

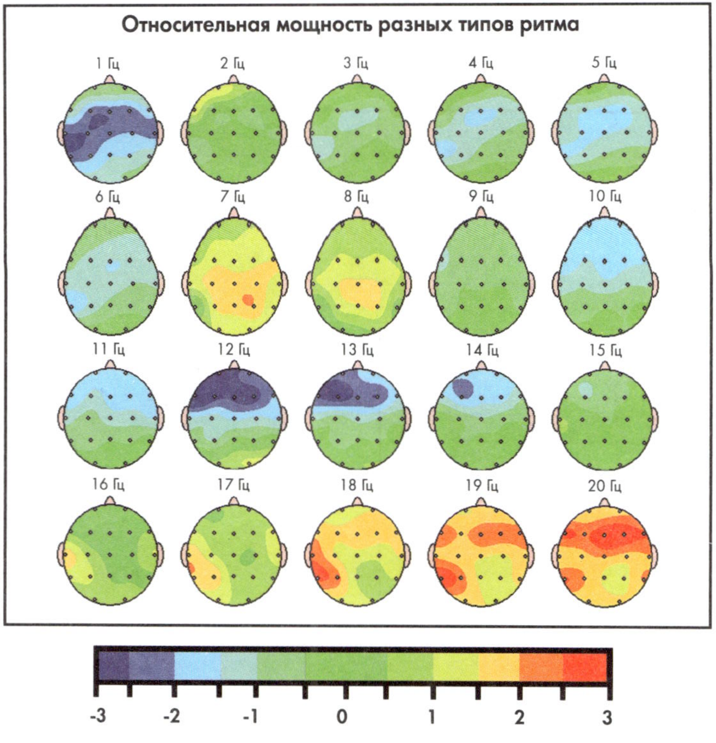

РИСУНОК 10-6Е

ИЗМЕНЕНИЕ ПОСЛЕ МЕДИТАЦИИ ПРИ МОЗГОВОЙ ТРАВМЕ

ДО МЕДИТАЦИИ

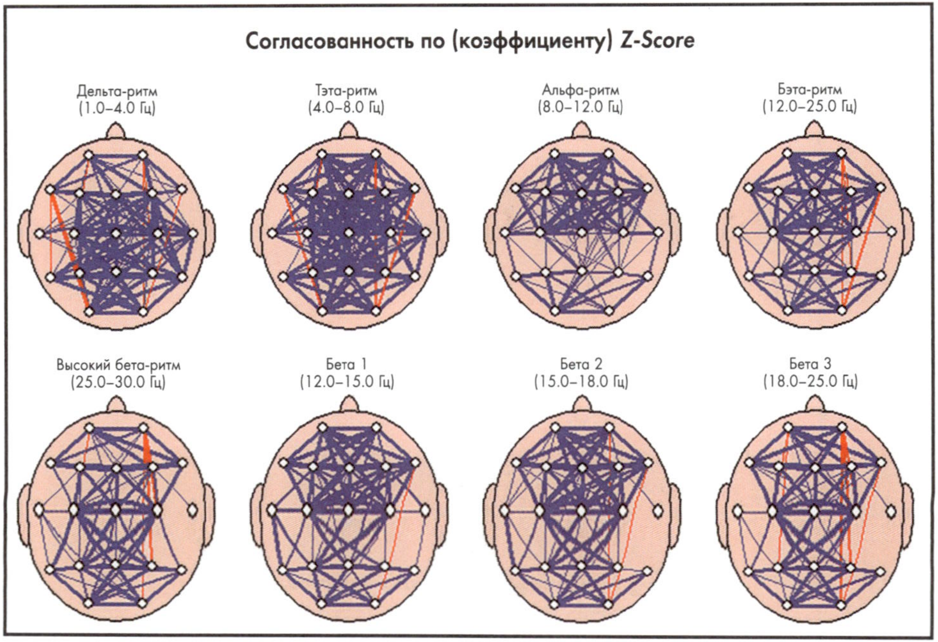

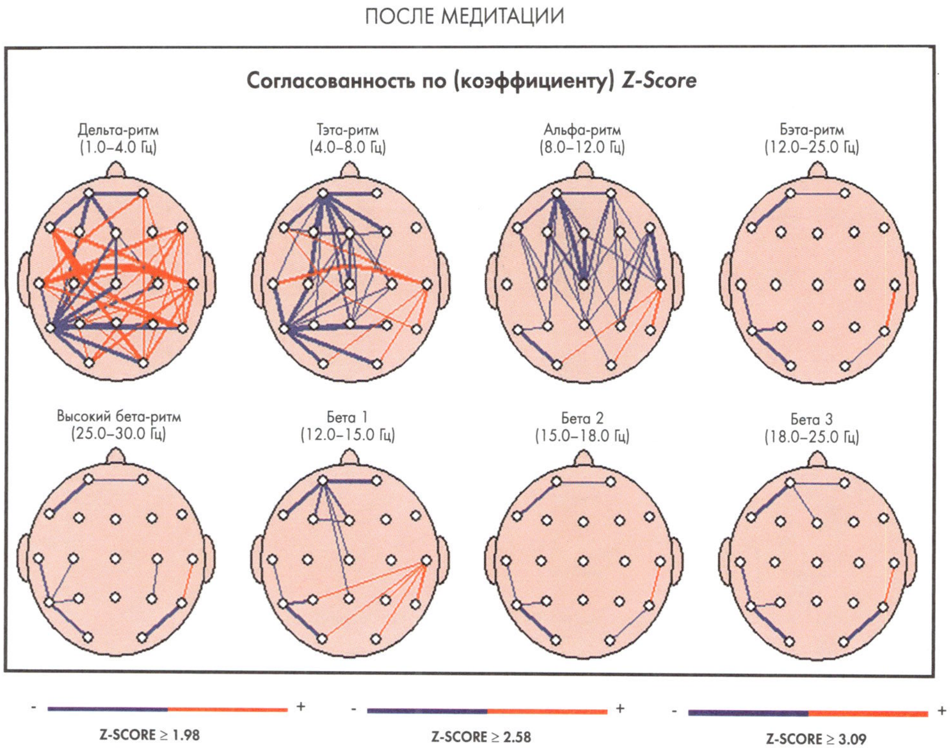
ПОСЛЕ МЕДИТАЦИИ
Согласованность по (коэффициенту) Z-Score
Дельта-ритм
(1.0–4.0 Гц)
Тэта-ритм
(4.0–8.0 Гц)
Альфа-ритм
(8.0–12.0 Гц)
Бэта-ритм
(12.0–25.0 Гц)
Высокий бета-ритм
(25.0–30.0 Гц)
Бета 1
(12.0–15.0 Гц)
Бета 2
(15.0–18.0 Гц)
Бета 3
(18.0–25.0 Гц)
-
+
Z-SCORE ≥ 1.98
-
+
Z-SCORE ≥ 2.58
-
+
Z-SCORE ≥ 3.09

РИСУНОК 10-7

ИЗМЕНЕНИЕ **ПОСЛЕ МЕДИТАЦИИ** ПРИ МОЗГОВОЙ ТРАВМЕ

ДО МЕДИТАЦИИ

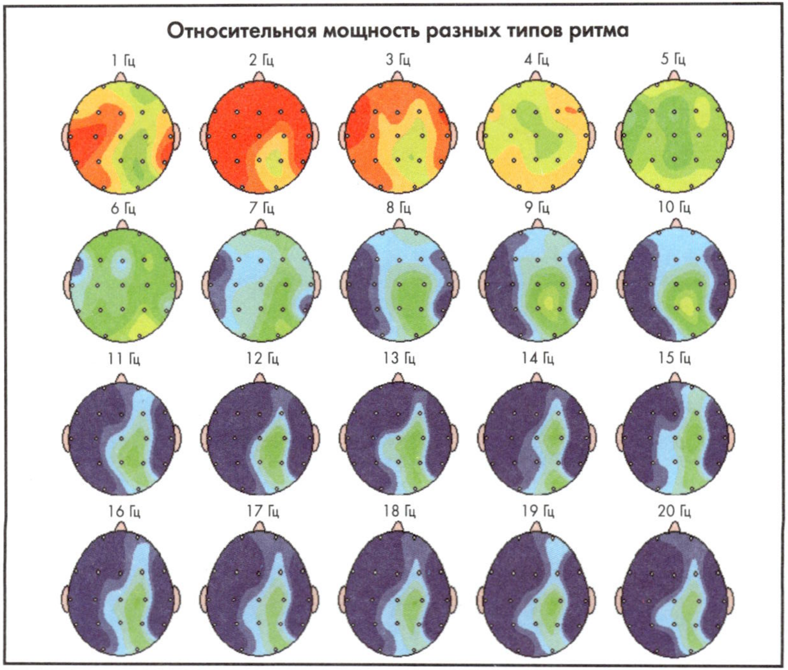

ПОСЛЕ МЕДИТАЦИИ

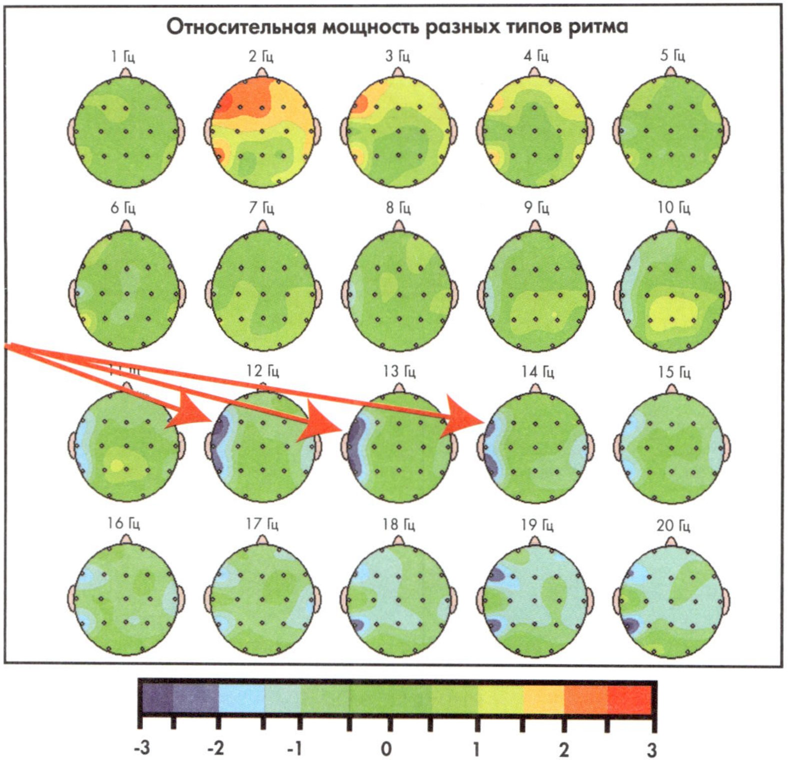

РИСУНОК 10-8

ИЗМЕНЕНИЕ СООТНОШЕНИЯ ДЕЛЬТА/ТЭТА В ПРОЦЕССЕ МЕДИТАЦИИ

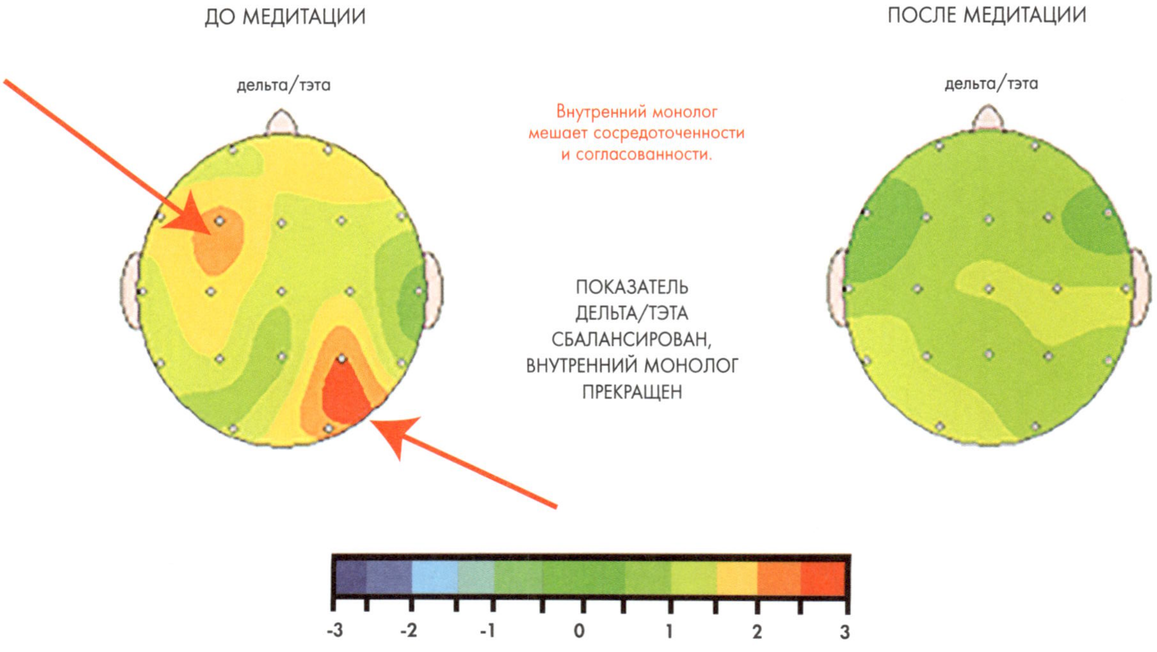

РИСУНОК 10-9

20 февраля 2013 года

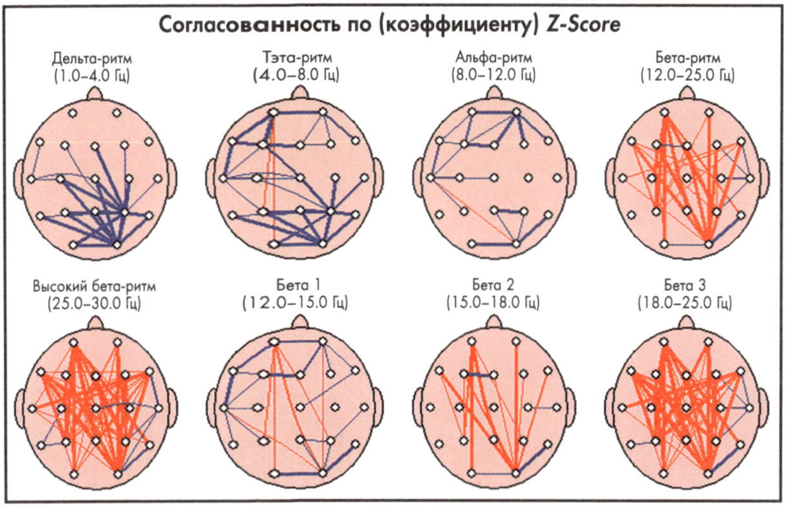

23 февраля 2013 года

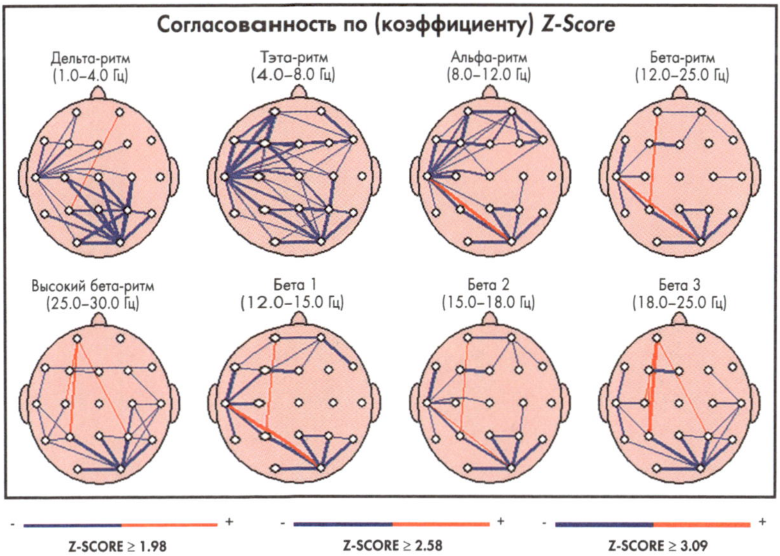

РИСУНОК 10-10

8 апреля 2013 года

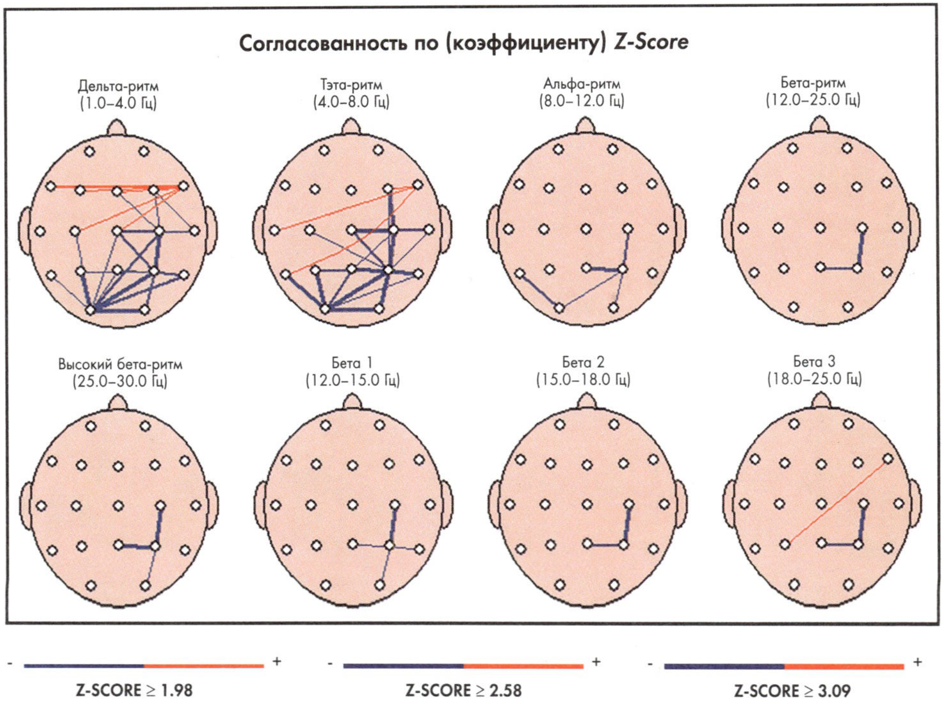

РИСУНОК 10-11

20 февраля 2013 года

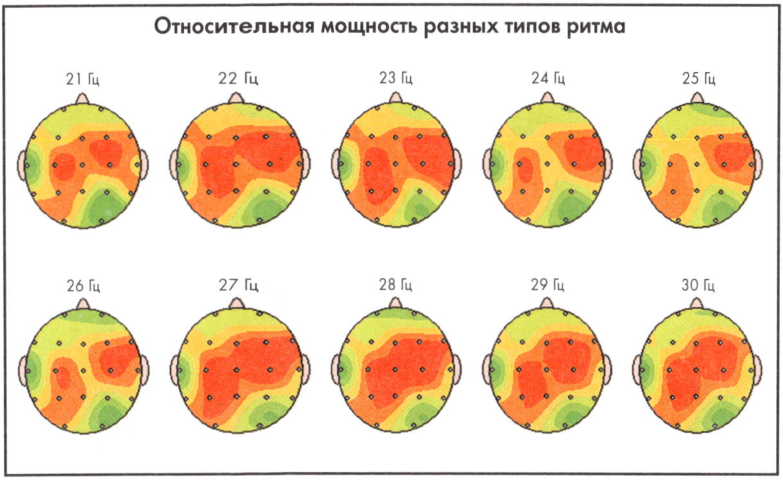

23 февраля 2013 года

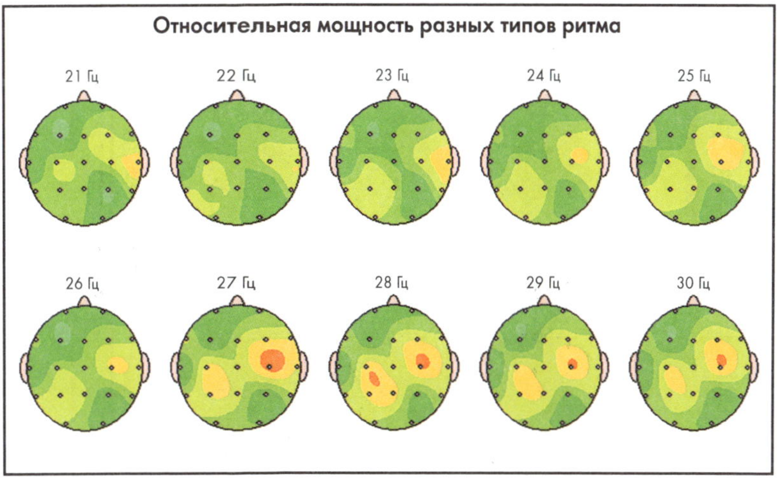

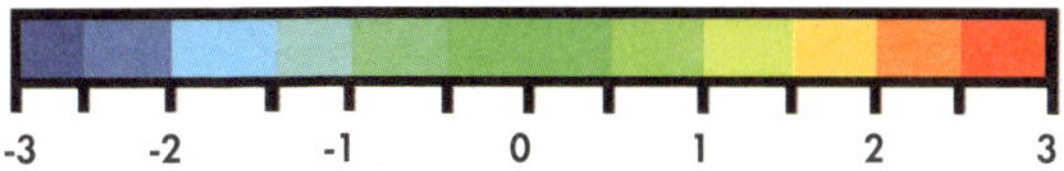

РИСУНОК 10-12

8 апреля 2013 года

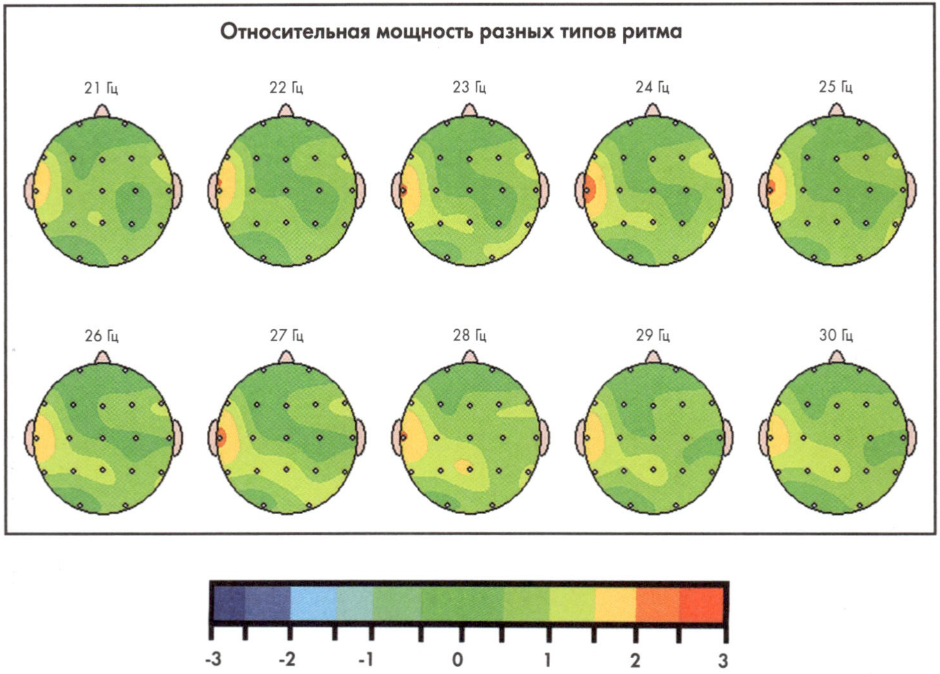

РИСУНОК 10-13

НОРМАЛЬНЫЕ КРИВЫЕ ЭЭГ-АКТИВНОСТИ

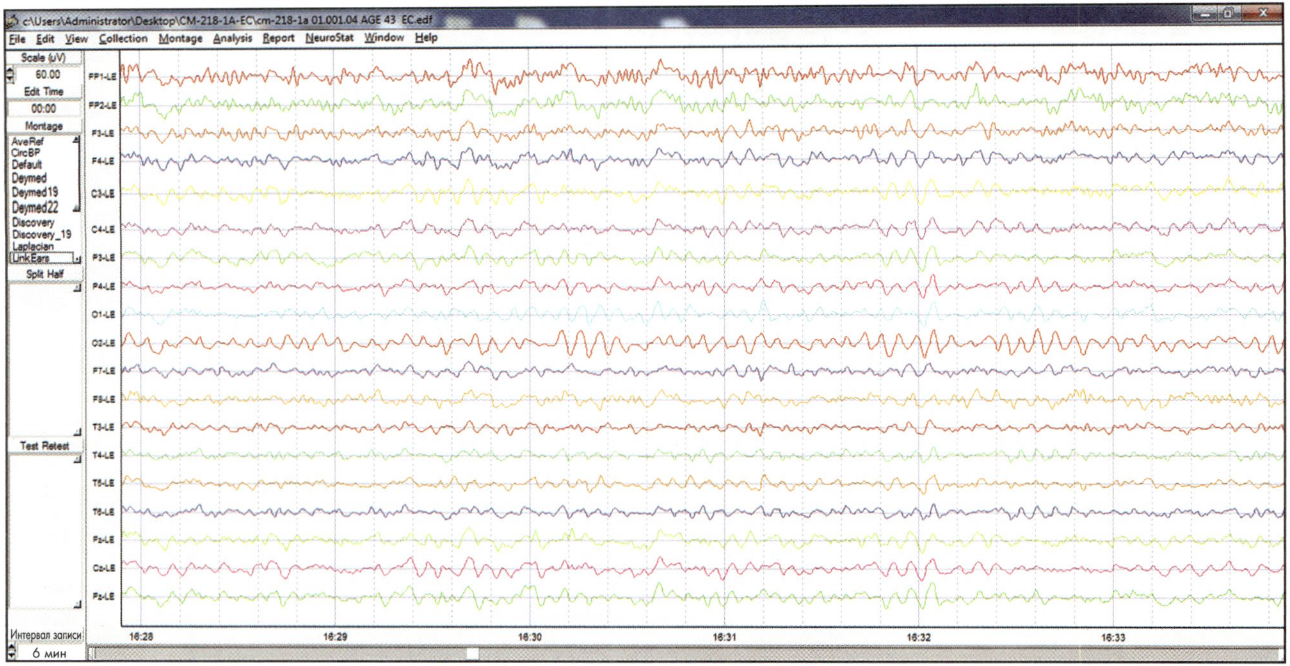

РИСУНОК 10-14

ПОВЫШЕННАЯ АКТИВНОСТЬ ЛОБНЫХ ДОЛЕЙ

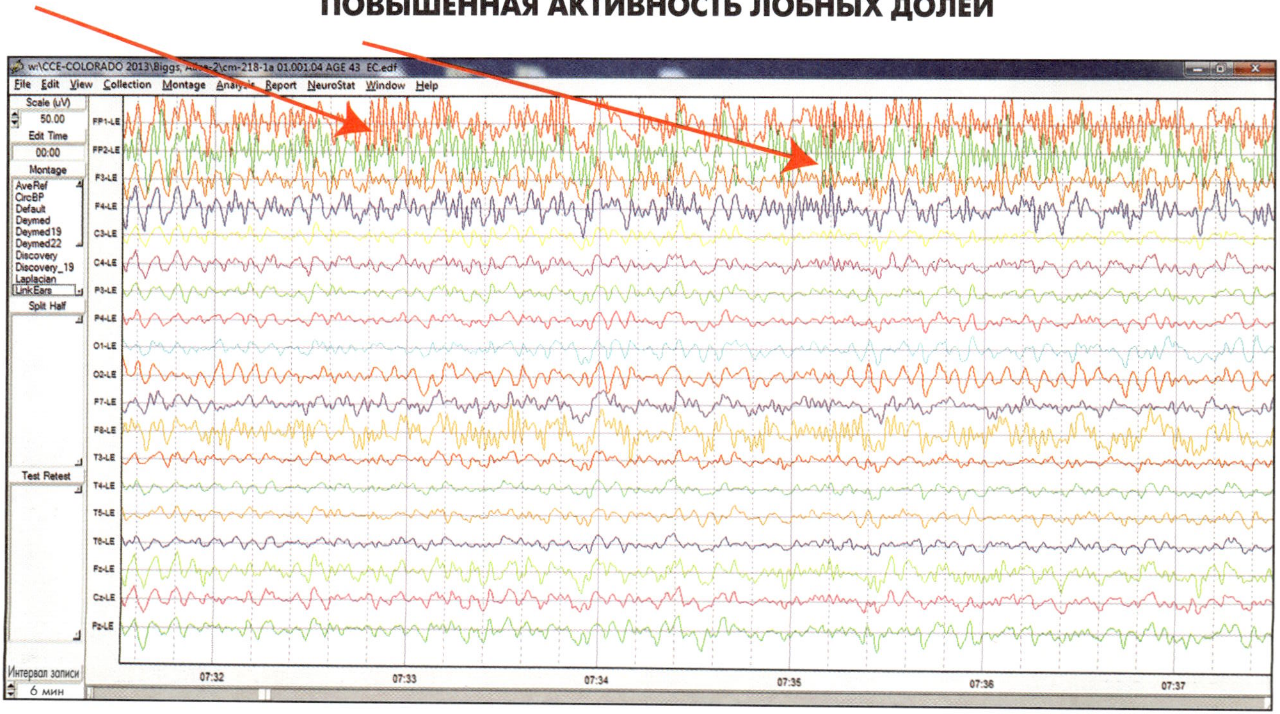

РИСУНОК 10-15А

ПОВЫШЕННАЯ АКТИВНОСТЬ ЛОБНЫХ ДОЛЕЙ

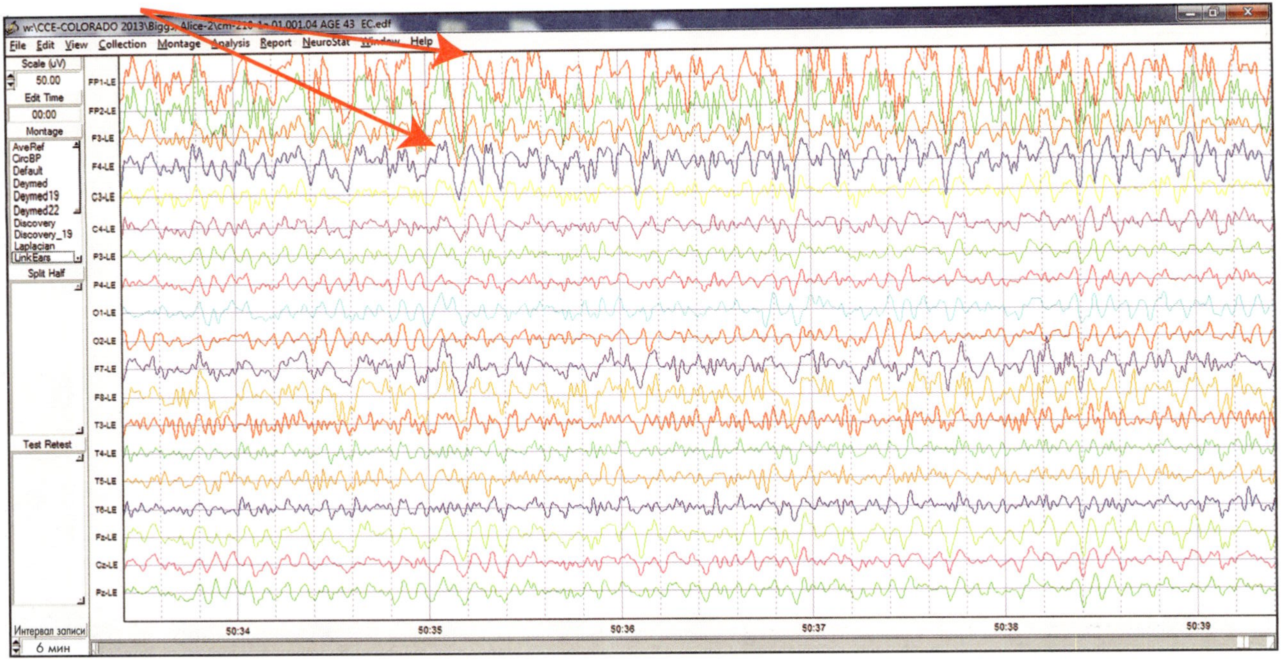

РИСУНОК 10-15B

ПОВЫШЕННАЯ АКТИВНОСТЬ ЛОБНЫХ ДОЛЕЙ

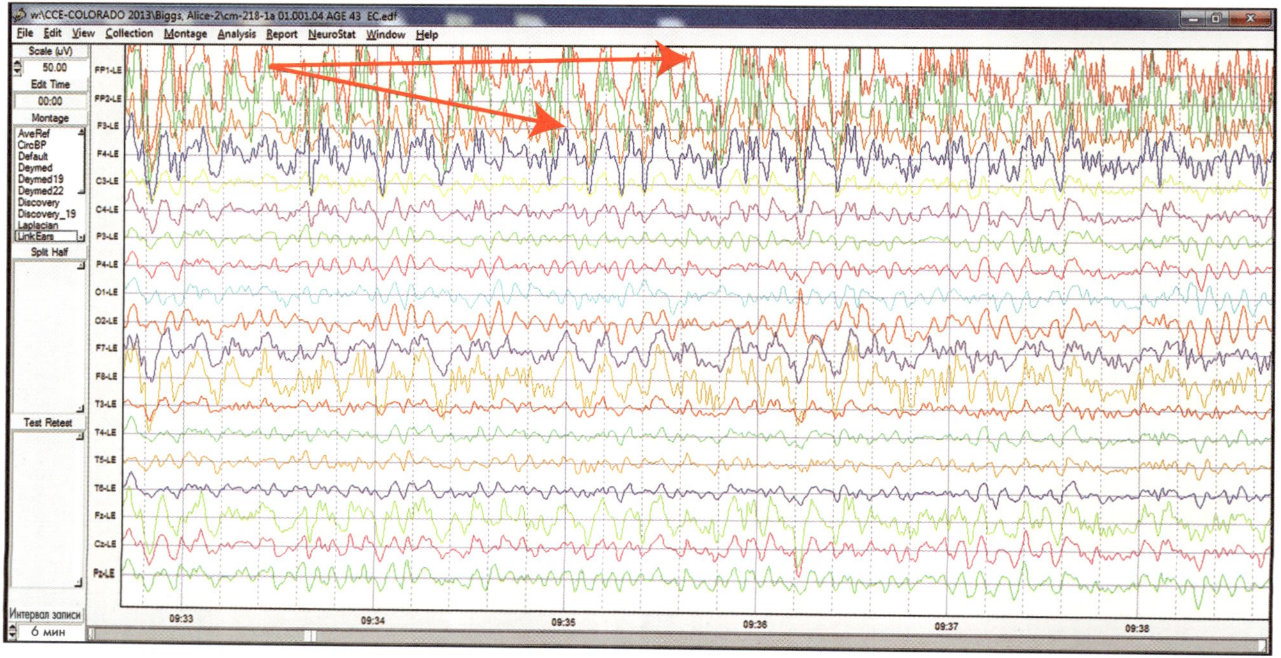

РИСУНОК 10-15C

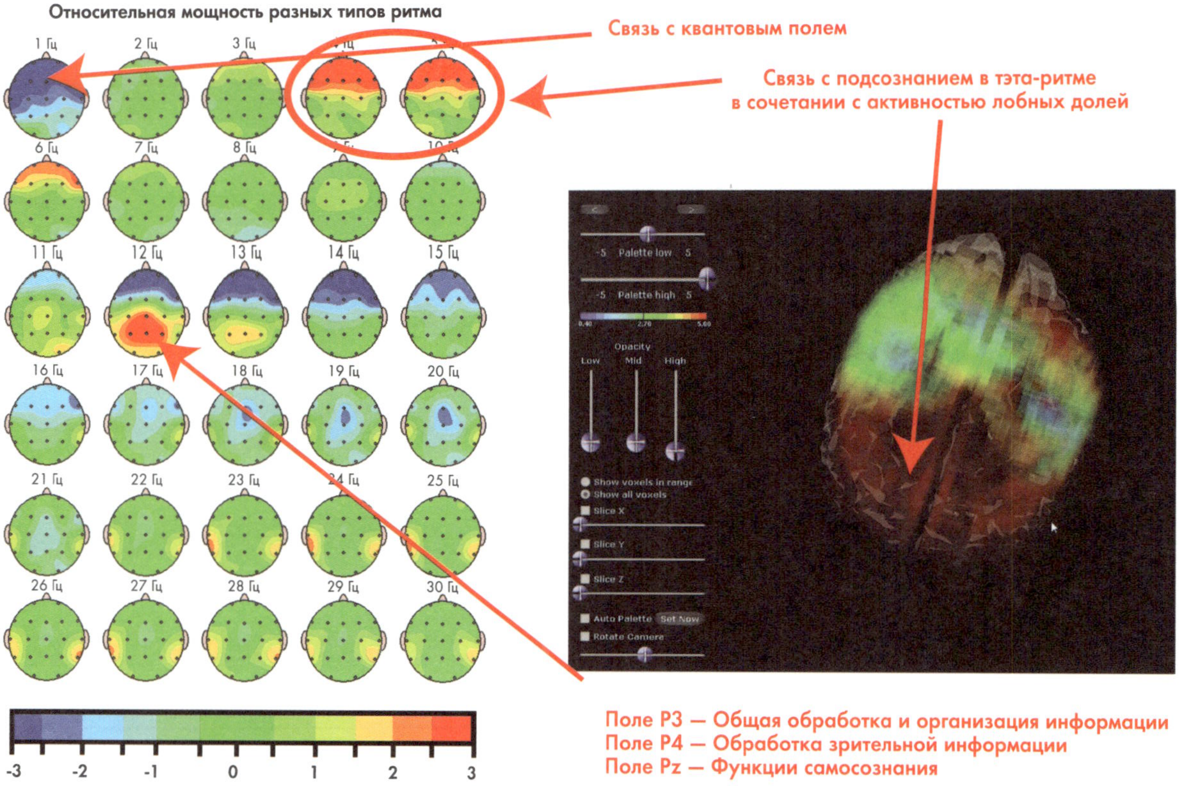

РИСУНОК 10-16

ЭКСТАТИЧЕСКОЕ ПЕРЕЖИВАНИЕ ВО ВРЕМЯ МЕДИТАЦИИ

ДО МЕДИТАЦИИ

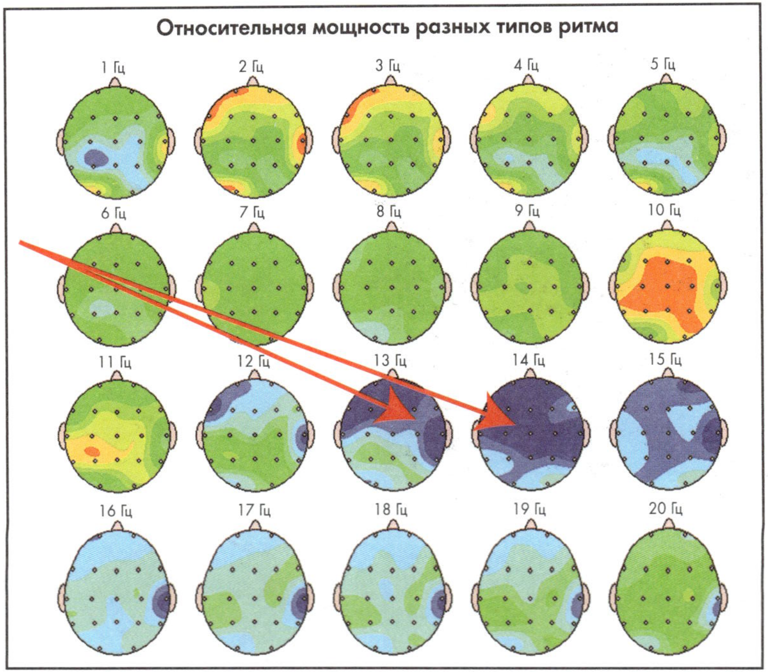

ПОСЛЕ МЕДИТАЦИИ

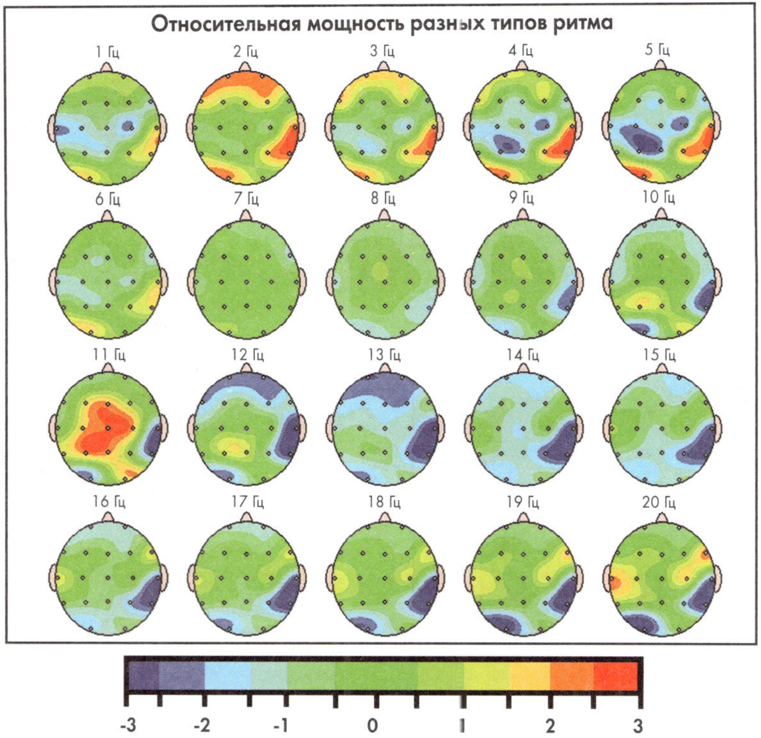

РИСУНОК 10-17

ПЕРЕЖИВАНИЕ ВСЕОБЪЕМЛЮЩЕГО ЭКСТАЗА ВО ВРЕМЯ МЕДИТАЦИИ

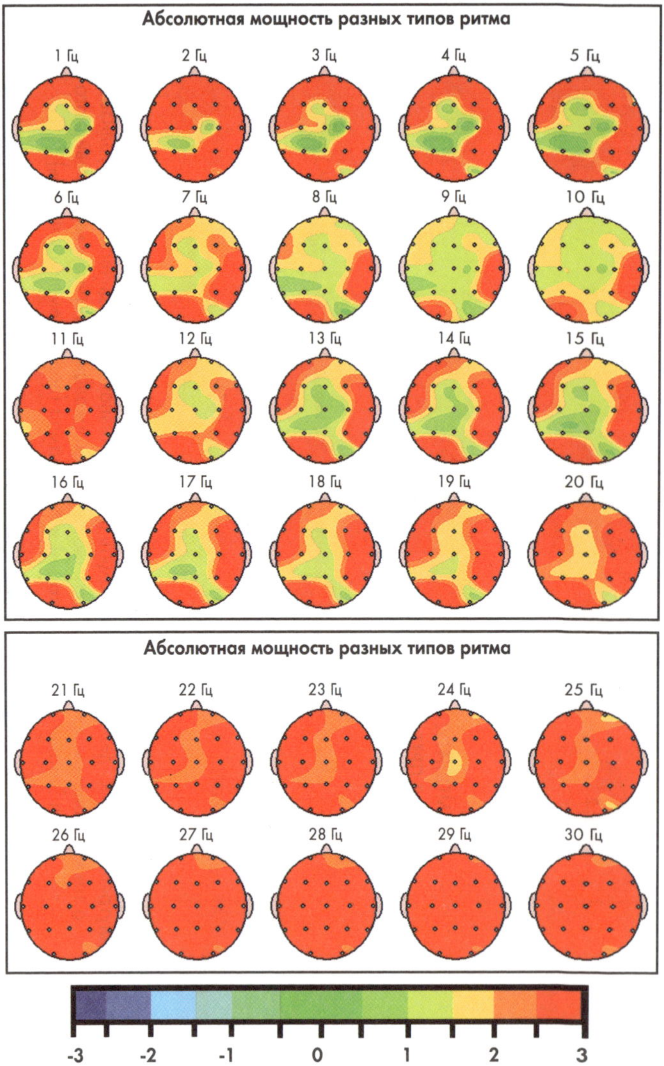

РИСУНОК 10-18

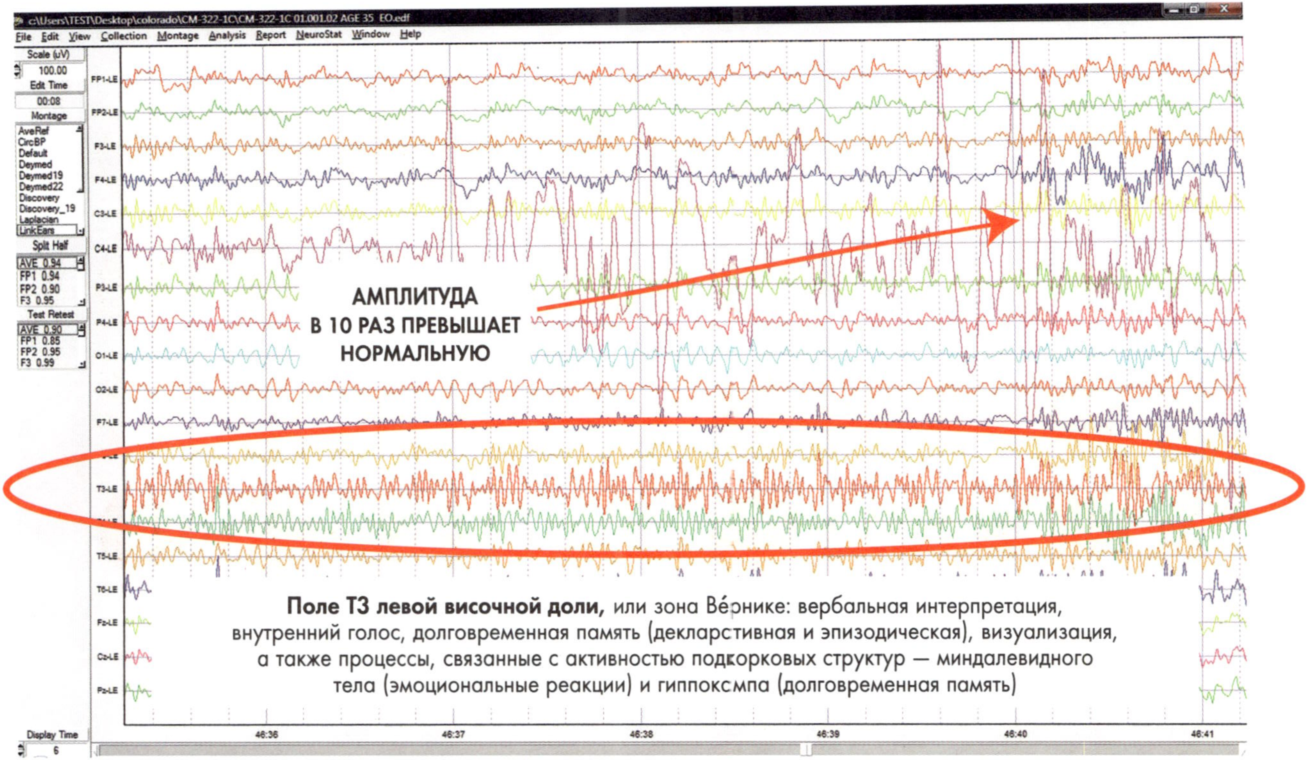

РИСУНОК 10-19

20 февраля 2013 года

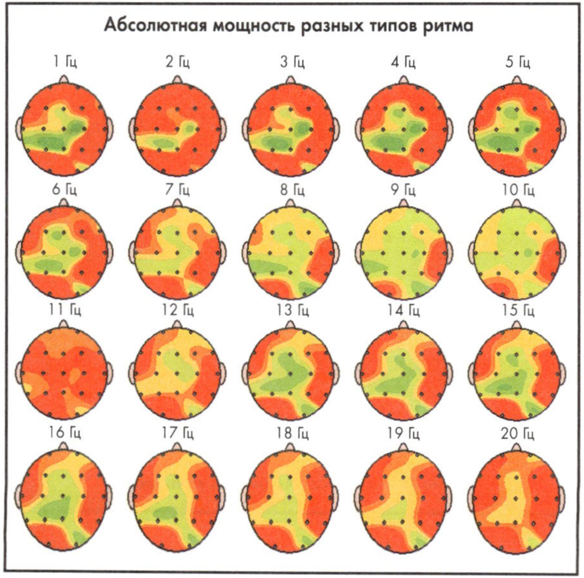

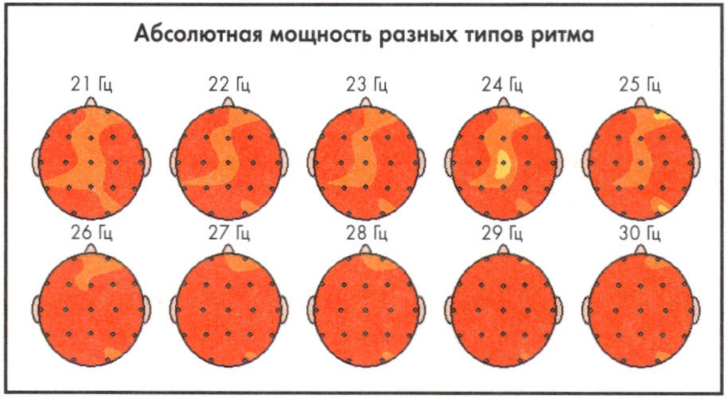

11 июля 2013 года

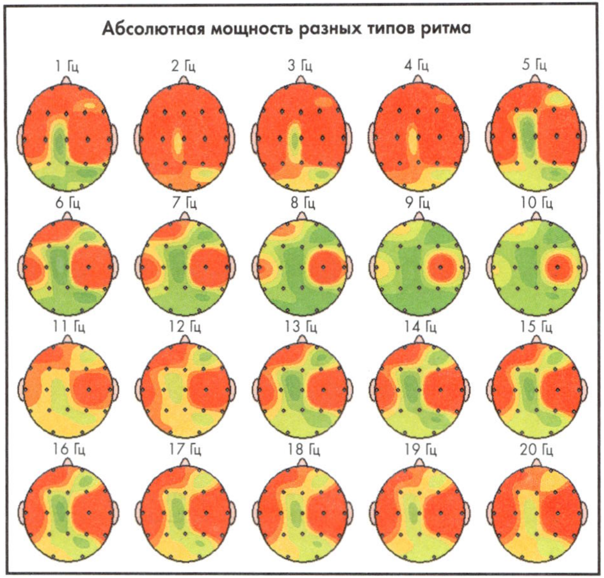

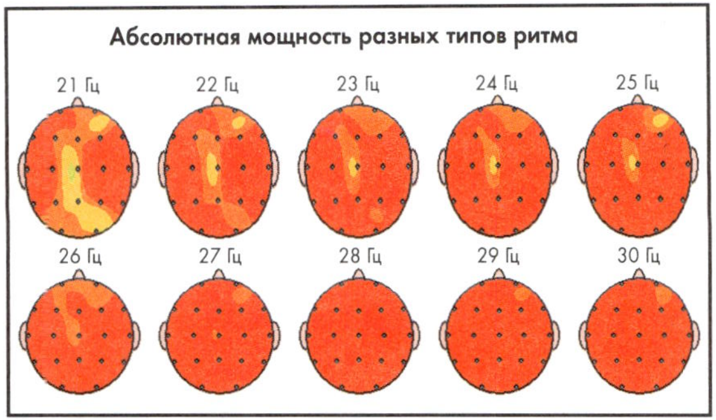

РИСУНОК 10-20

ОБЫЧНАЯ ЭЭГ-АКТИВНОСТЬ МОЗГА

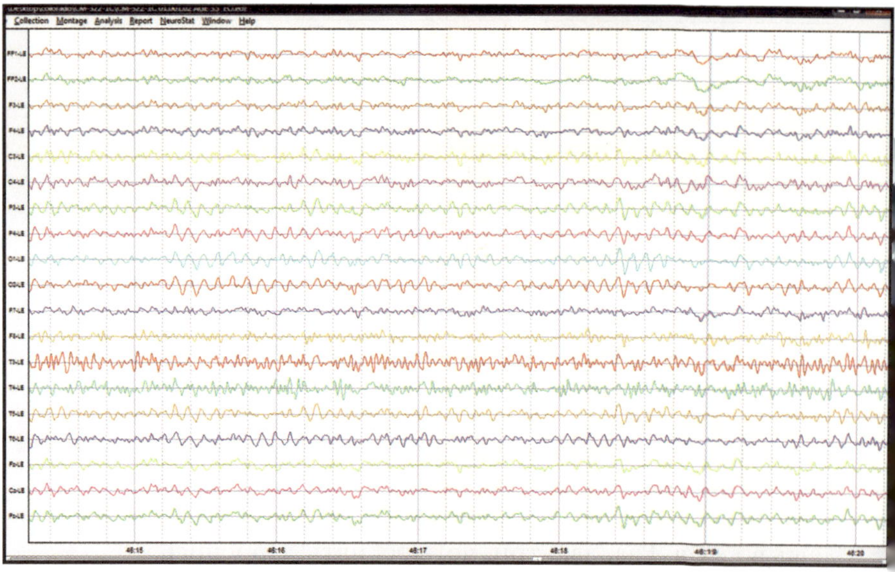

ЭКСТАТИЧЕСКОЕ ПЕРЕЖИВАНИЕ КУНДАЛИНИ

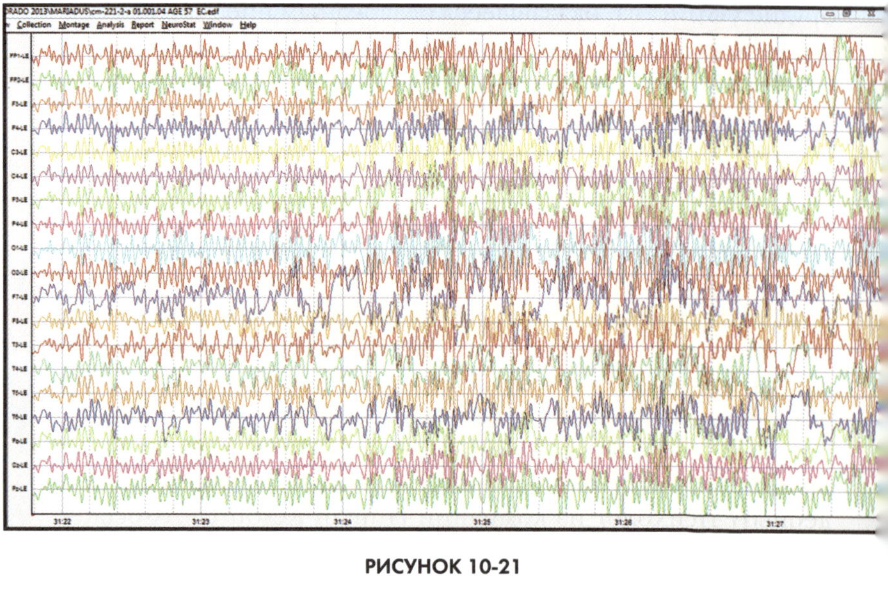

РИСУНОК 10-21

сановниках, ни тем более об убийстве. Но теперь он стоял, держа палец на спусковом крючке и сердито нахмурив брови, и считаные секунды отделяли его от того, чтобы стать убийцей. Двери отеля растворились, и наружу неторопливо вышла его будущая жертва в накрахмаленной белоснежной сорочке, спортивных очках и с кожаным портфелем в руке. Человек успел сделать всего два или три шага к ожидавшему его лимузину, когда Сантьяго выхватил свой пистолет из рюкзака и выстрелил три раза. Человек повалился на тротуар и замер, а его рубашка из белой стала красной.

Через несколько секунд из ниоткуда появился человек по имени Том Сильвер, спокойно положил одну ладонь на плечо Сантьяго, а другую ему на лоб и скомандовал: «На счет пять я скажу: «Проснись!» Ты откроешь глаза и придешь в себя. Раз, два, три, четыре, пять! Проснись!»

Ивану Сантьяго внушили, что он должен застрелить иностранца (на самом деле подсадного, конечно), используя орудие убийства, оказавшееся безвредным пневматическим пистолетом для страйкбола, в эксперименте, проводимом группой исследователей, которые намеревались проверить нечто невообразимое. А именно, можно ли, используя гипноз, запрограммировать законопослушного во всех отношениях добропорядочного гражданина, чтобы он превратился в хладнокровного киллера?

Из лимузина во все глаза за этой сценой наблюдали остальные исследователи, работавшие вместе с Сильвером: доктор философии Синтия Мейерсберг, впоследствии соискатель профессорского звания в Гарварде по специализации «экспериментальная психопатология»; доктор философии Марк Стоукс — нейробиолог из Оксфорда, который исследовал нейронные механизмы принятия решений; и доктор философии Джеффери Келишевски — судебный психолог из компании Human Resource Associates в городе Гранд-Рапидс, Мичиган, который работал в сверхсекретных тюрьмах и психиатрических учреждениях для осужденных.

За день до этого исследователи начали эксперимент с группой из 185 добровольцев. Сильвер (сертифицированный клинический гипнотерапевт и врач судебно-психиатрической экспертизы, который как-то помог Министерству обороны Тайваня вскрыть международный скандал, связанный с продажей оружия на 2,4 миллиарда долларов) лично осмотрел всех участников, чтобы определить, насколько они поддаются гипнотическому внушению.

Считается, что всего около 5–10% людей очень восприимчивы к гипнозу.

Шестнадцать человек из тестовой группы прошли отбор, затем по физиологическим параметрам отсеяли тех, которым эксперимент мог нанести долговременный физиологический вред. Одиннадцать испытуемых вышли на следующий тест, который определял, смогут ли они под гипнозом преступить глубоко укоренившиеся нормы социального поведения. Этот тест призван был выявить самых гипнабельных, или внушаемых.

Разбив испытуемых на группы поменьше, их пригласили в довольно оживленный ресторан на обед. Предварительно, в тайне от испытуемых, их подвергли внушению с постгипнотическим эффектом, что как только они усядутся, их стулья очень сильно нагреются, а им станет так жарко, что они разденутся до нижнего белья – прямо в зале ресторана. Все до одного выполнили внушенные инструкции в той или иной мере. Однако исследователи отсеяли еще семерых, которые, по их мнению, либо подыгрывали эксперименту, либо просто были недостаточно внушаемыми, чтобы в точности выполнить указание. Остальные разделись до нижнего белья в считаные секунды — они действительно *ощутили*, что их стулья горячие как печка.

Четверым вышедшим на следующий уровень было предложено пройти тест, где уже никто не смог бы притворяться. Испытуемым предстояло шагнуть в глубокую металлическую ванну с ледяной водой, температура которой была +3°. Одного за другим их подключали к приборам, которые фиксировали частоту сердечных сокращений, ритм дыхания и пульс, а специальная видеокамера с эффектом термовидения отслеживала температуру тела и температуру воды. С помощью гипноза Сильвер внушил участникам, что у них не будет никакого дискомфорта от холодной воды, что на самом деле они почувствуют, будто вступили в приятную теплую ванну. Врач-анестезиолог Сехар Упадхьяюла руководил тестом, а рядом стояли технические специалисты скорой медицинской помощи.

Это был рискованный эксперимент, который мог поставить под удар успех всего исследования. Обычно в такой холодной воде срабатывает непроизвольный удушающий рефлекс, как только вода доходит до уровня сосков. Частота сердечных сокращений и ритм дыхания подскакивают, а человек начинает дрожать так, что у него стучат зубы. Вегетативная нервная система предпринимает судорожные попытки сохранить внутреннее равновесие, совершая действия, неподвластные сознательному контролю. Даже если человек находится в состоянии глубокого гипноза, поток сигналов, получаемых мозгом под воздействием таких чрезвычайных обстоятельств, будет слишком экстремален, чтобы можно было поддерживать гипнотическое состояние. Те, кто сможет пройти этот тест, бесспорно, внушаемы в высочайшей степени.

Трое из испытуемых находились в состоянии действительно глубокого гипноза, но все же он был недостаточно глубоким, чтобы выдерживать эту пытку холодом без потери телом гомеостаза. Самый терпеливый из них смог продержаться в ледяной ванне 18 секунд. А вот четвертый испытуемый, Сантьяго, оставался там больше двух минут, прежде чем доктор Упадхьяюла досрочно прервал эксперимент.

Хотя частота сердечных сокращений Сантьяго *перед* экспериментом была повышенной, стоило ему ступить в воду, она тут же пришла в норму. Не было отмечено особых нарушений ни в его ЭКГ, ни в ритме дыхания. Сантьяго сидел среди ледяных кубиков, словно принимал теплую ванну, – да он и действительно был убежден, что принимает теплую ванну. Он не дрожал, не впадал в состояние гипотермии, и исследователи поняли, что они нашли именно того, кого искали.

Сантьяго был настолько гипнабельным, что его тело так долго могло выдерживать столь экстремальные условия, а его разум мог управлять его вегетативными функциями. Такой человек как нельзя лучше подходил для заключительного испытания.

Изучив характеристики Сантьяго, исследователи отметили, что он был отличным парнем – отличным работником, преданным сыном и любящим дядей для своих племянников. Он явно не относился к тому типу людей, которые могут согласиться совершить хладнокровное убийство. Сможет ли Сильвер превратить такого во всех отношениях положительного себя в заказного убийцу?

Дабы следующий этап эксперимента был чистым, Сантьяго не должен был догадываться о том, что затевалось. Он не должен был уловить связь между предыдущими экспериментами, в которых он принимал участие, и той сценой перед отелем, где разыгрывали заключительную часть исследования. В рамках этого плана телевизионные продюсеры, ответственные за видеосъемку экспериментов, сообщили Ивану, что он не прошел отбор для дальнейшего участия в программе, но пригласили приехать для короткого прощального интервью. Перед тем, как Сантьяго ушел, ему сказали, что больше гипноза не будет.

Сантьяго приехал на следующий день. Пока он беседовал с продюсером, команда снаружи занималась постановкой сцены. Каскадеру пристегнули под рубашку пакеты с «кровью», а пневматический пистолет для страйкбола (грохот и отдача у которого совсем как настоящие) сунули в красный рюкзак, который положили на сиденье мотоцикла, припаркованного рядом со входом в гостиницу. Бархатный канат был протянут в двух шагах от служебного входа отеля, за ним толпились папарацци со своими фотоаппаратами и видеокамерами. Два лимузина стояли на мостовой в полной готовности отвезти «высокого иностранного гостя» и сопровождающих его лиц, куда им будет угодно.

Между тем Сантьяго охотно отвечал на вопросы своего «прощального интервью», когда продюсер, извинившись, ненадолго вышла, обещая вернуться. В комнату тут же вошел Сильвер со словами, что хочет попрощаться с Иваном. Пожимая руку Сантьяго, доктор слегка потянул его на себя, и Сантьяго, у которого к этому моменту выработался устойчивый рефлекс на этот жест, немедленно впал в гипнотический транс. Прихрамывая, он направился к дивану.

Сильвер сообщил ему, что внизу есть один «негодяй», добавив: «С ним пора покончить. Нам нужно от него избавиться, и сделаешь это именно ты». Он рассказал Ивану, что по выходе из здания он увидит на мотоцикле красный рюкзак, внутри которого найдет пистолет. Он приказал Сантьяго взять красный рюкзак, подойти к коридору из бархатных канатов и ждать возле него, пока высокий зарубежный гость в белой сорочке с портфелем в руке не выйдет из отеля. Сильвер продолжал: «Когда он выйдет из дверей, направь ствол ему прямо в грудь и пали: Бдыщ! Бдыщ! Бдыщ! Бдыщ! Бдыщ! Но как только отстреляешься, ты тут же полностью, начисто, навсегда забудешь, что произошло».

Под конец Сильвер ввел в сознание Ивана условный триггер, который должен будет ввести Сантьяго в гипнотическое состояние, находясь в котором тот исполнит все внушенные ему действия. Доктор Сильвер сказал Ивану, что на улице он узнает помощника продюсера, который пожмет ему руку и скажет: «Иван, ты проделал отличную работу!»

Доктор попросил Сантьяго кивнуть в знак согласия, что он выполнит все сказанное, и тот кивнул. Затем Сильвер вывел Ивана из транса и сделал вид, будто они только попрощались и все.

Когда доктор вышел, в комнату вернулся продюсер и, поблагодарив Ивана, сказал, что его прощальное интервью окончено и он совершенно свободен. Вскоре после этого Сантьяго покинул здание в полной уверенности, что направляется домой.

На улице к нему подошел помощник продюсера, пожал ему руку и сказал: «Иван, ты проделал отличную работу!» Это был тот самый триггер к выполнению внушенных инструкций. Сантьяго тут же огляделся, увидел мотоцикл, подошел к нему и преспокойно взял красный рюкзак с его сиденья. Найдя глазами коридор из бархатных канатов и стайку папарацци, он подошел к ним и медленно расстегнул молнию на рюкзаке.

Вскоре человек с портфелем уверенной походкой вышел из дверей. Сантьяго без колебаний вытащил пистолет из рюкзака и несколько раз выстрелил в грудь «высокопоставленного негодяя». Пакеты с кровью взорвались под рубашкой каскадера, и тот как подкошенный рухнул на землю.

На месте преступления почти тут же возник доктор Сильвер и заставил Ивана закрыть глаза. Убитый стремительно ретировался, пока Сильвер выводил Сантьяго из гипнотического транса. Подошел психолог Джеффери Келишевски и предложил Сантьяго вместе со всеми проследовать за ним внутрь помещения для разбора полетов. Когда исследователи рассказали изумленному Ивану, что произошло, и поинтересовались, помнит ли он хоть что-нибудь из того, что натворил на улице. Сантьяго не помнил ровным счетом ничего – пока Сильвер не разрешил ему вспомнить.

ПРОГРАММИРОВАНИЕ ПОДСОЗНАТЕЛЬНОГО

В первых главах мы говорили о самых разных людях, которые принимали возможный воображаемый сценарий, и, словно бы по волшебству, их тело реагировало на эту ментальную картину. Инвалиды, годами терзаемые непроизвольным тремором болезни Паркинсона, велением мысли повышали уровень дофамина, и их спастический паралич таинственным образом исчезал. Женщина, изнуренная хронической депрессией, изменила свой мозг и обрела радость и здоровье. И, конечно же, отставники с острой болью в колене и ограниченной подвижностью сустава, которые чудесным образом выздоровели после фальшивой хирургической операции на колене и затем годами сохраняли здоровье.

Можно сказать, что во всех этих и других случаях каждый пациент сначала принял *внушение* представления о здоровье и поверил в него, а потом без дальнейших раздумий подчинился результату. Когда эти люди поверили в выздоровление, они соединились с возможной будущей реальностью — и этим изменили свое сознание и мозг.

Приняв новый сценарий будущего, они больше не размышляли, что и как должно произойти, или когда это, наконец, проявится. Они просто верили в лучшее состояние бытия и поддерживали это новое состояние разума и тела в течение продолжительного времени. Именно это устойчивое состояние бытия включило нужные гены и запрограммировало их оставаться включенными.

И не важно, принимали ли эти люди ежедневные сахарные пилюли в течение недель, или получали однократную инъекцию физиологического раствора, или же соглашались на фальшхирургию — на протяжении всего исследования, в котором они участвовали, они вновь и вновь подтверждали, что принимают, верят и полагаются на него. Если они ежедневно глотали пилюлю, чтобы унять боль или депрессию, то эта пилюля была для них постоянным *напоминанием* о необходимости надеяться и придавать смысл преднамеренной деятельности. Если это был еженедельный визит в больницу к врачу для оценки динамики их выздоровления, то возможность оказаться в соответствующей обстановке — среди врачей и медсестер в белых халатах, медицинского оборудования, приемных и смотровых кабинетов — запускала массу сенсорных реакций, в то время как их ассоциативная память напоминала им о возможном новом будущем. Они предвкушали свои будущие изменения и, следовательно, выработали намерение и придавали значение всему процессу выздоровления. А поскольку во всем этом присутствовал смысл, он нацеливал их на желаемый результат. Сила разума так повлияла на физиологию их тела, что они выздоровели.

Однако можно с уверенностью сказать, что истинная трансформация происходит не на уровне сознания. Наш сознательный разум может разве что *задать* направление действия, но настоящая работа протекает подсознательно.

Это в полной мере относится и к Ивану Сантьяго. Сила его разума под гипнозом так повлияла на его физиологию, что, даже сидя в ванне с ледяной водой, он не дрожал от холода. Именно его подсознание, усвоившее простое внушение, несет ответственность за этот подвиг. Не поддайся оно внушению, результат мог бы оказаться совсем другим. Вдобавок Сантьяго залез в ванну без размышлений о том, как ему это удалось, – ведь на самом деле в своем представлении он находился не в ледяной ванне, а сидел в совершенно комфортной теплой воде.

Таким образом, как и при гипнозе, эффект плацебо создается человеческим сознанием, которое так или иначе взаимодействует с вегетативной нервной системой. При этом сознание переходит в подсознание. Когда человек *осознанно* принимает некоторое представление и вырабатывает твердое намерение, каскад физиологических реакций автоматически осуществляет полное биологическое изменение уже *без участия его сознания.* Это подобно посеву семени в плодородную почву. Дальше все происходит как бы само – теперь организм берет ответственность на себя, задействуя свои природные механизмы.

Ни один человек не способен *сознательно* взвинтить уровень дофамина на 200%, или контролировать тремор волевым решением, или выработать новые нейротрансмиттеры, чтобы бороться с депрессией, или сигнализировать стволовым клеткам, чтобы они превратились в белые кровяные тельца для усиления иммунной реакции... Чтобы добиться успеха, нам нужно активировать наш *подсознательный разум* – вегетативную нервную систему.

ПРИНЯТЬ, ПОВЕРИТЬ И ПОЛОЖИТЬСЯ

На всем протяжении этой книги я упоминаю слово *внушаемость*, как будто стать внушаемым можно запросто, добровольно или по команде. Если вспомнить историю, рассказанную в начале этой главы, то выходит так, что это не очень-то и просто. Посмотрим правде в глаза. Некоторые из нас – вроде Ивана Сантьяго – более внушаемы, чем другие. Но даже высокогипнабельные пациенты по-разному реагируют на разные внушения – на одни лучше, на другие хуже.

Например, в упомянутом эксперименте некоторые из испытуемых под действием внушения легко разделись до нижнего белья на публике, но не смогли подсознательно принять идею, что ванна с ледяной водой на самом деле теплая.

Подобно гипнозу, эффект плацебо тоже срабатывает не у всех. Те пациенты группы плацебо, у которых возникли положительные перемены, длящиеся годами (например, прошедшие коленную фальшхирургию отставные военные, о которых ты читал выше), реагировали, скорее, как пациенты гипнотерапии, получившие постгипнотическое внушение. И применительно к одним такие внушения прекрасно работают, с другими же ничего подобного не происходит.

Например, многие люди, когда хандрят или страдают от серьезной болезни, не желают принять идею, что даже лекарство, процедура и проверенное лечение смогут им помочь, – не говоря уже о каком-то там плацебо. Почему так? Потому что для этого мысли человека должны преодолеть его нынешнее состояние – воспарить над эмоциями, оказавшись выше его плохого самочувствия и настроения. Тогда, в свою очередь, эти новые мысли вдохновят иные, новые чувства, которые затем подкрепят образ желаемого будущего, – и так до тех пор, пока это не станет новым состоянием бытия. Но если привычные чувства стали средством привычного образа мыслей и человек не желает преодолеть это привыкание, то он застревает в одном состоянии ума и тела, и все остается по-прежнему.

Если человек, не желающий допустить, что лекарство или процедура способны его вылечить, сумеет выйти на новый уровень принятия и веры, а затем отдастся на волю этого процесса, без постоянных волнений, беспокойства и раздумий, то этот процесс сможет исцелить его. Вот в чем состоит внушаемость: мы превращаем мысль в фактический опыт переживаемого, и тогда наше тело реагирует по-новому.

Внушаемость сочетает три элемента: *принять*, *поверить* и *положиться*.

Чем больше мы принимаем, крепче верим и полней полагаемся на то, что мы делаем для изменения нашего внутреннего состояния, тем лучшего результата можем добиться.

Аналогично, когда Сантьяго был под гипнозом и всем заправлял его подсознательный разум, он смог полностью принять то, что Сильвер говорил ему о мнимом «негодяе», которого нужно убрать. Сантьяго поверил Сильверу без всякого анализа или размышлений. Иван не выкручивал доктору руки, не хватал за грудки, требуя доказательств, не переспрашивал и не передумывал. Он просто взял и сделал.

ЭМОЦИОНАЛЬНАЯ СОСТАВЛЯЮЩАЯ

Итак, когда нам явлена идея оздоровления и нам удается связать эту надежду или мысль с эмоциональным предвкушением, то в нашем подсознании отпечатывается (внушается) конечный результат. И ключевым здесь является эмоциональный компонент. Ведь внушаемость – это вовсе не интеллектуальный процесс. Многие люди горазды логично рассуждать на тему, как стать лучше, но, не сумев *эмоционально* принять намерение и результат, они не смогут повлиять на вегетативную нервную систему, что совершенно необходимо, ибо это и есть вместилище подсознательного программирования. На самом деле психологам давно известно, что человек, способный переживать глубокие эмоции, обычно более восприимчив к идеям и, следовательно, более внушаем.

Вегетативная нервная система находится под управлением *лимбического мозга*, который еще называют эмоциональным мозгом. Лимбическая система, изображенная на рисунке 6-1, отвечает за подсознательные функции, в том числе за гомеостаз – поддержание естественного физиологического равновесия в организме. Это наш эмоциональный центр. Всякий раз, когда мы испытываем различные эмоции, активируется лимбическая система мозга, вырабатывая химические молекулы, соответствующие данной эмоции. И в тот момент, когда мы охвачены эмоциями, приходят в действие механизмы вегетативной нервной системы.

Таким образом, эффект плацебо требует, чтобы человек вдохновился эмоционально, поскольку эмоции напрямую связаны с подсознанием. Именно они позволяют внести изменение в операционную систему и программу, повелевая вегетативной нервной системе начать выработку соответствующей биохимии.

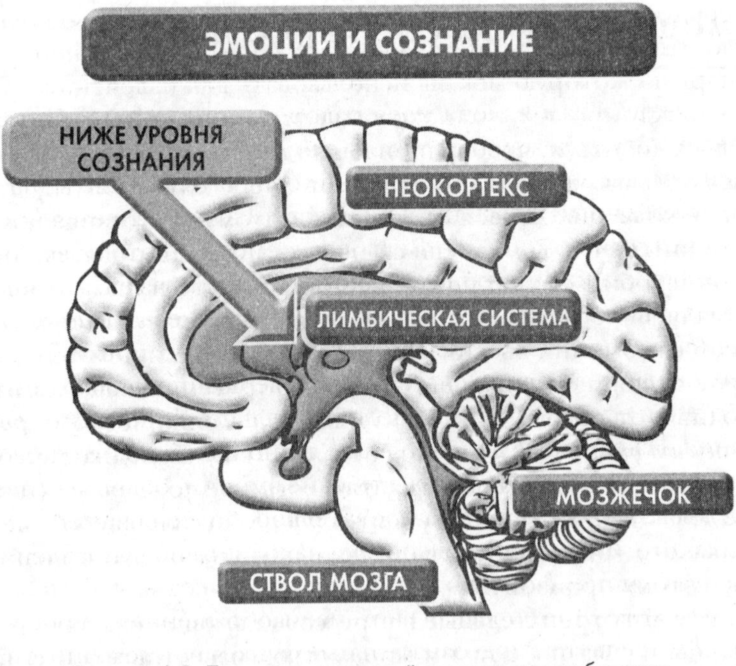

Рисунок 6-1. Под действием эмоций активируется лимбическая система, а она непосредственно связана с вегетативной нервной системой и жизненно важными автоматическими функциями организма (ствол мозга). Лимбическая система обычно активизируется в обход коры лобных долей (представительство сознательного разума). Таким образом, выходя за пределы своего рассудочного мозга, мы попадаем в сферу подсознания, способную поддерживать здоровье и исцелять

Как мы уже видели, эмоции эмоциям рознь. Беспокойство в режиме выживания, которые мы обсуждали в последней главе, вышибает мозг и тело из равновесия и выключает гены, необходимые для оптимального здоровья. Страх, разочарование, гнев, вражда, раздражительность, пессимизм, соперничество и тревоги не пошлют сигналов генам, отвечающим за улучшение здоровья. Наоборот, они переключают нервную систему в режим «бей или беги» и готовят твое тело к критической ситуации. И вот ты уже теряешь жизненную энергию, которую мог бы использовать для излечения.

Между прочим, это похоже на ситуацию, когда ты пытаешься добиться, чтобы произошло нечто нужное для тебя. Всякий раз, когда ты совершаешь очередную попытку, ты отталкиваешь от себя это нечто, потому что стараешься изменить его. Ты борешься изо всех сил, норовя любой ценой добиться результата, не понимая, что на самом деле отдаляешь его. Все это вышибает тебя из равновесия, совсем как эмоции выживания и потребления, и чем больше твое отчаяние и сильней раздражение, тем дальше ты отходишь от равновесия. Помнишь, как в фильме *«Империя наносит ответный удар»* Йода сказал Люку Скайуокеру, что нет никакого «пытаюсь сделать», есть только «делаю» (или не делаю). То же самое относится и к реакции плацебо – нет никакого «пытаюсь», есть только «принимаю это и позволяю этому произойти».

Все эти отрицательные и стрессовые эмоции нам так привычны и связаны с таким множеством известных событий прошлого, что когда мы сосредоточиваемся на них, то эти привычные чувства продолжают соединять тело с теми же самыми прошлыми обстоятельствами – каковыми в данном случае являются слабое здоровье и плохое самочувствие. Ясно, что никакая новая информация не может пробиться к твоим генам. Твое прошлое определяет твое будущее.

И наоборот, позитивные эмоции, благодарность и признательность открывают твое сердце и поднимают энергию твоего тела на новый уровень. Благодарность и принятие – одни из самых сильнодействующих чувств. Они эмоционально убеждают твое тело в том, что событие, которое ты с благодарностью принимаешь, *уже произошло* (хотя обычно мы говорим спасибо *после* того, как случилось желанное для нас событие).

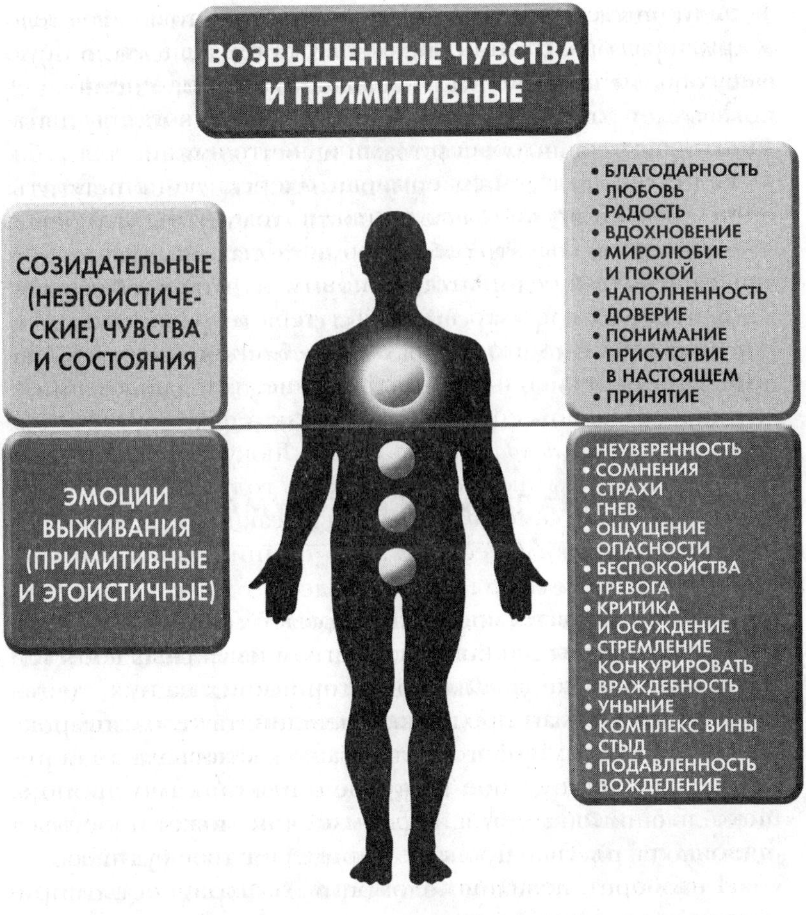

Рисунок 6-2. Эмоции выживания тесно взаимосвязаны с гормонами стресса, которые соответствуют эгоистичным и ограниченным состояниям души и тела. Созидательные и возвышенные эмоции поднимают энергию на уровень другого гормонального центра (к более высоким чакрам), сердце начинает раскрываться и человек становится самоотверженным. Этот происходит, когда тело отзывается на новый образ мыслей

Если человек ощущает благодарное принятие *того, что должно произойти*, то его тело действует так, словно будущее событие происходит в настоящий момент. Рисунок 6-2 показывает различие между примитивными эмоциями выживания и духовными чувствами и состояниями.

Если, обладая ясным намерением, ты сумел ощутить принятие будущего и благодарность, значит, ты уже начинаешь *осуществлять* это событие эмоционально. Ты изменяешь свой мозг и тело. Можно сказать, что ты пребываешь в новом будущем прямо сейчас. Ты свободен от привычных примитивных эмоций и страхов, которые держат тебя на привязи прошлого, – теперь ты ощущаешь вдохновение, которое создает твое новое светлое будущее.

ДВА ЛИКА АНАЛИТИЧЕСКОГО УМА

Вернемся к ранее предложенной идее о том, что у каждого из нас свой уровень восприимчивости к внушению. Вместе эти наши уровни образуют целый спектр внушаемости. Люди наделены неодинаковой восприимчивостью к идеям, внушениям и командам (как из внешней, так и из внутренней реальности). Это зависит от множества разных переменных. Обычно степень внушаемости обратно пропорциональна склонности к аналитическому мышлению (как показано на рисунке 6-3): чем сильнее аналитический склад ума, тем менее внушаем человек, и наоборот, чем слабее рассудочность, тем больше он внушаем.

Аналитический, или критический, ум – это та часть нашего интеллекта, которую мы используем сознательно. Традиционно его связывают с функцией *неокортекса* (кора лобных долей). Анализируя, человек сравнивает, выносит логические суждения, переосмысливает, изучает, вопроша-

Рисунок 6-3. Обратная зависимость между аналитическим умом и внушаемостью

ет, разделяет общее на части, обосновывает и рационализирует. Он обращается к тому, чему он научился на прошлом опыте, и логически применяет это к будущему результату или же к тому, чего еще не переживал.

Вот, например, в эксперименте с гипнозом, описанном в начале этой главы, семеро из 11 испытуемых, получивших постгипнотическое внушение скинуть с себя одежду в людном ресторане, не подчинились этому внушению. Именно аналитический ум «привел их в чувство». Как только они начали анализировать («*Раздеться на людях? Зачем это мне? Как я буду выглядеть? Как это раздеться, все же смотрят? Что подумает моя жена?*»), внушение тут же утратило свою силу, и они вернулись к своему прежнему, привычному для них состоянию бытия. А вот те, кто немедленно разделся до исподнего, наоборот, сделали это, не задумываясь о том, что творят. Они были менее критичными (а значит, более внушаемыми).

Когда мы анализируем, мы мыслим в двойственных категориях: плохо–хорошо, правильно–неправильно, положительно–отрицательно, мужское–женское, белый–черный, демократ–республиканец, прошлое–будущее, логика–

эмоции, голова–сердце, старое–новое. И если мы живем в стрессе, то химические вещества, циркулирующие при этом в организме, еще больше способствуют критичному настрою нашего рассудка. Мы анализируем еще активнее, норовя предсказать все будущие результаты, чтобы, базируясь на прошлом опыте, защитить себя от возможных сценариев наихудшего развития событий.

Конечно же, в аналитическом уме нет ничего предосудительного. Он прекрасно обслуживает нас в состоянии полного бодрствования, наяву, в сознательной жизни. Во многом именно он делает нас людьми, позволяя создавать смысл и связь между нашим внешним и внутренним миром. Аналитический ум прекрасно работает, когда мы спокойны, расслаблены и сосредоточены. Именно тогда он работает *на* нас. Он помогает нам выбрать правильное решение из несметного числа альтернатив, изучать новое, тщательно исследует, можно ли верить в то или иное, выносит суждения по социальным вопросам, основываясь на нашей этике, проясняет наше жизненное предназначение, проводит различие между моралью и убеждениями, а также оценивает важные сенсорные данные.

Как продолжение нашего эго, аналитический ум защищает нас, помогая выстоять и выжить в нашем внешнем окружении. (Ведь на самом деле одна из главных функций эго сводится к защите.) Он постоянно просчитывает ситуации во внешнем окружении и оценивает обстановку в поисках самых выигрышных решений. Он заботится о нашем драгоценном «я». Твое эго даст тебе знать, когда появится потенциальная опасность, и заставит отреагировать на угрозу.

Но когда наше эго выходит из равновесия из-за шквала гормонов стресса, аналитический ум становится сверхозабоченным. Теперь уже он работает не на нас, а *против* нас. Мы становимся чрезмерно аналитичными и негативно настроенными. А наше эго чувствует, что пора уже взять управление на себя, чтобы защитить личность. Оно пытается властвовать над последствиями; оно прогнозирует, что ему нужно сделать, чтобы создать гарантированно безопасную ситуацию. В результате оно копит обиды, чувствует боль и страдает и не может выйти за пределы ситуации. Оно будет неизменно избегать незнакомых обстоятельств, рассматривая их как потенциально опасные, потому что, с точки зрения эго, неизвестному доверять нельзя.

Эго хочет того, чего хочет, и оно сделает все, что потребуется, чтобы это получить. Ради защиты оно может хитрить, манипулировать, соперничать и лгать.

Чем более стрессовой является твоя ситуация, тем сильней она вынуждает твой рассудок анализировать твою жизнь. Когда это происходит, ты фактически уводишь свое сознание все дальше от мудрости подсознания, где могут происходить настоящие изменения.

Ты пытаешься анализировать свою жизнь с точки зрения своего эмоционального прошлого. Однако решения твоих проблем не найти в рамках этих эмоций, ведь ты мыслишь в «коробочке».

Затем, из-за того замкнутого круга из мыслей и чувств, который мы уже обсуждали выше, эти мысли воскрешают в памяти те же самые эмоции и, таким образом, все больше выводят из строя твой мозг и тело. Ты сможешь получить ответы намного легче, когда выйдешь за пределы этого стрессового состояния. Когда твой критичный аналитический ум правит бал, твоя внушаемость и вера в иное будущее — на нуле. Почему? А потому, что ощущение угрозы мешает видеть новые возможности. Это не лучшее время, чтобы открыться и поверить во что-то новое. Наоборот, это время защищать свое «я», сопоставлять то, что ты знаешь и чего не знаешь. Так ты сужаешь свое мышление, перестаешь доверять всему новому и становишься менее внушаемым.

ВНУТРЕННЯЯ РАБОТА

Упрощенно можно понимать аналитический ум как часть сознательной психики, которая отделяет его от подсознательной. Мы говорили, что плацебо работает, только когда аналитический ум молчит. Так сознанию легче наладить связь с подсознанием – с той областью, которая способна вершить настоящие изменения. Эффект плацебо возможен, только когда ты можешь выйти за пределы своего *эго*, позволив действовать вегетативной нервной системе.

Рисунок 6-4 иллюстрирует сказанное. Пусть круг на рисунке представляет психику в целом. Сознательная сфера занимает лишь около 5% всех психических процессов. Сюда относятся логические рассуждения и умозаключения, рациональное творчество. Оставшиеся 95% психики относятся к подсознанию. Это та сфера, где все наши автоматические навыки, привычки, эмоциональные реакции, шаблоны поведения, ассоциации и образ мыслей преобразуются в наши установки, убеждения и восприятие.

В осознаваемой части психики «хранятся» наши *явные*, или *декларативные, воспоминания*. Они вполне точны и очевидны. Это приобретенные нами знания (так называемые *семантические воспоминания*) и полученный в жизни опыт (*эпизодические воспоминания*). Например, ты женщина, которая выросла в Теннесси. Ты с детства ездила верхом, пока не свалилась с лошади и не сломала руку. Однажды твой любимый домашний питомец – тарантул – сбежал из

Рисунок 6-4. Это условная схема соотношения сознательной сферы психики (аналитического ума) и подсознательной психики в целом

клетки, из-за чего всей семье пришлось двое суток прожить в мотеле. Когда тебе было 14, ты победила в конкурсе по орфографии среди школьников штата и до сих пор пишешь без ошибок. Ты изучала бухгалтерию в одном из колледжей штата Небраска. Ныне проживаешь в Атланте, чтобы быть рядом со своей сестрой (которая работает в крупной компании), и собираешься получить степень магистра по финансовому делу. Декларативные воспоминания – это автобиографическое «я».

Другой тип наших воспоминаний – это *неявные*, или *недекларативные, воспоминания*, иногда также называемые *процедурными*. Этот вид памяти умирает, когда ты делал что-то так много раз, что даже не можешь толком осознать, как именно ты это делал. Ты повторял это действие так часто, что теперь твое тело знает это так же хорошо, как твой мозг. Например, умение кататься на велосипеде, заваривать чай, завязывать шнурки, набирать телефонный номер или пин-код, а также читать или говорить. Все это – усвоенные навыки, которые превратились в автоматические программы (упоминавшиеся на всем протяжении этой книги). Тебе больше не приходится анализировать или сознательно думать о действиях, из которых состоит навык или привычка, потому что они стали подсознательными. Это такая *программируемая операционная система*, которая изображена на рисунке 6-5.

Обычно ты осваиваешь некий навык до тех пор, пока он не становится жестко записанным в твоем мозге и теле, после чего и твое тело само «знает», как это делать. Оно запомнило внутренний нейрохимический порядок. Причина проста: многократно повторяемый опыт подкрепляет определенные нейронные сети мозга, и эту сделку усугубляет эмоциональный компонент. В результате ты запускаешь в теле усвоенную автоматическую программу простым обращением к привычной подсознательной мысли или чувству – и тогда ты вмиг попадаешь в нужное состояние бытия, которое приводит в действие автоматическое поведение – усвоенный навык или привычку.

Поскольку неявные воспоминания базируются на эмоциях, два возможных сценария объясняют, как это разворачивается: (1) *сильно заряженное одноразовое эмоциональное*

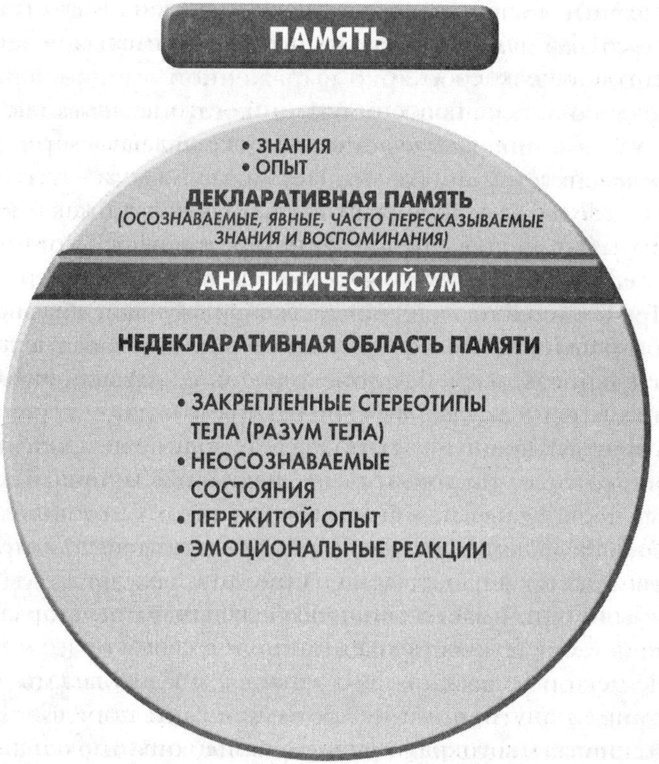

Рисунок 6-5. Память делят на две категории: сфера декларативных (явных, рациональных) знаний и воспоминаний и недекларативная (неосознаваемая) часть закрепленных в памяти событий состояний и реакций

событие может тут же отпечататься в памяти и сохраниться в подсознании (например, детские воспоминания о походе в универмаг или о разлуке с матерью). Или (2) *избыточность эмоций, производимая повторением опыта,* будет также неоднократно врезаться в память.

Неявные воспоминания являются частью подсознательной системы памяти, куда они попадают благодаря многократному опыту либо ярко выраженной эмоциональной окраске события. Таким образом, когда ты испытываешь какую-то эмоцию или чувство, то открываешь двери своему подсознательному разуму. Поскольку мысли – это язык мозга, а чувства – это язык тела, то в тот момент, когда ты испытываешь ощущение или переживаешь эмоции, ты включаешь разум своего тела.

Представляй это так. Когда ты чувствуешь себя вполне привычным образом, то подсознательно попадаешь в последовательность мыслей, происходящих из данного чувства. Ты ежедневно внушаешь себе представления, полностью соответствующие тому, что ты чувствуешь. Это те представления, которые ты принимаешь, в которые веришь и на которые полагаешься, как будто они истинны. Следовательно, ты *более* внушаем *в отношении* тех представлений, которые соответствуют определенному чувству. В результате ты снова и снова принимаешь эти неосознаваемые представления, веришь в них и полагаешься на них.

И наоборот, намного *менее* внушаем к любым мыслям, которые *не соответствуют* твоим запомненным чувствам. Любая новая мысль или представления, которые отражают неведомую возможность, попросту покажутся неверными. Привычный внутренний монолог твоего «я» (та беседа с самим собой, которую ты ведешь каждый день) проскакивает мимо сознания и напрямую стимулирует вегетативную нервную систему, а также поток биологических процессов, усиливая запрограммированное чувство того, кем ты себя представляешь. Вспомни, в эксперименте, описанном в главе 2, оптимисты лучше реагировали на внушения, которые несли положительный заряд, а пессимисты склонны были отзываться на негативные внушения.

Если ты решил изменить то, как себя чувствуешь, то сможешь ли ты теми же средствами стать более восприимчивым для нового потока мыслей? Естественно! Переживая воодушевление и позволяя этому новому чувству стимулировать новый набор мыслей, ты повышаешь уровень своей внушаемости к тому, что ты сначала чувствуешь, а затем принимаешь умом. Ты окажешься в новом состоянии бытия, а твои новые мысли станут самовнушениями, полностью соответствующими этому чувству. А когда ты испытываешь эмоции, то естественным образом активируешь систему неявной памяти, а также вегетативную нервную систему. Ты можешь просто позволить вегетативной нервной системе делать то, что у нее прекрасно получается — восстанавливать равновесие, здоровье и порядок.

Разве не это проделывали многие люди в упомянутых выше исследованиях плацебо? Они переживали положительные эмоции: надежду, вдохновение, радость быть здоровым. И эти чувства воздействовали на уровень их внушаемости, когда они видели новую возможность без попыток анализировать ее. И когда они переживали эти чувства, они входили в свою операционную систему и перепрограммировали свою вегетативную нервную систему.

ОТКРЫТЬ ДВЕРИ ПОДСОЗНАТЕЛЬНОМУ РАЗУМУ

Если существуют различные степени внушаемости, значит, это можно продемонстрировать наглядно, показывая неодинаковое давление аналитического ума. Чем толще у человека барьер между сознанием и подсознанием, тем труднее ему пробиться в операционную систему.

Рисунок 6-6. Чем меньше склонность все анализировать (аналитический ум показан на схеме тонким слоем), тем более внушаем человек

Рисунки 6-6 и 6-7 иллюстрируют два типа личности с различным складом ума.

На рисунке 6-6 мы видим, что завеса рационального ума между сознанием и подсознанием очень тонкая, а значит, человек открыт для внушения и самовнушения. Такой человек скорее примет нечто, поверит и целиком положится на результат, потому что он не склонен критически анализировать, умничать и впадать в рассуждательство. Похоже, люди

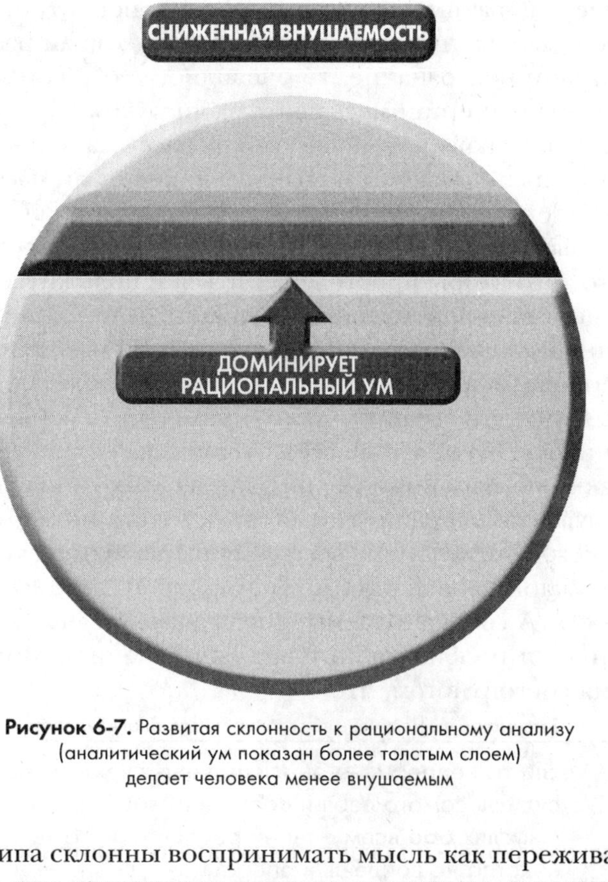

Рисунок 6-7. Развитая склонность к рациональному анализу (аналитический ум показан более толстым слоем) делает человека менее внушаемым

этого типа склонны воспринимать мысль как переживание, то есть они принимают идеи эмоционально, в результате чего такие представления отпечатываются в их вегетативной нервной системе, готовые быть претворенными в реальность. В своем подходе к жизни эти люди не спешат прилагать холодную логику и рассудок. Если тебе приходилось видеть шоу с гипнозом на сцене, то испытуемые, которые участвуют в нем, обычно попадают в эту категорию.

Теперь обратимся к рисунку 6-7. Если посмотреть на более толстый слой аналитического ума, который разделяет сознание и подсознание, то очевидно, что такой человек менее склонен принимать нечто за чистую монету, отказываясь от решающей помощи своего рассудка в оценке, обработке, планировании и анализе. Такие люди настроены в высшей степени критически и все всегда анализируют, раскладывают по полочкам, проверяют и перепроверяют, вместо того чтобы просто довериться и положиться.

У многих аналитический ум правит балом даже без постоянного давления гормонов стресса. (И все-таки, каким бы упорным аналитическим складом ты ни обладал, ты сможешь научиться выходить за его пределы, — у меня ведь это получилось! — так что не все потеряно.)

Как было сказано выше, ни один из этих типов не имеет преимуществ перед другим. Думаю, что гармоничный баланс между ними лучше всего. Сверханалитические люди менее склонны доверять и принимать происходящее как данность. А сверхвнушаемые могут оказаться слишком доверчивыми и склонными плыть по течению. Моя точка зрения состоит в том, что

если ты непрерывно анализируешь свою жизнь, судишь самого себя и постоянно зациклен на мыслях обо всем в твоей реальности, то ты никогда не войдешь в операционную систему подсознания, где записаны эти старые программы, и не сможешь перепрограммировать их.

Только когда человек принимает, верит и полагается на некое внушение или возможность, распахивается дверь между сознанием и подсознательным.

Рисунок 6-8. Этот рисунок отражает взаимоотношение между ритмом мозговых волн и состоянием сознания. Он иллюстрирует движение во время практики медитации за пределы аналитического ума: от сознания к подсознанию и дальше — в глубины бессознательного

На рисунке 6-8 стрелка показывает движение из сознательного разума в подсознание, где внушение биологически впечатывается в систему программирования.

Есть еще несколько дополнительных элементов, которые тоже могут заглушить аналитический ум и распахнуть двери в подсознание, повысив уровень восприимчивости человека. Например, физическая или психическая усталость повышает внушаемость. Точные исследования показали, что ограниченное воздействие социальных, физических и экологических раздражителей на фоне сенсорной депривации может вызвать повышенную восприимчивость. Сильный голод, эмоциональное потрясение или травма тоже ослабляют склонность к анализу, таким образом делая нас более восприимчивыми для новой информации.

ЧТО ТАКОЕ МЕДИТАЦИЯ

Подобно гипнозу, медитация – это еще один способ обойти критикующий ум и войти в подсознательную систему программ. Медитация призвана вывести осознание за пределы аналитического ума – переключить внимание человека с внешнего мира и времени на мир внутренний.

Понятие *«медитация»* окружено множеством мифов. Большинство людей рисуют в своем воображении образ белобородого гуру на горной вершине, преодолевшего все привязанности и сидящего в абсолютной неподвижности. Это отшельник в простой рясе, чье лицо озарено загадочной улыбкой. (А для кого-то это образ молодой красивой женщины с безукоризненно гладкой кожей на обложке глянцевого журнала, наряженной в стильную одежду для йоги и якобы невозмутимо свободной от всех соблазнов мирской жизни.)

При виде этих образов многим кажется, что требуемая для медитации дисциплина недостижима и вообще находится за пределами реалий нашей жизни. Другие считают медитацию духовной практикой, которая не отвечает их религиозным убеждениям. А некоторые попросту подавлены бесконечным разнообразием рекомендуемых вариантов медитации и не знают, как к ней вообще подступиться. Но она вовсе не настолько трудна и не настолько «не от мира сего». Для нашего обсуждения достаточно будет сказать, что вся цель медитации состоит в выходе за пределы аналитического ума и погружении в более глубокие слои сознания.

Во время медитации мы переходим не только от сознательного разума к подсознательному, но и выходим за пределы своего ограниченного «я» (мы были *кем*-то, а становимся ни*кем*). Мы переходим от материализма к идеализму, от пребывания *где*-то к пребыванию *нигде*, от бытия во времени к бытию в вечном безвременье, от убежденности в том, что внешний мир – это объективная реальность, определяемая нашими органами чувств, к представлению о том, что реальность гораздо шире. Мы входим в мир сознания, находящийся за пределами воспринимаемого органами чувств. Медитация приводит нас от выживания к созиданию; от разделения к связи; от дисбаланса к равновесию; от режима чрезвычайной ситуации к режиму роста и восстановления; и от ограничивающих эмоций страха, гнева и тоски ко всеобъемлющему чувству радости, свободы и любви. В общем, мы переходим от цепляния за известное к принятию неведомого.

Порассуждаем немного. Если наш неокортекс (кора лобных долей) – дом сознательного ума, связанного с аналитическими умозаключениями, рассудочным интеллектом и формальной логикой, тогда в процессе медитации наше сознание выходит за пределы неокортекса. Другими словами, чтобы заглушить неокортекс, надо прекратить все анализировать, отказаться от обоснований, логики, внутреннего диалога, рассуждений, оценок и бесконечного планирования дел в голове – хотя бы временно. Именно это имеет в виду выражение «успокой свой разум». (Если надо, вернись к рисунку 6-1.)

В соответствии с той моделью, которую я в общих чертах наметил в предыдущих главах, успокоить разум — значит приглушить активность всех привычных автоматических нейронных сетей в своем мозге. Необходимо перестать напоминать себе о том, кем ты себя считаешь, неоднократно воспроизводя тот же самый шаблон.

Я понимаю, что это выглядит как труднейшая задача. Однако есть практические, научно обоснованные приемы, помогающие осуществить это и сделать навыком. На мастер-классах, которые я даю по всему миру, у многих людей, которые никогда прежде не медитировали, это прекрасно получается. Мы познакомимся с этими методами в следующих главах, но сначала давай позаботимся о выработке нужного намерения. Благодаря этому, когда ты доберешься до инструкций, у тебя будет мощный стимул им следовать.

ПОЧЕМУ МЕДИТАЦИЯ МОЖЕТ БЫТЬ ТРУДНОЙ

Дабы определить реальность, аналитический неокортекс использует все пять органов чувств. Он очень поглощен тем, чтобы сосредоточить все свое осознание на окружающей обстановке и времени. Если же ты хотя бы слегка испытываешь стресс, тогда твое внимание особенно будет направлено на это. Когда над тобой висит дамоклов меч чрезвычайной физиологии «бей или беги», ты словно дикий зверь, почуявший угрозу, направляешь все свое внимание на заботу о своей безопасности, на поиск путей спасения в окружающей обстановке и соображения, сколько времени есть в твоем распоряжении, чтобы спастись. Ты с головой погружен в свои проблемы, зациклен на своей персоне и внешности, не можешь отвлечься от боли, лихорадочно думаешь о том, что не успеваешь ничего даже из того, что должен, и со всех ног бежишь, чтобы хоть что-то доделать. Не правда ли, знакомо?

Поскольку когда ты не живешь, а выживаешь, ты целиком сосредоточен на внешнем мире и своих проблемах в нем. То, что ты видишь и воспринимаешь своими органами чувств, – это и есть все, что существует. И без внешнего мира ты *никто*, *ничто* и *нигде*. До чего же это пугает наше эго, которое пытается управлять всей нашей реальностью, вновь и вновь непрерывно подтверждая самое себя!

Однако, все, что ты воспринимаешь, находясь в обычном режиме выживания, – это на самом деле только вершина айсберга, ограниченный набор компонентов, из которых состоит твой внешний мир. Ты идентифицируешь множество вариаций и сочетаний в своем внешнем мире, которые отражаются обратно к тому тебе, которым ты себя считаешь, – но это не означает, что больше ничего нет. На самом деле каждый раз, когда ты изучаешь нечто новое, ты изменяешь свое видение мира. Сам мир, конечно, не меняется – меняется только твое восприятие мира. (Мы узнаем больше о восприятии в следующей главе.)

Пока просто держи в памяти следующее. Если твоя цель состоит в том, чтобы осуществить изменения и ты не смог этого добиться со всеми ресурсами твоего внешнего мира, то тебе должно быть ясно, что искать ответы на свои вопросы нужно за пределами того, что ты видишь, чувствуешь и переживаешь. Тебе надо будет вытягивать их из другого источника, который ты еще не познал, – из неизвестного. Так что в этом смысле неизвестное – твой друг, а не враг. Именно там лежат ответы.

Еще одна причина, почему нам так трудно изменить привычную ориентацию внимания на обстоятельства внешнего мира и обратить его на внутренний мир, состоит в том, что большинство людей подсели на гормоны стресса – привязались к этому ощущению впрыска биохимических веществ в ответ на свои сознательные или бессознательные реакции. Эта зависимость укрепляет нашу веру в то, что внешний мир более реален, чем какой бы то ни было иной. А в нашей физиологии выработан условный рефлекс, который это поддерживает, потому что налицо реальные угрозы, жизненные проблемы и заботы, которые требуют нашего внимания. Поэтому мы впадаем в зависимость от нынешнего внешнего окружения. И через ассоциативную память мы используем проблемы и обстоятельства нашей жизни для многократного подтверждения и укрепления этой эмоциональной зависимости, чтобы помнить, кем мы, по нашему мнению, являемся.

Это можно выразить по-другому. Гормоны стресса, который мы переживаем в режиме выживания, дают телу огромный прилив энергии и значительно усиливают восприимчивость органов чувств, которые улавливают сигналы из внешней реальности. И когда мы постоянно находимся в стрессовом состоянии, то начинаем определять реальность только пятью своими органами чувств, то есть становимся материалистами. Когда же мы пытаемся проникнуть внутрь и соединиться с миром вне-чувственного и духовного, то приходится прилагать некоторые усилия, чтобы поломать свои рефлекторные привычки и преодолеть зависимость от сигналов, получаемых от внешней реальности. Неужели можно поверить, что мысль сильнее, чем физическая трехмерная реальность?

Чтобы получить противоядие от материализма, стоит перечитать в главе 1 рассказы о людях, а также обратиться к историям из опыта моих семинаров в главах 9 и 10. Многие свидетельства говорят о том, что кажущееся нам невозможным на самом деле возможно. Реальность выходит за пределы того, что воспринимают наши чувства.

ПЛЫВЕМ ПО МОЗГОВЫМ ВОЛНАМ

Мы говорили, что в момент медитации мы открываем двери в вегетативную систему, становимся более внушаемыми и преодолеваем только что упомянутые барьеры. За счет чего это происходит? Короткий ответ заключается в том, что мы заплываем туда на определенной мозговой волне. Это особое состояние нашего мозга.

Узнав, что это за особые состояния, ты научишься распознавать их на себе и сможешь практиковаться в переходе из одного состояния в другое, вверх и вниз по шкале паттернов мозговых волн. Конечно, тут потребуется практика, но это вполне возможно. Приступим к изучению этих особых состояний.

Когда нейроны срабатывают вместе, они обмениваются заряженными элементами, которые затем создают электромагнитные поля. Именно эти поля измеряются при сканировании мозга, например при электроэнцефалографии (ЭЭГ). У людей различают несколько измеряемых частот мозговой активности, и чем медленней мозговая волна того состояния, в котором мы пребываем, тем глубже мы погружаемся во внутренний мир подсознания. Перечислим состояния мозговой волны по порядку, от медленных волн до быстрых: *дельта* (глубокий, восстановительный сон – полностью бессознательный), *тэта* (сумеречное состояние между глубоким сном и бодрствованием), *альфа* (состояние творческого воображения), *бета* (сознательная мысль) и *гамма* (обычные состояния сознания).

Бета – это состояние нашего каждодневного бодрствования. Когда мы в бете, неокортекс усердно обрабатывает все входящие сенсорные данные. Бета-ритм– это не лучшее состояние для медитации, потому что при этом внешний мир представляется более реальным, чем внутренний. Три типа паттернов мозговой волны составляют спектр бета-волн: *низкочастотные бета-волны* (расслабленное, заинтересованное внимание, например при чтении книги), *среднечастотные бета-волны* (сосредоточенное внимание на постоянном стимуле снаружи тела, например изучение и запоминание) и *высокочастотные бета-волны* (обостренное внимание кризисного режима, когда вырабатываются химические вещества стресса). Чем выше частота бета-волн, тем дальше мы уходим от возможности получить доступ в операционную систему.

Большую часть дневного времени мы перемещаемся туда-сюда между состояниями бета и альфа. Альфа – это состояние расслабления, в котором мы обращаем меньше внимания на внешний мир и начинаем обращать внимание на наш внутренний мир. Когда мы в альфе – мы в состоянии легкой медитации. Можно также называть его воображением, мечтательностью или фантазированием. В этом состоянии наш внутренний мир более реален, нежели внешний, потому что мы обращаем внимание именно на него.

Когда мы опускаемся с высокочастотной беты на медленную альфу, где мы можем обращать внимание и сосредоточиваться в более расслабленной манере, то мы автоматически активируем лобные доли. При этом снижается интенсивность работы мозговых сетей, связанных с ощущением времени и пространства. Мы больше уже не находимся в режиме выживания. Мы пребываем в более созидательном состоянии, которое делает нас восприимчивее к внушению, нежели при бета-ритме.

Гораздо трудней научиться погружаться еще глубже в состояние тэта-ритма, представляющее собой разновидность пограничного состояния, в котором мы наполовину бодрствуем – наполовину спим (про него часто говорят, что

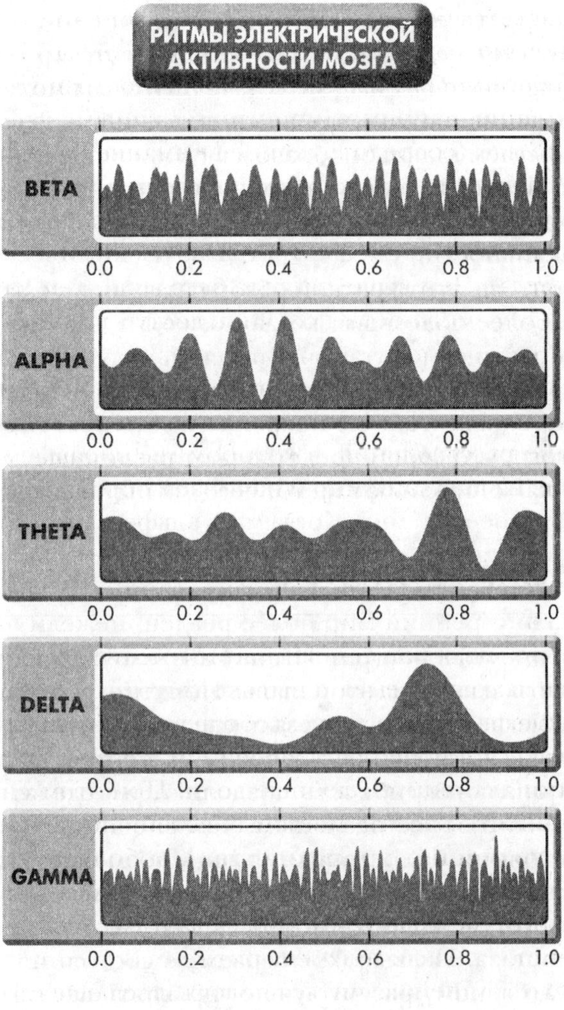

Рисунок 6-9. Здесь представлены типы ритмов электрической активности мозга (записи ЭЭГ на протяжении 1 сек). Характерная картина гамма-волн (внизу) соответствуют будничному уровню сверхбдительности сознания

«разум бодрствует, тело спит»). Это то состояние, которое соответствует медитации, и на этой частоте мозговой волны мы наиболее внушаемы. В тэта-ритме мы можем войти в подсознание, потому что аналитический ум выключен – мы пребываем главным образом в своем внутреннем мире. Считай, что тэта – ключ к твоему подсознательному царству. На рисунке 6-9 изображены различные частоты мозговой активности.

Ты сочтешь этот краткий обзор паттернов мозговой волны еще более полезным, когда позже в этой книге перейдешь к практике медитации. Впрочем, не рассчитывай, что ты непременно сумеешь прямиком впасть в тэта-ритм по команде, однако тебе не повредит иметь некоторое понимание того, что собой представляют различные состояния мозга и как они влияют на то, чего ты пытаешься достичь.

АНАТОМИЯ «УБИЙСТВА»

Давай вернемся к истории Ивана Сантьяго и другим пациентам гипноза из начала этой главы. Понятно, что этим людям намного легче дается выход за пределы аналитического ума, чем большинству из нас. Похоже, их нейропластичность и эмоциональная гибкость позволяют им сделать их внутренний мир более реальным, чем внешний. В нормальном состоянии бодрствования они, возможно, проводят больше времени в альфе, чем в бете, поэтому у них в крови циркулирует меньше гормонов стресса, которые выводят из гомеостаза. Их высоковнушаемые состояния позволяют сознательному разуму лучше управлять вегетативными функциями подсознательного разума.

И все же они не совсем одинаковые; данное исследование показало несколько различных степеней внушаемости.

Те шестнадцать человек, которые прошли первичный отбор, несомненно, были внушаемыми, хотя и не в такой степени, как те, кто прошел следующий тест – раздевшись почти догола на публике. Однако когда дело дошло до того, чтобы погрузиться в ледяную воду, трое из этой четверки не смогли зайти так далеко; они не сумели оказаться выше своего физического окружения. Только Сантьяго длительное время оставался выше физического окружения, в экстремальных условиях продемонстрировав высший уровень внушаемости.

С точки зрения эффекта плацебо подобная высокая степень внушаемости требуется, чтобы превосходить тело и окружающую обстановку в течение продолжительного времени – то есть принять, поверить и положиться на идею о том, что твой внутренний мир более реален, чем внешний. И буквально через несколько глав ты узнаешь, как можно изменить свои убеждения и стать более внушаемым. Как использовать это состояние для программирования своего подсознательного разума – по счастью, не для того, чтобы застрелить каскадера из пневматического пугача, а чтобы одержать убедительную победу над какими бы то ни было проблемами со здоровьем, эмоциональными травмами или другими личными проблемами.

ГЛАВА 7

УСТАНОВКИ, УБЕЖДЕНИЯ И ВОСПРИЯТИЕ

Двенадцатилетний индонезийский мальчуган с безучастным взглядом охотно открывает рот, куда ему кладут осколки разбитого стекла зеваки из толпы, собравшейся в одном из парков Джакарты, чтобы поглазеть на традиционный яванский трансовый танец. Мальчик жует стекло и глотает его, как будто это всего-навсего горсть попкорна или чипсов, и с ним ничего страшного не происходит. Принадлежа к третьему поколению танцоров, мальчик глотает стекло на подобных мистических представлениях с девяти лет. Перед каждым представлением он сам и остальные 19 участников труппы традиционного танца нараспев читают яванское заклинание. Они призывают духов мертвых войти и оставаться в одном из них на протяжении всего танца, защищая этого танцора от боли.

Мальчик и его собратья-танцоры в некотором отношении не отличаются от аппалачских проповедников-змеедержцев, описанных в главе 1, на которых нисходил Святой Дух, после чего они восторженно отплясывали вокруг амвона с ядовитыми змеями. Держа пресмыкающихся в опасной близости от своих лиц, они, по-видимому, были совершенно невосприимчивы к смертоносному яду в случае укуса. Эти танцоры напоминают также фиджийских огнеходцев из племени савау с острова Мбенга, которые часами разгуливают по раскаленным добела камням, покрытым пылающими бревнами и пышущими жаром углями. Говорят, что эта способность, которую боги даровали одному из прародителей племени, передается теперь внутри рода из поколения в поколение.

Поедающий стекло мальчик, проповедник-змеедержец и фиджийский огнеходец ни на мгновение не задумываются, *а вдруг на сей раз не сработает?*

Ни в одном из них нет ни грамма колебаний или сомнений. Решение жевать стекло, или вертеть гремучими змеями, или шагать по раскаленным камням вывело их за пределы тела, окружающей обстановки и времени, изменило их биологию, что позволяет им сделать то, что кажется невозможным. Их твердая как скала вера в защиту богов не оставляет никакого места для того, чтобы передумать или отступиться.

Во всех этих случаях воздействие плацебо сходится в том, что частью этого уравнения являются очень сильные убеждения. Тем не менее изучением этого компонента толком никто не занимался, потому что до сей поры большинство научных исследований в области поисков взаимосвязи разума и тела только измеряли воздействие плацебо, вместо того чтобы искать причину. Не важно, что лежит в основе сдвига во внутреннем состоянии — внушение, выработка условного рефлекса, высвобождение подавленных эмоций, вера в символику или специфическая духовная практика, — вопросы остаются открытыми. Что произошло, чтобы привести к таким глубоким изменениям в теле? И если мы обнаружим это, то сможем ли его развивать?

ОТКУДА БЕРУТСЯ НАШИ УБЕЖДЕНИЯ

Наши убеждения не всегда настолько осознаны, как нам представляется. Поскольку использование эффекта плацебо требует, чтобы мы по-настоящему изменили наши убеждения о самих себе и о том, что возможно для нашего тела и нашего здоровья, то нам необходимо понять, что же такое истинные убеждения и откуда они берутся.

Предположим, пациент пришел к доктору с некоторыми симптомами и тот поставил ему диагноз, опираясь на данные своего обследования. Доктор ставит пациенту диагноз, дает прогноз и предписывает комплексное лечение, основанное на среднем результате. Как только пациент слышит от доктора приговор «диабет», «рак», «гипотиреоз» или «синдром хронической усталости», в его памяти всплывают картины одна страшней другой. Это мысли, образы и эмоции, основанные на его прошлом опыте. Например, у родителей пациента был такой же недуг, или он смотрел телешоу, где один из персонажей умер от такой же болезни, или же его напугала статья о его диагнозе, прочитанная в Интернете.

Нередко пациент приходит на прием к врачу и выслушивает профессиональное мнение, он автоматически принимает диагноз, затем верит в то, что сказал ему доктор, и, наконец, полагается на лечение и возможные последствия. Пациент внушаем и восприимчив к тому, что говорит доктор. Если же затем он принимает эмоции страха, беспокойства и тревоги заодно с тоской, тогда единственно возможными мыслями (или самовнушениями) будут те, которые соответствуют тому, как он себя чувствует.

Пациент может *попытаться* иметь положительные мысли о победе над болезнью, но его тело по-прежнему чувствует себя плохо, потому что ему дали ноцебо, что привело к негативному состоянию бытия, срабатыванию тех же самых генов и неспособности видеть или воспринимать какие бы то ни было новые возможности. Пациент в значительной степени находится во власти своих убеждений (и убеждений доктора) относительно диагноза.

Так что же делали иначе те персонажи, о которых пойдет речь в следующих главах, когда вылечили самих себя, используя эффект плацебо? Прежде всего, они *не приняли* окончательность своего диагноза, прогноза или лечения. Затем они также *не поверили* в самый правдоподобный результат или свою будущую судьбу, которую авторитетно изложил им лечащий врач. И, наконец, они *не положились* на диагноз, прогноз или предложенное лечение. Поскольку их настрой (установки) отличался от установок тех, кто, наоборот, *принял, поверил и положился.* И они оказались в другом состоянии бытия.

Они не были внушаемы к советам и мнениям докторов, потому что не чувствовали ни страха, ни уныния и вовсе не признавали себя жертвами. Наоборот, они были полны оптимизма и энтузиазма, и эти эмоции стимулировали новый образ мыслей, который позволил им увидеть новые возможности. Поскольку их идеи и убеждения не вырабатывали пагубный рефлекс в своем теле, не настраивали его на худшее развитие сценария, как другие получившие подобный диагноз.

Они придали своему будущему иной смысл, поэтому у них было иное намерение. Они понимали эпигенетику и нейропластичность, поэтому, вместо того чтобы считать себя пассивными жертвами болезни, они использовали это знание, чтобы стать проактивными. В результате эти люди добились лучшей участи, чем их товарищи по диагнозу.

Представим теперь среднестатистического пациента, который, получив диагноз, тут же объявляет: «Я собираюсь его опровергнуть». Да, кто-то может не принять поставленный диагноз и последствия, о которых предупреждает доктор, но различие состоит в том, что большинство людей на самом деле не изменяют при этом свои убеждения, намереваясь не болеть. Чтобы изменить веру, требуется изменить подсознательную программу, ибо вера, как ты скоро узнаешь, есть подсознательное состояние бытия.

Те, кто в деле изменений опирается только на сознательный разум, не смогут перепрограммировать свои гены. На рассудочном решении их исцеление и заканчивается. Они неспособны положиться на возможность, потому что по-настоящему не могут стать внушаемыми и открытыми ни для чего из того, что отличается от указаний доктора.

А может быть, всякий раз, когда люди не реагируют на лечение или когда их здоровье остается прежним, причина в том, что они каждый день живут в одном и том же эмоциональном состоянии? Получается, врачебный диагноз стал современным эквивалентом проклятия вуду?

Сделаем небольшое отступление и чуть подробней рассмотрим, что такое вера, начав со следующей идеи. Когда ты связываешь вместе последовательность мыслей и чувств так, чтобы они в конце концов стали привычными или автоматическими, то они формируют *установку.* А поскольку то, что мы думаем и чувствуем, создает состояние бытия, установки превращаются в состояния бытия. Они могут колебаться от момента к моменту в силу того, что ты изменяешь, как ты думаешь и чувствуешь. Любой данный настрой может длиться минутами, часами, днями или даже целую неделю или две.

Например, если тебе в голову пришло несколько хороших мыслей, породивших добрые чувства, ты можешь сказать: «У меня сегодня все хорошо». А если череда негативных мыслей сопровождается у тебя рядом отрицательных чувств, ты скажешь: «У меня сегодня дурной настрой». Если ты отметишь один и тот же настрой много раз, он становится ярлыком.

Если ты повторяешь или поддерживаешь определенный настрой достаточно долго и связываешь вместе эти виды установок, то именно так ты создаешь *убежденность*, или *веру*. Вера — это попросту расширенное состояние бытия. По существу, убеждения — это мысли и чувства (установка), которые ты снова и снова продолжаешь думать и чувствовать, пока жестко не свяжешь их в своем мозге и эмоционально не обусловишь рефлексами своего тела. Можно сказать, что ты попадаешь в зависимость от них, из-за чего их так трудно изменить. Кроме того, тебе не нравится, когда их кто-нибудь оспаривает. Поскольку опыт впечатан в твой мозг и химически воплощен в эмоциях, большая часть твоих убеждений основана на прошлом опыте.

Таким образом, когда ты снова и снова возвращаешься к одним и тем же мыслям, продумывая и анализируя свои воспоминания, эти мысли сплетаются в автоматическую бессознательную программу.

Если ты развиваешь одни и те же чувства, основанные на прошлом опыте, и чувствуешь себя точно так же, как ты чувствовал себя, когда это событие реально произошло, ты приучишь свое тело подсознательно быть выразителем этой эмоции — при этом оно будет неосознанно жить в прошлом.

Получается, что убеждения – это подсознательные и бессознательные состояния того, что было унаследовано из прошлого. И убеждения более постоянны, чем настрой, – они могут длиться месяцами или даже годами. А поскольку они длятся дольше, то становятся более программируемыми внутри тебя.

Удачной иллюстрацией вышесказанного может послужить одна история из моего детства. Я рос в итальянской семье, и когда перешел в четвертый класс, мы переехали в другой город, где жили итальянцы и евреи. В первый же день в новой школе учитель посадил меня рядом с тремя еврейскими девочками. Эти девочки тут же деликатно сообщили мне последние новости о том, что Иисус не был итальянцем. Это был один из самых запоминающихся дней моей жизни.

Когда я вернулся домой, моя мать-итальянка принялась расспрашивать меня о том, как прошел мой первый день в новой школе, но я отмалчивался. После того, как несколько ее вопросов остались без ответа, она взяла меня под руку и заставила рассказать, что стряслось.

«Я всю жизнь думал, что Иисус был итальянцем!» – сердито выпалил я.

«С какой стати? – возразила мама. – Он еврей!»

«Еврей? – переспросил я. – Какой еще еврей? Разве на всех этих иконах он не похож на итальянца? Разве бабушка не говорит с ним целыми днями по-итальянски? А как же Римская империя? Разве Рим не в Италии?»

Моя вера в то, что Иисус был итальянцем, была основана на моих прошлых переживаниях, а то, что я думал и чувствовал о нем, стало автоматическим состоянием моего бытия. С этой верой мне пришлось побороться, потому что изменять глубоко засевшие убеждения очень непросто. Стоит ли говорить, что у меня это получилось?

Разовьем эту концепцию еще немного. Если ты связываешь вместе группу родственных убеждений, они формируют твое *восприятие.* Следовательно, твое восприятие реальности – это устойчивое состояние бытия, которое основано на твоих долговременных убеждениях, установках, мыслях и чувствах. И поскольку твои убеждения становятся подсознательными и бессознательными состояниями бытия (то есть ты даже не знаешь, почему ты веришь в определенные вещи, или ты на деле сам не осознаешь свои убеждения, пока их не проверишь), то твое восприятие по большей части становится твоим подсознательным и бессознательным взглядом на твою реальность.

Научные эксперименты показывают, что мы не видим реальность такой, какой она является в действительности. Мы неосознанно наполняем ее тем, что пережили в прошлом. Восприятие нередко бывает недекларативным (о чем говорилось в последней главе) и подсознательным. Таким образом, мы автоматически редактируем реальность по-своему.

Например, ты знаешь, что у тебя хороший автомобиль – он редко ломается, поэтому ты воспринимаешь его хорошо. И хотя ты автоматически принимаешь свое восприятие, оно в действительности – субъективное, потому что кто-то другой может иметь автомобиль той же модели и сборки, но совершенно другое мнение о нем. Если ты похож на большинство людей, то, вероятно, не обращаешь внимания на мелкие поломки, пока что-нибудь не выйдет из строя. Ты ожидаешь, что завтра машина будет работать так же, как и вчера; ты естественно ожидаешь, что твой будущий опыт вождения будет таким же, как и твой прошлый опыт. Но когда автомобиль выходит из строя, тебе приходится обращать на него больше внимания (например, прислушиваться к шуму мотора) и сменить бессознательное восприятие своего автомобиля на сознательное.

То же самое справедливо для взаимоотношений с твоей супругой и твоими коллегами, твоей культурой, твоей расой

Рисунок 7-1. Наши мысли и чувства основаны на прошлом опыте. Мысля и чувствуя определенным образом, мы формируем установку. Установка — цикл мыслей и чувств, переживаемых снова и снова. Это суженное восприятие и состояние бытия. Комплекс психологических установок выражается в убеждениях человека. (Под убеждениями я подразумеваю более продолжительные состояния бытия, обычно подсознательные.) Из суммы убеждений складываются представление и восприятие действительности. А оно определяет выбор, который мы делаем, наши поступки, взаимоотношения с людьми и реальность, которую мы создаем

и даже с твоим телом и твоей болью. В действительности именно так функционирует большинство видов восприятия реальности.

Если же ты хочешь изменить подсознательное восприятие, следует стать более осознанным. Нужно повысить уровень своего внимания ко всем тем аспектам самого себя и своей жизни, на которые ты ранее не обращал должного внимания. Надо пробудиться, изменить уровень своего осознания — начать сознавать то, к чему раньше относился бессознательно.

Правда, это не так-то просто, ибо, если ты снова и снова переживаешь одну и ту же реальность, тогда твой способ восприятия мира будет порождать тот же самый настрой (как показано на рисунке 7-1). Когда твое восприятие становится автоматическим и ты не обращаешь внимания на то, какова реальность на самом деле, ты неосознанно принимаешь и соглашаешься с этой реальностью — точно так же, как большинство людей неосознанно принимают и соглашаются с тем, что говорит им медицинская модель об их диагнозе.

Вот почему *единственный* способ изменить свои убеждения и восприятие ради эффекта плацебо — это изменить состояние своего бытия. Необходимо, наконец, увидеть, что твои старые, ограниченные убеждения — это записи прошлого, и очень захотеть избавиться от них, чтобы иметь возможность принять новые убеждения о себе, которые помогут тебе создать новое будущее.

КАК ИЗМЕНИТЬ СВОИ УБЕЖДЕНИЯ

Итак, задай самому себе следующий вопрос. Какие убеждения и представления о самом себе и своей жизни, которых ты неосознанно придерживаешься, тебе следует изменить, чтобы создать новое состояние бытия? Над этим вопросом стоит поразмышлять, ибо, как я уже говорил, мы даже не подозреваем о множестве убеждений, в которые подсознательно верим.

Мы часто принимаем из нашего внешнего окружения определенные сигналы, которые затем побуждают нас вырабатывать убеждения, которые могут быть истинными, а могут и не быть. В любом случае в тот момент, когда мы принимаем некое убеждение, оно оказывает воздействие не только на наше функционирование, но и на тот выбор, который мы делаем.

Вспомни эксперимент из главы 2 с женщинами, проходившими математический тест, которые сначала прочли поддельные исследовательские отчеты о том, что мужчины сильнее в математике...

С учетом вышесказанного взгляни на этот список наиболее распространенных убеждений и посмотри, каким из них ты, возможно, даешь в себе приют без полного осознания этого:

> Я не силен в математике. Я робок. Я вспыльчив. Мне недостает ума и изобретательности. Я недалеко ушел от своих родителей. Мужчины не должны плакать или обижаться. Мне не найти пару. Женщины во всем уступают мужчинам. Жизнь — это серьезно. Жизнь трудна. Я никогда не добьюсь успеха. Чтобы чего-то достичь в жизни, мне надо трудиться изо всех сил. В моей жизни нет ничего хорошего. Мне не везет. Ничего не бывает по-моему. У меня ни на что не хватает времени. Пусть о моем счастье пекутся другие. Вот получу эту вещь, сразу стану счастливым. В этой жизни трудно что-то изменить. Реальность — это линейный процесс. Все болезни от микробов. Я легко набираю вес. Мне нужно восемь часов сна. У меня всегда что-то болит, и это норма. Мои биологические часы тикают. Красиво — это значит вот так. Смех без причины — признак дурачины. Я сам по себе, а Бог — сам по себе. Я негодяй, и Бог меня не любит...

Этот список можно продолжать бесконечно, но идея ясна.

Поскольку убеждения и представления основаны на прошлом опыте, следовательно, каждое из этих убеждений о себе самом, которых ты придерживаешься, пришло из твоего прошлого. Так они настоящие или ты их попросту выдумал? *Даже если они были истинными* в какой-то момент времени, это вовсе не означает, что они верны *сейчас.*

Однако мы смотрим на это по-другому, потому что испытываем зависимость от наших установок, испытываем зависимость от эмоций нашего прошлого. Мы считаем свои убеждения истиной, а не частным мнением, которое можно изменить. Когда мы имеем о чем-то очень сильные убеждения и прямо перед нами находится свидетельство противоположного, то мы скорее всего не заметим его, ибо наше восприятие определяется нашими неосознаваемыми установками.

Мы выработали у себя рефлекс верить во всевозможные вещи, которые не обязательно истинны, — а ведь многие из этих вещей отрицательно сказываются на нашем здоровье и счастье.

Хорошим примером служат некоторые культурные предрассудки или поверья. Достаточно вспомнить историю о проклятии вуду из главы 1: пациент был убежден, что скоро умрет, потому что колдун вуду его проклял. Иные культурные убеждения могут вызвать преждевременную смерть. Например, американцы китайского происхождения, болезнь которых сочетается с годом рождения (который китайская астрология и китайская медицина считают неблагополучным), умирают примерно на пять лет раньше.

К такому выводу пришли исследователи Калифорнийского университета в Сан-Диего, которые изучили свидетельства о смерти почти 30 тысяч американцев китайского происхождения. Этот эффект сильнее проявился у тех, кто был больше привержен китайским традициям и убеждениям, причем такие же результаты были выявлены почти для всех изученных основных причин смерти. Американцы китайского происхождения, родившиеся в «года, связанные со склонностью к новообразованиям и опухолям», умирают от лимфатического рака на четыре года раньше, чем их соплеменники, родившиеся в другие года, или чем американцы некитайского происхождения с таким же видом рака.

Как показывают эти примеры, мы поддаемся внушению только тому, что сознательно или неосознанно считаем истинным. Эскимосу, который не верит в китайскую астрологию, так же трудно внушить идею о том, что он восприимчив к определенной болезни из-за того, что он родился в год Тигра или в год Дракона, как убедить римского папу в том, что он скоро умрет, потому что его проклял колдун вуду.

Но стоит только *любому из нас* принять, поверить и положиться на результат без сознательного обдумывания или анализа, как он тут же становится внушаемым по отношению к этой конкретной реальности. У большинства людей такая вера внедряется далеко за пределами сознательного разума прямиком в подсознание, что, собственно, и порождает болезнь. Так позволь же задать тебе еще один вопрос. Сколько у *тебя* личных убеждений, основанных на культурных установках, которые могут и не быть истинными?

Изменить убеждения непросто, но возможно. Просто представь, что произойдет, если ты сумеешь успешно оспорить свои бессознательные убеждения. Что если вместо того, чтобы думать и чувствовать: «*У меня никогда не хватает времени, чтобы все довести до конца*», ты будешь думать и чувствовать: *«Я живу в безвременье, и я успею все завершить»*? Что если вместо веры в то, что *«вселенная в заговоре против меня»*, ты поверишь, что *«вселенная мой друг и работает мне во благо»*? Какая великолепная вера! Как бы тебе думалось, как бы тебе жилось, как бы ты ходил по улице, если бы верил, что вселенная любит тебя? Как ты думаешь, твоя жизнь изменилась бы?

Когда ты изменяешь веру, тебе приходится начинать с того, чтобы принять саму эту возможность, затем изменить уровень твоей энергии с помощью воодушевления, о котором я рассказывал выше, и, наконец, позволить своей биологии реорганизовать саму себя. Нет необходимости думать о том, как именно произойдет эта биологическая реорганизация или когда это должно случиться — это работает твой аналитический ум, который тащит тебя назад в состояние бета-волн и делает тебя менее внушаемым. Вместо этого тебе просто нужно принять окончательное решение. И как только амплитуда или энергия этого решения становится больше, чем жестко связанные программы в твоем мозге и эмоциональная зависимость в твоем теле, ты тут же станешь выше своего прошлого, и твое тело среагирует на новый образ мыслей, и ты сможешь осуществить настоящее изменение.

И ты уже знаешь, как это сделать. Подумай о моменте в твоем прошлом, когда ты решился изменить нечто в самом себе или в своей жизни. Если ты помнишь, наступил момент, когда ты, вероятно, сказал самому себе: *«Мне наплевать, как я себя чувствую* [тело]*! Не важно, что там происходит в моей жизни* [внешнее окружение]*! Мне все равно, сколько времени это займет* [время]*! Я доведу это до конца!»*

И тут твоя кожа вмиг покрылась мурашками. А все потому, что ты перешел в измененное состояние бытия. В тот момент, когда ты почувствовал эту энергию, ты посылал своему телу новую информацию. Ты почувствовал вдохновение и вышел из своего привычного состояния пассивной жертвы. Это произошло потому, что одной только мыслью твое тело перешло от жизни в одном и том же прошлом к жизни в новом будущем.

ЭФФЕКТ ВОСПРИЯТИЯ

Подобно вере и убеждениям, наше восприятие прошлого опыта – не важно, положительного или отрицательного, – напрямую влияет на подсознательное состояние нашего бытия и наше здоровье. В 1984 году доктор медицины Гретхен ван Бемель, в те годы заместитель директора клинической электрофизиологии Глазного института Доэни в Лос-Анджелесе, обнаружила замечательный пример этого. Она обратила внимание на тревожную тенденцию среди камбоджийских женщин, обратившихся в клинику Доэни. У этих женщин в возрасте от 40 до 60 лет, живших неподалеку в городке Лонг-Бич, штат Калифорния (который называют «маленьким Пномпенем», потому что там проживает что-то около 50 тысяч камбоджийцев), были серьезные проблемы со зрением, включая слепоту, причем в непропорционально высоких масштабах.

Физически глаза женщин были совершенно здоровы. Доктор ван Бемель провела сканирование мозга женщин, чтобы установить, как работают их зрительные центры, и сравнить с тем, как видят их глаза. Она обнаружила, что у каждой из женщин была совершенно нормальная острота зрения, в основном 20/20 или 20/40, но когда они пытались читать оптометрическую таблицу, их зрение падало почти до слепоты. У некоторых женщин абсолютно отсутствовало восприятие света, и даже не было реакции на тени – *несмотря на то, что физически их глаза были в полном порядке.*

Когда доктор ван Бемель пригласила доктора философии Патрицию Рози из Университета штата Калифорния в Лонг-Бич, чтобы вместе исследовать женщин-камбоджиек, то они обнаружили, что те из них, у кого со зрением было совсем плохо, прожили большую часть жизни под властью красных кхмеров или в лагерях беженцев во времена диктатора Пол Пота. Геноцид, проводимый красными кхмерами, унес жизни по меньшей мере полутора миллионов камбоджийцев между 1975 и 1979 годом.

В те годы 90% обследованных женщин потеряли членов семьи (некоторые – до десятка), а 70% насильно заставляли смотреть, как их самых близких зверски пытали и убивали – иногда целыми семьями. «Эти женщины видели то, что их психика просто не могла принять, – рассказала доктор Рози газете *Los Angeles Times*. – Их глаза попросту отключились, отказываясь видеть еще одну смерть, еще одну пытку, еще одно изнасилование, еще один голод».

Одну женщину заставили смотреть, как прямо перед ней убивали ее мужа и четырех детей, после чего она тут же потеряла зрение. Другой женщине пришлось смотреть, как каратель из числа красных кхмеров насмерть забил ее брата и трех его детей, причем ее трехмесячному племяннику размозжили голову об дерево. Она начала терять зрение сразу после этого. Женщины терпели избиения, голод, немыслимые унижения, сексуальное насилие, пытки и 20-часовой принудительный труд. Несмотря на то, что теперь они были в безопасности, многие из этих женщин рассказали исследователям, что они предпочитают оставаться дома, где им приходится снова и снова переживать свои воспоминания обо всех этих зверствах, которые возвращаются к ним в виде повторяющихся ночных кошмаров и навязчивых мыслей.

Задокументировав 150 случаев психосоматической слепоты у камбоджийских женщин в Лонг-Биче, – что составило самую большую известную группу подобных жертв во всем мире, – в 1986 году ван Бемель и Рози представили свое исследование на ежегодном собрании Американской физиологической ассоциации в Вашингтоне, округ Колумбия. Аудитория была потрясена.

Женщины в этом исследовании частично или полностью ослепли не из-за какого-то физического нарушения, но потому, что события, которые им пришлось пережить, имели такое эмоциональное воздействие, что они буквально «выплакали свои глаза до слепоты». Повышенная эмоциональная амплитуда, вызванная тем, что их заставили вынести зрелище жесточайших расправ, привела их к нежеланию видеть вообще. Событие создало физические изменения в их биологии – не в глазах, а прежде всего в мозге, – что изменило их восприятие реальности на всю оставшуюся жизнь. И поскольку они продолжали снова и снова проигрывать эти ранящие душу сцены в своей памяти, зрение к ним так и не вернулось.

Безусловно, это исключительный пример, однако наши прошлые травматические переживания, наверное, оказывают и на нас похожее воздействие. Если у тебя есть нарушения зрения, то, вероятно, какие-то вещи ты предпочел бы не видеть из-за болезненных или устрашающих переживаний прошлого? Аналогично, если у тебя есть нарушения слуха, то, возможно, в твоей жизни было нечто, что тебе не хотелось бы слышать?

На рисунке 7-2 представлена диаграмма, описывающая, как все это происходит. Кривая линия на графике отражает относительное измерение состояния бытия человека, которое начинается на нормальном, или базовом, уровне перед тем, как происходит некое событие. Пиковый выброс на кривой указывает на сильную эмоциональную реакцию на событие – например, когда камбоджийские женщины

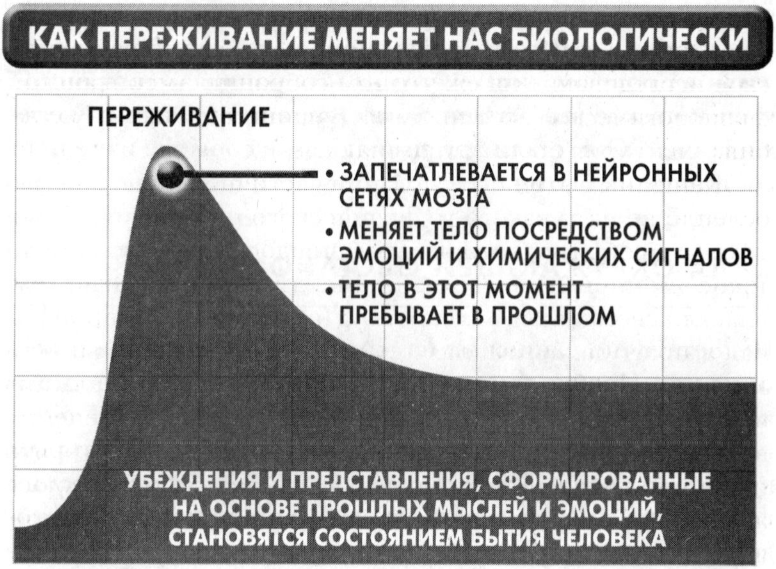

Рисунок 7-2. Высокозаряженное переживание в нашей внешней реальности отпечатает себя на схеме мозга и будет эмоционально запечатлено в теле. В результате мозг и тело живут в прошлом, а событие изменяет состояние нашего бытия, равно как и наше восприятие реальности. Это уже другая личность

переживали зверства красных кхмеров. Это ужасное переживание оставляет неизгладимый нейронный след в их мозге и химически меняет их тело, а также состояние их бытия – их мысли и чувства, установки и убеждения и, наконец, их восприятие. Это выразилось в том, что женщины вообще больше не желали смотреть на мир, а их биология подчинилась этому отказу, реализовав его через нейронную перестройку и химическую ресигнализацию.

Несмотря на то, что кривая на графике со временем падает и выравнивается, то место, где она заканчивается, отличается от того места, с которого она начиналась –

что указывает на то, что переживание изменяет человека. Что касается камбоджийских женщин, то они фактически жили в прошлом, потому что на них повлияло нейронное и химическое запечатление, порожденное ужасным переживанием. Они стали другими людьми; событие изменило состояние их бытия.

СИЛА ОКРУЖАЮЩЕЙ ОБСТАНОВКИ

Недостаточно единожды изменить свои убеждения и восприятие. Необходимо закреплять это изменение снова и снова.

Вернемся к пациентам с болезнью Паркинсона, которым помогло плацебо. Их здоровье улучшилось, поскольку их вегетативная нервная система начала подтверждать это новое состояние и в их мозге стал вырабатываться дофамин.

Однако, к сожалению, этот эффект обычно длится недолго, поскольку люди снова становятся теми, кем были прежде, то есть возвращаются к старому состоянию своего бытия. В данном случае каждый из пациентов с болезнью Паркинсона вернулся домой и увидел свою сиделку и свою супругу, уснул в той же самой кровати, съел ту же самую пищу и, может быть, сыграл в шахматы с теми же самыми друзьями, которые жаловались на свои болячки, – поэтому все это прежнее окружение напомнило ему прежнюю личность и прежнее состояние бытия. Все обстоятельства привычной жизни напомнили человеку, кем он был раньше, поэтому он соскользнул назад в свою прошлую личность. В результате разнообразные двигательные нарушения снова вернулись. Эти люди *заново отождествили себя*, оказавшись в своем привычном окружении. Вот насколько сильна окружающая обстановка!

То же самое происходит с наркоманами, которые много лет воздерживались от употребления наркотиков. Если снова поместить их в то же самое окружение, в котором они употребляли наркотики, то даже простого пребывания в знакомой окружающей обстановке достаточно, чтобы включились те же самые клеточные рецепторы, которые ранее включались во время опьянения. И это создаст такие физиологические изменения в их теле, как будто они снова приняли наркотики. Сознательный разум не может этим управлять. Это происходит автоматически.

Изучим это положение чуть глубже. Ты уже знаешь, что процесс выработки обусловливания создает сильные ассоциативные воспоминания. И ассоциативные воспоминания, активируя вегетативную нервную систему, стимулируют определенные подсознательные физиологические функции. Вспомни собаку Павлова. Когда у собаки вырабатывался условный рефлекс, связывающий звонок с кормежкой, тело собаки немедленно изменялось физиологически в ответ на нейтральный внешний стимул – звонок. Этот стимул из окружающей обстановки автоматически и подсознательно изменял внутреннее состояние собаки. У нее выделялись слюна и желудочный сок в предвкушении пищи.

Что касается страдающих болезнью Паркинсона и бывших наркоманов, можно сказать, что в тот миг, когда каждый из них вернулся в привычную обстановку, его тело автоматически и физиологически вернулось в прежнее состояние бытия – без особого контроля со стороны сознательного разума. Вот почему человеку в подобной ситуации так трудно изменяться.

И чем больше связь с эмоциями, тем сильнее реакция приобретенного (условного) рефлекса на раздражители в окружающей обстановке. Скажем, ты – кофеман и хочешь избавиться от этой зависимости. Если ты придешь ко мне в гости, а я начну заваривать кофе, ты услышишь знакомый шум кофеварки, почувствуешь аромат свежемолотых зерен и увидишь, как я пью твой любимый напиток, то случится следующее. Стоит только твоим чувствам уловить эти раздражители из окружающей обстановки, как разум твоего тела тут же отреагирует подсознательно и автоматически без особой помощи твоего сознания — потому что у тебя выработался условный рефлекс. Твое тело-разум будет затем стремиться к своей физиологической награде, воюя против твоего сознательного усилия, стараясь убедить тебя сделать хоть пару глотков.

Но если ты по-настоящему преодолел зависимость от кофе, а я сварю себе чашечку кофе прямо перед тобой, то ты сможешь спокойно выпить его вместе со мной, потому что теперь у тебя уже не будет той физиологической реакции, как раньше. Твой условный рефлекс будет преодолен (твое тело перестанет быть разумом), а ассоциативная память твоего окружения больше не будет иметь на тебя прежнего воздействия.

Это распространяется и на эмоциональные привычки. Например, если ты усвоил чувство вины из своих прошлых переживаний и неосознанно живешь так каждый день, тогда, подобно большинству людей, ты будешь где-то использовать кого-то или что-то в своем внешнем окружении, чтобы вновь и вновь подтверждать свое переживание. Например, в тот момент, когда ты видишь свою мать (по отношению к которой, например, чувствуешь себя виноватым) в доме, где ты вырос, твое тело автономно, химически и физиологически вернется к прошлому состоянию вины, не вовлекая в это свой сознательный разум. Тело, в которое было подсознательно запрограммировано чувство вины, живет в прошлом, поэтому когда ты находишься рядом с матерью, чувство вины для тебя более естественно, чем любое другое чувство. И совсем как у наркомана, приобретенный (условный) рефлекс изменил твое внутреннее состояние, основанное на твоей связи с твоей же прошло-настоящей внешней реальностью. Сломай зависимость от чувства вины, изменив подсознательную программу, и ты сможешь находиться в присутствии тех же самых условий и оставаться свободным от твоей прежней реальности.

Сотрудники новозеландского Университета Виктории в Веллингтоне изучали воздействие окружающей обстановки. Группу из 148 студентов пригласили принять участие в эксперименте, поставленном в обстановке бара. Исследователи сообщили половине испытуемых, что им нальют водки с тоником, а остальным пообещали только тоник. В действительности бармены, участвующие в исследовании, не добавляли ни капли алкоголя никому — у всех испытуемых в бокалах был чистый тоник. Атмосфера бара, созданная исследователями, выглядела вполне реалистически, вплоть до запечатанных водочных бутылок, куда был ловко налит простой тоник. Для большей достоверности бармены протирали кромку стаканов ломтиками лайма, смоченным алкоголем, прежде чем наливать в них смешанные в шейкере коктейли.

Испытуемые захмелели и вели себя как пьяные, причем некоторые проявили физические признаки алкогольной интоксикации! Они опьянели потому, что окружающая обстановка через ассоциативную память стимулировала их мозг и тело реагировать прежним, привычным образом.

Когда исследователи, наконец, рассказали студентам всю правду, многие были удивлены, а некоторые не поверили и настаивали на том, что действительно были пьяными в тот момент. Они считали, что пьют алкоголь, и эта убежденность превратилась в нейрохимические вещества, которые изменили состояние их бытия.

Другими словами, достаточно было одной только веры, чтобы возбудить биохимическое изменение в теле, точно соответствующее состоянию опьянения. Это произошло потому, что студенты выработали у себя условный рефлекс, связывающий алкоголь с определенными изменениями внутреннего химического состояния. И поскольку испытуемые ожидали или предвкушали, будущее изменение в своем внутреннем состоянии, основываясь на прошлых ассоциативных воспоминаниях об употреблении алкоголя, то окружающая обстановка стимулировала их физиологическое изменение, совсем как у собаки Павлова.

У этого явления, конечно же, есть и оборотная сторона. Окружающая обстановка может стимулировать и исцеление. Так, пациенты больницы в Пенсильвании, которые восстанавливались после хирургической операции в палате с видом на пригородную рощу, меньше нуждались в сильнодействующих болеутоляющих препаратах и выписывались на 7–9 дней раньше, нежели пациенты в палатах с окнами, выходившими на кирпичную стену.

Нет никаких сомнений в том, что окружающая обстановка может активно содействовать исцелению.

Возникает вопрос, а нужна ли тебе сахарная пилюля, или инъекция физиологического раствора, или псевдолечение, или окно с красивым видом (*что*-то или *кто*-то или *где*-то в твоем внешнем окружении), чтобы перейти в новое состояние бытия? Или можно проделать это, просто изменив свои мысли и чувства? Можно ли просто поверить в новую возможность здоровья, не опираясь на какой бы то ни было внешний стимул, и сделать эту идею новым эмоциональным переживанием до такой степени, чтобы она изменила твое тело и ты стал выше условных сигналов своего окружения?

Если да, то следует каждый день изменять свое внутреннее состояние, перед тем как проснуться и встретиться лицом к лицу с тем же самым прежним окружением. Помнишь, Дженис Шенфельд из главы 1, которая произвела физические изменения в своем мозге, думая, что принимает антидепрессант? То, что плацебо так хорошо сработало для нее, частично объясняется тем, что прием этой пустышки был для нее *ежедневным напоминанием* об изменении состояния ее бытия.

Если ты сумеешь войти в новое состояние бытия через медитацию, сочетая ясное стремление с возвышенным состоянием духа, если ты просыпаешься в отличном настроении и каждый день увлечен тем, что создаешь, то, в конце концов, непременно начнешь выходить из своего прежнего состояния. Ты окажешься в новом состоянии бытия с другими установками, верой и восприятием, больше уже не реагируя на те же самые вещи тем же самым образом, потому что теперь твое внешнее окружение не будет контролировать твой образ мыслей. Отныне ты будешь совершать новый выбор и новые поступки, что приведет к иным переживаниям и эмоциям. И, следовательно, ты превратишься в другую личность — личность, которая не испытывает суставных болей, не страдает двигательными нарушениями болезни Паркинсона и не ведает ни бесплодия, ни иных нарушений здоровья, с которыми тебе хотелось бы покончить.

Хочу обратить твое внимание на то, что далеко не все недомогания и болезни начинаются в нашей голове. Понятно, что дети появляются на свет с генетическими нарушениями и недостатками, которые никак не могли быть запущены их мыслями, чувствами, настроем и верой. И травмы, и аварии действительно случаются. Более того, контакт с токсинами окружающей среды, без сомнения, может причинить серьезный ущерб человеческому телу. Я не хочу сказать, что когда с нами что-то приключается, то мы вроде бы как сами напросились – хотя организм действительно может ослабляться из-за гормонов стресса, становясь более подверженным болезням из-за отключения иммунной системы. Я имею в виду, что, независимо от источника болезни, существует возможность изменить свое состояние.

КАК ИЗМЕНИТЬ СВОЮ ЭНЕРГИЮ

Итак, если мы хотим изменить свои представления и создать эффект плацебо, чтобы поправить здоровье и улучшить свою жизнь, следует делать в точности обратное тому, что по умолчанию делали камбоджийские женщины. Удерживая ясное и устойчивое стремление и подкрепляемое энергией эмоций, мы должны создать новый *внутренний* опыт в своем уме и теле, который превзойдет прошлый *внешний* опыт. Другими словами, если мы намерены создать новую веру, то энергия этого выбора должна быть достаточно высокой, чтобы превзойти жестко связанные программы и эмоциональные рефлексы в теле.

Это иллюстрирует рисунок 7-3. Здесь энергия (вдохновение) нового выбора *больше*, чем энергия травмы в прошлом опыте. И в результате влияние этого нового внутреннего опыта *перевешивает* остаток нейронного программирования и эмоционального условного рефлекса из прошлого опыта.

Этот процесс действительно перестроит мозг и изменит биологию. Новый опыт реорганизует прежнее программирование, *удаляя* нейронные отпечатки прошлого опыта. (Как большая морская волна, выкатившаяся далеко на пляж, смывает ракушки, водоросли, морскую пену и любые

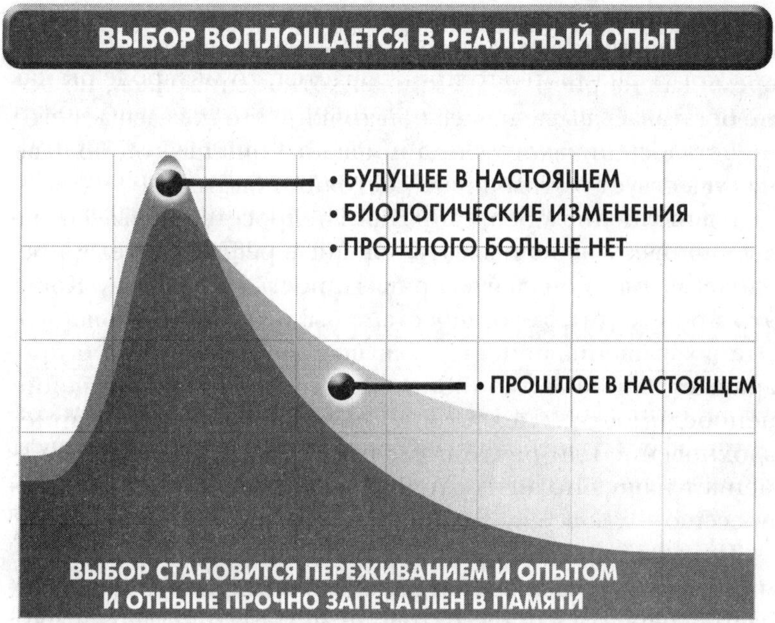

Рисунок 7-3. Чтобы изменить веру или восприятие самого себя и своей жизни, требуется очень устойчивое намерение — чтобы амплитуда энергии нового выбора была выше жестко связанных программ мозга и эмоциональной зависимости в теле. Тогда твой выбор создает новый внутренний опыт, который становится сильнее, чем прошлый внешний опыт, и это изменяет нейронные сети в твоем мозге и эмоциональные сигналы в теле. Поскольку пережитой опыт запечатлевается в памяти, то когда новый выбор становится пережитым опытом и запечатлевается, ты изменяешься. Биологически прошлого больше нет. Можно сказать, что твое тело в этот момент находится в новом будущем

следы на песке.) Сильные эмоциональные переживания отпечатываются в долговременной памяти, благодаря этому новый выбор мы никогда не забудем. В мозге и теле исчезают призраки прошлого, а новые сигналы переписывают нейронную программу и генетически меняют тело.

Еще раз взглянем на рисунок 7-3. Обрати внимание: здесь спад кривой на графике продолжается *до самого конца* (в то время как на рисунке 7-2 кривая хоть и снижалась, но все же оставалась выше начальной точки). Это показывает, что не осталось никакого следа прошлого опыта – он больше не существует в этом новом состоянии бытия.

В дополнение к реорганизации нейросетей новые сигналы начинают переписывать условные рефлексы тела, преодолевая эмоциональную привязанность к прошлому. Когда это происходит, тело перестает быть узником прошлого. Эта возвышенная энергия ощущается внутри тела и превращается в *новое* эмоциональное состояние – ощущение непобедимости, смелость, воодушевление, сострадание, вдохновение или нечто подобное. Именно эта *энергия* изменяет нашу биологию, нейросхему и генетическую экспрессию – а вовсе не химия.

Похожий процесс происходит с огнеходцами, поедателями стекла и змеедержцами. Для них очевидно, что они собираются перейти в иное состояние. И когда они удерживают устойчивое намерение обрести иное состояние, энергия этого решения создает такие внутренние изменения в их мозге и теле, которые делают их неуязвимыми к внешним воздействиям. Теперь их энергия защищает их таким способом, который в данный момент превосходит их биологию.

Как это часто бывает, наша нейрохимия – не единственная вещь, которая реагирует на повышенные состояния энергии. Оказывается, клеточные рецепторы в сотню раз более чувствительны к энергии и частоте, чем к таким физико-химическим сигналам, как нейропептиды (которые, как мы знаем, получают доступ к нашей клеточной ДНК).

Научные изыскания неизменно выявляют, что каждый отдельный аспект клеточной биологии и генетической регуляции определяет невидимые электромагнитные волны.

Клеточные рецепторы ведут себя по отношению к входящим энергетическим сигналам частотно-специфически. Электромагнитные волны включают: микроволны, радиоволны, рентгеновские волны, волны сверхнизкой частоты, частоты акустических гармоник, ультрафиолетовое и инфракрасное излучение. И определенные частоты электромагнитного поля могут влиять на поведение ДНК, РНК и синтез протеинов; изменять форму и функционирование протеинов; управлять регуляцией и экспрессией генов; стимулировать рост нервных клеток; влиять на деление клеток и их дифференциацию, а также отдавать специфическим клеткам команду объединяться в ткани и органы. На все эти виды клеточной деятельности влияет энергия электромагнитного поля.

Если это так и есть, значит, этому должна быть какая-то причина. Вспомним, что 98,5% нашей ДНК ученые называют «мусорной ДНК», поскольку не выяснили ее предназначения. Едва ли мать-природа стала бы помещать в наши клетки всю эту закодированную информацию, ожидающую прочтения, не дав нам возможность создать некий сигнал для ее расшифровки – как ни крути, а природа ничего не делает просто так.

Возможно, именно наша энергия и сознание способны создавать тот самый сигнал, который позволяет добраться до этого огромного таинственного ресурса скрытой ДНК? А если так, то нельзя обрести способность исцелять свое тело, изменив свою энергию? Ведь изменяя энергию, ты изменяешь состояние своего бытия. Запускаются эпигенетические изменения, и ты (буквально, а не метафорически) становишься *новой личностью.*

ГЛАВА 8

КВАНТОВЫЙ РАЗУМ

Мы привыкли думать, что реальность — это нечто неизменное, объективное и определенное. Однако в этой главе мы узнаем, что это неверно. Подобное представление отражает то, как нас всегда *учили воспринимать* действительность, но оно сильно отличается от истины. А поскольку мы хотим использовать свой ум для воздействия на материю, нам совершенно необходимо понять истинную природу реальности, понять, как соотносятся ум и материя, дабы изменять реальность.

Перед тем как погрузиться в квантовую концепцию Вселенной, давай посмотрим, откуда берутся наши представления о реальности и куда они на сегодняшний день привели нас. Благодаря Рене Декарту и Исааку Ньютону исследования вселенной веками делились на две категории: те, что касаются *материи,* и те, что касаются *разума.* Изучение материи (материального мира) было объявлено областью науки, ибо, по большей части, законы Вселенной, которые правят объективным внешним миром, можно просчитать и измерить, а следовательно, предсказать. Сферу разума, или души, всегда считали слишком непредсказуемой и запутанной, поэтому ее оставили на откуп религии. Со временем материя и разум стали отдельными объектами, что породило дуализм.

Физика Ньютона (известная также как *классическая физика*) имеет дело с тем, как объекты функционируют и взаимодействуют друг с другом в пространстве и времени материального, физического мира. Используя законы Ньютона, мы можем рассчитать траекторию, по которой планеты вращаются вокруг Солнца, ускорение падающего с яблони яблока, а также сколько времени займет перелет из Сиэтла в Нью-Йорк. Ньютонова физика связана с предсказуемостью. Она рассматривает жизнь Вселенной как функционирование громадного механизма или огромного хронометра.

Однако классическая физика имеет ограничения, когда она сталкивается с исследованием энергии, с действиями нематериального мира за пределами пространства и времени, а также с поведением атомов (точнее – элементарных частиц, из которых состоит все в материальной Вселенной). Это область квантовой физики. Оказалось, что поведение этого субатомного микромира ничем не напоминает огромный мир планет, яблок и самолетов (который намного нам ближе и понятней).

Когда квантовые физики начинают всматриваться в такие мельчайшие аспекты атома, как, например, устройство его ядра, то чем глубже они погружаются внутрь, тем менее отчетливым и понятным становится атом, пока, в конце концов, не исчезает полностью. По их словам, атомы на 99,9999999999% состоят из пустого пространства. Но это пространство не совсем пустое. На самом деле это – энергия. Точнее, оно состоит из огромного множества энергетических частот, которые образуют своего рода невидимое, взаимосвязанное поле информации. Итак, если каждый атом на 99,9999999999999% состоит из энергии или информации, то получается, что известная нам вселенная и все в ней — независимо от того, насколько плотной нам может казаться эта материя, — есть, по сути, всего лишь энергия и информация. Это научно доказанный факт.

В атомах все-таки есть ничтожная доля материального вещества, но когда квантовые физики попытались его исследовать, то обнаружили нечто поистине странное. Поведение субатомных частиц совершенно не похоже на функционирование материи, с которой мы привыкли иметь дело. Вместо того чтобы соблюдать законы Ньютоновой физики, частица ведет себя хаотически и непредсказуемо, полностью пренебрегая пределами времени и пространства. На самом деле на субатомном квантовом уровне материя является мимолетным феноменом. Она появляется всего на мгновение, а затем исчезает. Она существует только как тенденция, как вероятность или возможность. В квантовой физике нет никаких определенных материальных объектов.

Это было не единственным странным открытием, которое ученые сделали, изучая Вселенную на квантовом уровне. Они также обнаружили, что для воздействия на поведение элементарных частиц достаточно присутствия наблюдателя. Частицы постоянно то появляются, то исчезают, потому что на самом деле существуют одновременно в бесконечном множестве возможностей внутри невидимого и безграничного квантового поля энергии. И когда наблюдатель сосредоточивает внимание на неком местоположении единичного электрона, этот электрон действительно там появляется. Но стоит наблюдателю зазеваться, как субатомная частица снова исчезает в бескрайнем поле энергии.

Так вот, в соответствии с этим «эффектом наблюдателя» физической материи вообще не существует, пока мы не начинаем наблюдать ее. Иначе говоря, она не проявляется до тех пор, пока мы не обратим на нее своего внимания. Когда же мы перестаем обращать внимание на объект, он исчезает, возвращаясь туда, откуда пришел. Следовательно, материя постоянно трансформируется, осциллируя, – то проявляясь в виде материи, то исчезая в энергии (примерно 7–8 раз в секунду). Итак, человеческий разум (или какой другой), т.е. наблюдатель, внутренне связан с поведением и внешним видом материи. Получается, что преобладание разума над материей – квантовая реальность. Можно посмотреть на это иначе: в микромире кванта субъективный разум может воздействовать на объективную реальность. Твой разум может стать материей; вернее сказать, ты сам можешь *сделать свой разум материей.*

Поскольку субатомная материя составляет все, что мы можем видеть, осязать и воспринимать в нашем макромире, значит, в известном смысле, мы (а вместе с нами и все в нашем мире) снова и снова производим этот акт исчезновения–появления. Соответственно, если субатомные частицы существуют в бесконечном числе возможных мест одновременно, то, в некотором смысле, и мы тоже. И точно так же, как эти частицы переходят от существования одновременно повсюду (волна, или энергия) к существованию точно там, где наблюдатель ищет их, и в тот момент, когда наблюдатель обращает внимание (частица или материя), – так и мы потенциально способны свернуть бесконечное число потенциальных реальностей в физическое существование.

Другими словами, если можешь представить конкретное будущее событие, которое тебе бы хотелось пережить в своей жизни, то эта реальность уже существует как возможность, пребывающая где-то в квантовом поле – за пределами этого пространства и времени, – ожидая, чтоб ты ее наблюдал. Если твой разум (через твои мысли и чувства) может влиять на то, где и когда из ничего появится электрон, тогда теоретически ты должен иметь возможность влиять на появление *любого* события, которое можешь себе представить.

С точки зрения квантового подхода, если ты наблюдаешь себя в конкретном новом будущем, которое отличается от твоего прошлого, ожидаешь осуществления этой реальности, а затем эмоционально принимаешь результат, то ты уже оказываешься в этой будущей реальности. Таким образом, квантовая модель, утверждая, что все возможности существуют в данный момент, позволяет нам выбрать новое будущее и наблюдать его в реальности. Это означает, что

во вселенной существует невероятное
множество потенциальных возможностей,
которые мы с тобой, похоже, упускаем.

Однако это также означает, что мы творим по умолчанию, сами не ведая того. Если ты как квантовый наблюдатель ежедневно смотришь на свою жизнь с одной и той же позиции – с теми же ожиданиями, тогда, согласно квантовой модели реальности, ты изо дня в день заставляешь бесконечные возможности сворачиваться в одни и те же узоры информации. Эти узоры, которые ты зовешь своею жизнью, никогда не меняются, а значит, не позволяют и тебе *совершать изменения*.

Таким образом, метод мысленной репетиции, описанный выше, не имеет ничего общего с тем, чтобы тщетно грезить наяву или наивно загадывать желания. Это в самом прямом смысле способ проявления твоей желаемой реальности, включая сюда и жизнь без боли и болезней. Сосредоточиваясь на том, чего ты хочешь, ты можешь вызвать желаемое к жизни. И заодно можешь «заставить исчезнуть» все нежелательное, просто перестав обращать на него внимание. Куда ты направляешь свое внимание, туда ты направляешь и свою энергию. Стоит тебе вложить свое внимание, или осознание, в какую-то возможность, как твоя энергия тут же оказывается там. В результате ты воздействуешь на материю своим вниманием, или наблюдением. Выходит, что эффект плацебо – это не фантазия, а квантовая реальность.

ЭНЕРГИЯ НА КВАНТОВОМ УРОВНЕ

Все атомы в элементарном мире излучают разнообразную электромагнитную энергию. Например, атом может испускать невидимые энергетические поля на различных частотах, включая рентгеновское излучение, гамма-лучи, ультрафиолетовые и инфракрасные лучи, а также лучи видимого света. И точно так же, как невидимые радиоволны, которые несут частоту со специфической информацией, зашифрованной в ней (будь то 98,6 или 107,5 герц), каждая отдельная частота несет особую, отличную от других информацию, как показано на рисунке 8-1. Например, информация рентгена сильно отличается от информации инфракрасных лучей, потому что у них разные частоты. Все эти поля представляют собой различные энергетические узоры, которые всегда излучают информацию на атомарном уровне.

Считай, что атомы – это вибрирующие энергетические поля или маленькие вихри, которые постоянно вращаются. Чтобы лучше понять, как это работает, используем аналогию с вентилятором. Подобно циркулярному пропеллеру, который создает ветер (воздушный вихрь), когда он включен, – каждый атом, поскольку он вращается, сходным образом излучает энергетическое поле. И точно так же, как вентилятор может вращаться на разных скоростях, создавая воздушный поток то сильнее, то слабее, атомы вибрируют на разных частотах, создавая то сильные, то слабые поля.

Рисунок 8-1. Здесь показаны два различных типа электромагнитных колебаний, каждый из которых несет свою информацию и имеет собственные свойства. Рентген сильно отличается по своим свойствам от радиоволн

Чем быстрее вибрирует атом, тем большую энергию и частоту он излучает. Чем ниже скорость вибрации атома, или вихрь, тем слабей энергия, которую он создает.

Причем, чем медленней вращаются лопасти вентилятора, тем легче разглядеть саму лопасть как материальный объект. И то место, где могут потенциально возникнуть лопасти вентилятора (как те субатомные частицы то появляются, то исчезают из виду), зависит от твоего наблюдения – от того, где и как ты будешь их искать. Давай разберемся подробнее.

В квантовой физике материю олицетворяет *частица*, а нематериальное энергетическое поле информации – *вол-*

на. Когда мы исследуем физические свойства атома, например массу, то атомы выглядят как физическая материя. Чем медленней частота вибрации атома, тем больше времени он проводит в физической реальности и тем больше он похож на частицу, которую можно видеть как твердую материю. Материя кажется нам твердой, хотя в большей степени является энергией, потому что определенные атомы вибрируют с той же самой скоростью, что и мы.

Однако атомы одновременно обладают свойствами энергии, или волны (длина волны и частота). Чем быстрее вибрирует атом и чем больше энергии он создает, тем меньше времени он проводит в физической реальности; он появляется и исчезает слишком быстро для нашего глаза, потому что вибрирует с гораздо большей скоростью, чем мы. Однако, хотя мы не можем разглядеть энергию как таковую, мы можем оценить косвенные признаки частоты энергии, поскольку силовое поле атомов характеризуется такими физическими свойствами, как, например, инфракрасные волны, нагревающие предметы.

Если сравнить рисунок 8-2А с рисунком 8-2В, мы увидим, что медленные частоты проводят в материальном мире больше времени, таким образом проявляясь как материя.

Итак, физическая вселенная может выглядеть так, будто состоит из одной только физической материи, но на самом деле она является частью поля информации (квантового поля), в котором материя и энергия настолько глубоко отождествлены, что невозможно рассматривать их как разные сущности. Это происходит потому, что все частицы соединены в нематериальное невидимое поле информации за пределами пространства и времени, а поле это состоит из сознания и энергии.

Поскольку каждый атом имеет свое собственное энергетическое поле, или особую энергетическую сигнатуру, то

НИЗКАЯ ЧАСТОТА, МЕДЛЕННЫЕ КОЛЕБАНИЯ И БОЛЬШАЯ ДЛИНА ВОЛНЫ = ЧАСТИЦА БОЛЬШЕ ПРОЯВЛЯЕТСЯ В МАТЕРИАЛЬНОЙ РЕАЛЬНОСТИ

Рисунок 8-2А иллюстрирует, что материя проявляется из частиц медленной частоты с большей длиной волны

собираясь вместе и образуя молекулы, атомы объединяют свои поля информации, а затем излучают уже объединенные уникальные узоры энергии. Если все материальное во Вселенной излучает специфическую уникальную энергетическую сигнатуру (поскольку все состоит из атомов), тогда мы с тобой тоже излучаем свои собственные специфические энергетические сигнатуры. Мы с тобой неизменно распространяем информацию в виде электромагнитной энергии, основанную на состоянии нашего бытия.

Следовательно, когда ты изменяешь свою энергию, чтобы изменить представления или восприятие себя и своей жизни, ты на самом деле наращиваешь частоту атомов и молекул своего физического тела, тем самым усиливая свое энергетическое поле (как показано на рисунке 8-3). Ты сильней раскручиваешь скорость атомных «вентиляторов»,

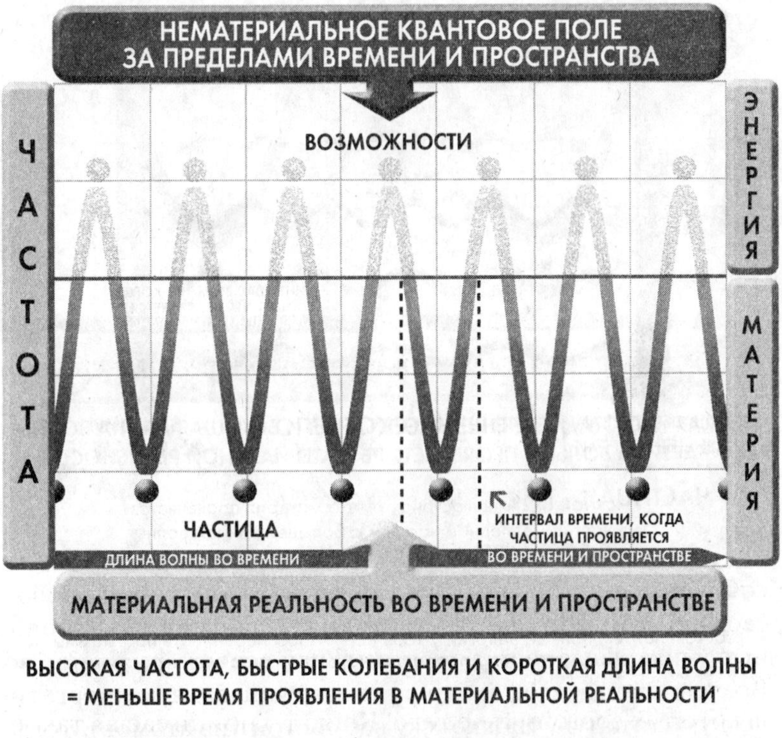

ВЫСОКАЯ ЧАСТОТА, БЫСТРЫЕ КОЛЕБАНИЯ И КОРОТКАЯ ДЛИНА ВОЛНЫ = МЕНЬШЕ ВРЕМЯ ПРОЯВЛЕНИЯ В МАТЕРИАЛЬНОЙ РЕАЛЬНОСТИ

Рисунок 8-2В. Когда энергия вибрирует медленнее, то частицы появляются в физической реальности на более длительные промежутки времени, таким образом проявляясь как материя. Рисунок 8-2В иллюстрирует условия, при которых частицы проводят в физической реальности меньше времени и являются поэтому скорее энергией, чем материей. У таких частиц короче длина волны, больше скорость и частота колебаний

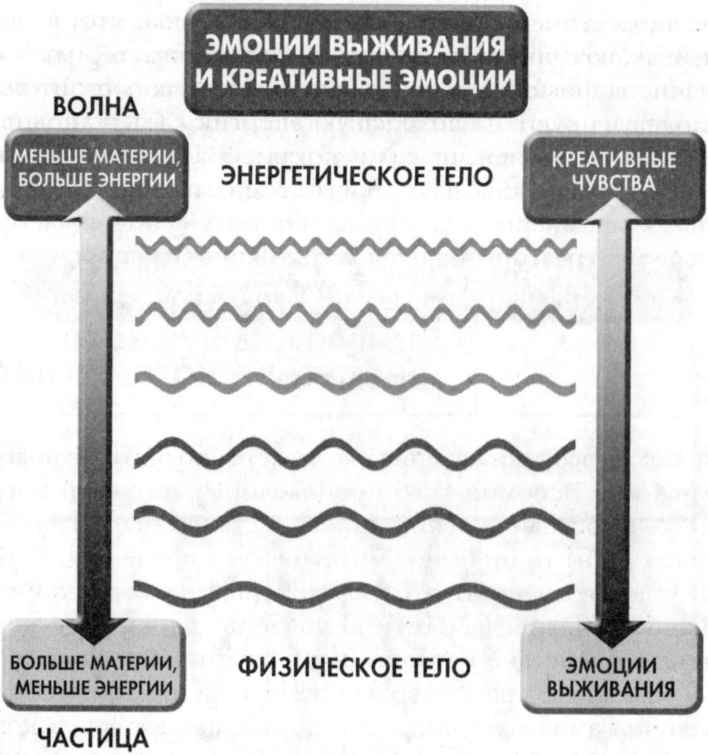

Рисунок 8-3. Когда ты изменяешь свою энергию, ты поднимаешь материю к новому сознанию, а твое тело вибрирует с более высокой частотой. Ты становишься все больше энергией и все меньше материей — скорее волной, чем частицей. И чем креативней и эмоциональней твое состояние, тем больше энергии у тебя есть, чтобы переписать программы в теле. Затем твое тело реагирует на новое состояние сознания

из которых состоит твое тело. Когда ты принимаешь такое возвышенное эмоциональное творческое состояние, как вдохновение, посвящение, благодарность или ощущение непобедимости, ты заставляешь свои атомы вертеться быстрее (как те лопасти вентилятора) и излучать более сильное энергетическое поле вокруг твоего тела, что, в свою очередь, воздействует на твою физическую материю.

Теперь физические частицы, из которых состоит твое тело, реагируют на возросшую энергию. Ты становишься скорее энергией, нежели материей. Ты теперь скорее волна, чем частица. Используя свое сознание, ты создаешь больше энергии, поднимая материю на новую частоту, и твое тело реагирует на новое состояние сознания.

ПОЛУЧЕНИЕ НУЖНОГО ЭНЕРГЕТИЧЕСКОГО СИГНАЛА

Так как же все-таки материя оказывается поднятой к новому сознанию? Вспомни того проповедника, который погружается в состояние религиозного экстаза и пьет стрихнин без каких бы то ни было биологических последствий. Как ему удается победить этот яд, который на месте убивает обычного человека? Именно уровень его энергии пересилил воздействие материи (яда). Этот проповедник принял решение с таким твердым намерением, что его выбор увеличил амплитуду энергии, которая превзошла законы окружающей среды, воздействие на организм и линейное время. В тот момент он был более энергией и менее материей, и в результате именно новая энергия переписала схему в его мозге, химию в его теле, а также его генетическую экспрессию. В тот самый момент он не был ни прежней личностью, связанной с привычным для него окружением, ни своим физическим телом, не был биологическим существом, живущим в линейном времени. Его возвышенное сознание и энергия были эпифеноменом материи. Другими словами, именно информация вместе с частотой породили чертежи материи. И когда мы достигаем возвышенного уровня осознания и энергии, то именно эти элементы влияют на материю – потому что материя порождается за счет снижения частоты и информации.

Вполне возможно, что клеточные рецепторы проповедника не были открыты для стрихнина – двери клеток были закрыты для яда и потому безразличны к его воздействию. Силой своего духа – то есть с помощью энергии, – он моментально выключил клетки своего тела для яда.

Нечто подобное происходит с огнеходцами: они изменяют состояние своего бытия, и клеточные рецепторы тут же закрываются для воздействия жара. По той же причине девочки-подростки из главы 1 смогли поднять трактор весом в 3000 фунтов, чтобы вытащить из-под него своего отца. Здесь не материя (тело) двигала материю (трактор) – это энергия воздействовала на материю.

Химические вещества, из которых состоит клетка, тоже являются участниками единого информационного поля. Именно это невидимое информационное поле ежесекундно координирует сотни тысяч функций клетки. Ученые начинают осознавать, что информационное поле, которое отвечает за несметное количество клеточных функций, существует за пределами границ материи.

Именно это невидимое поле сознания координирует все функции клеток, тканей, органов и систем тела. Откуда определенные химические вещества и молекулы твоих клеток узнают, что им делать, и как могут взаимодействовать с такой точностью? Клетка окружена энергетическим полем, которое представляет собой сумму энергий атомов, молекул и химических веществ, сбалансированно работающих сообща, порождающих материю. Именно из этого жизнеспособного информационного поля и берется материя.

Например, мышечные клетки способны организоваться и специализироваться в мышечную ткань. Предположим, что речь идет о сердечной мышце и ткань сердечной мышцы образует орган под названием «сердце». Клетки сердечной мышцы составляют информационное поле, которое позволяет сердцу согласованно функционировать. Сердце – это часть сердечно-сосудистой системы. Пребывая в этом информационном поле, сердце организует материю таким образом, чтобы она функционировала гармонично и целостно (холистически). Именно это созданное поле, порождающее материю, ею же и управляет. И чем сильнее это поле, тем чаще вибрируют атомы – и тем быстрее вращаются лопасти твоего субатомного вентилятора.

Ньютонова модель биологии основана на линейных событиях. При этом химические реакции происходят в виде последовательности шагов. Но в действительности биология работает совсем не так. Теперь уже нельзя объяснить ничего – даже как заживает банальный порез – без понимания путей взаимосвязанной согласованной информации, о которых мы только что говорили. Клетки разделяют взаимосвязь информации нелинейным образом. Вселенная и все биологические системы внутри нее участвуют в объединении независимых, переплетенных энергетических полей, которые, в свою очередь, вносят свой вклад в информацию за пределами пространства и времени на ежемоментной основе.

Исследования подтверждают, что большинство взаимодействий между клетками происходят *быстрее* скорости света.

А поскольку скорость света в физическом мире является предельной, значит, клетки должны взаимодействовать на квантовом уровне. Взаимодействия между атомами и молекулами образуют взаимосвязь, которая объединяет физический, материальный мир с энергетическими полями, составляя единое целое. В квантовом мире линейные, предсказуемые характеристики Ньютонова мира не существуют. Объекты взаимодействуют целостно, единым ансамблем.

Таким образом, с точки зрения квантовой модели реальности, можно сказать, что любая болезнь есть понижение частоты. Вспомним гормоны стресса. Когда твоя нервная система находится в режиме «бей или беги», химические вещества выживания заставляют тебя быть материей, а не энергией. Ты веришь лишь в очевидную реальность, воспринимаемую органами чувств, ты злоупотребляешь жизненной энергией, расходуя ее на выживание, и все твое внимание направлено на внешний мир, тело и время. При длительном стрессе его последствия будут все больше понижать твою энергию. Это означает, что все меньше сознания, энергии и информации смогут разделять между собой атомы, молекулы и химические вещества твоего организма. В результате ты становишься материей, тщетно пытающейся изменить материю – ты становишься телом, безуспешно пытающимся изменить тело.

Все индивидуальные субатомные «вентиляторы», составляющие твое тело, не только замедляют вращение, но также перестают попадать друг с другом в ритм. Это создает рассогласование среди атомов и молекул и приводит к такому ослаблению сигнала взаимосвязи, что тело начинает выходить из строя. А чем более твое тело материя, а не энергия, тем очевидней ты попадаешь под власть второго закона термодинамики – *закона об энтропии*, – согласно которому материальные вещи во Вселенной имеют склонность разрушаться.

Представь, что будет, если собрать в одной огромной комнате сотни включенных вентиляторов, сообща вращающихся в едином ритме и жужжащих в унисон. Их согласованный гул музыкой будет звучать для твоих ушей. Вот на что похожи наши тела, когда сигналы между его атомами и молекулами сильные и согласованные.

Теперь представь, что электрической энергии не хватает на все вентиляторы, и они вращаются на разных частотах. Картина будет совершенно другой – комнату наполнят хаос и какофония – лязг, вибрация, биение, череда пусков и остановок. То же самое происходит в нашем теле, если сигналы между его атомами и молекулами слабеют и теряют согласованность.

Когда ты изменяешь свою энергию потому, что ты принял решение с твердым намерением, ты повышаешь частоту своей атомарной структуры и создаешь преднамеренную, более согласованную электромагнитную сигнатуру (как показано на рисунке 8-4). Теперь ты воздействуешь на физическую материю своего тела. Наращивая свою энергию, ты усиливаешь приток электричества к своим атомарным вентиляторам. Повышенная частота начинает увлекать за собой, ты становишься в большей степени волной (энергией). Иными словами, у всей твоей материи теперь больше энергии и больше информации. При этом *согласованность* (когерентность) следует понимать как синхронный ритм или упорядоченность, а *рассогласованность* как отсутствие ритма, порядка или синхронности.

Итак, вообрази сотню барабанщиков, одновременно колотящих, кто во что горазд, по своим разнокалиберным барабанам. Это – рассогласованность. Теперь представь, что среди этой толпы самоучек появляются пятеро профессиональных ударников, которые рассаживаются по всему залу и начинают задавать очень четкий ритм. Со временем эти пятеро увлекут за собой остальных барабанщиков, подчинив всю сотню своему совершенному ритму, стройности и синхронии.

Именно это происходит, когда твое тело отзывается на новый образ мыслей, когда волосы дыбом встают у тебя на затылке оттого, что ты чувствуешь себя более энергией нежели материей. В этот момент ты возводишь материю к новому сознанию. Ты выводишь болезнь, которая существует как понижение частоты, на повышенную частоту.

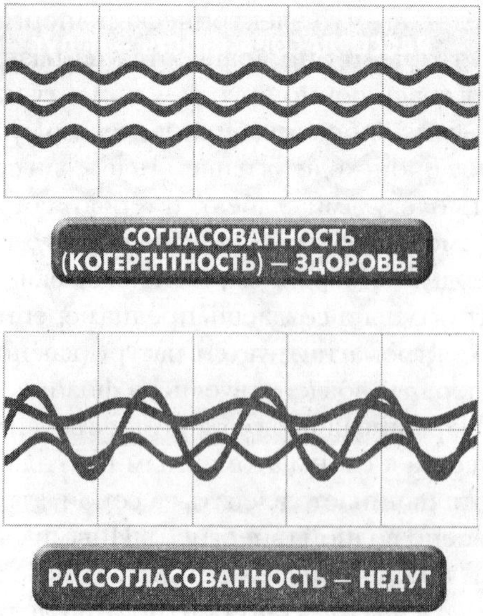

Рисунок 8-4. С квантовой точки зрения более высокая и согласованная частота олицетворяет здоровье, а сниженная и несинхронная — болезнь. Недуг — это всего-навсего понижение частоты и проявление информационной рассогласованности

И ты также заставляешь свои атомы и молекулы, химические вещества и клетки, ткани, органы и системы тела функционировать из поля более организованной информации.

Это похоже на прием радиостанции с помехами. Бывает, крутишь ручку настройки в поисках чистого сигнала, и внезапно разряды статического электричества пропадают, и ты слышишь музыку. Твой мозг и нервная система проделывают то же самое, настраиваясь на более высокие, более согласованные частоты. Когда это происходит, ты больше не подчиняешься закону энтропии. Ты переживаешь *обратную энтропию*, а согласованная сигнатура энергетического поля вокруг твоего тела делает тебя неподвластным законам

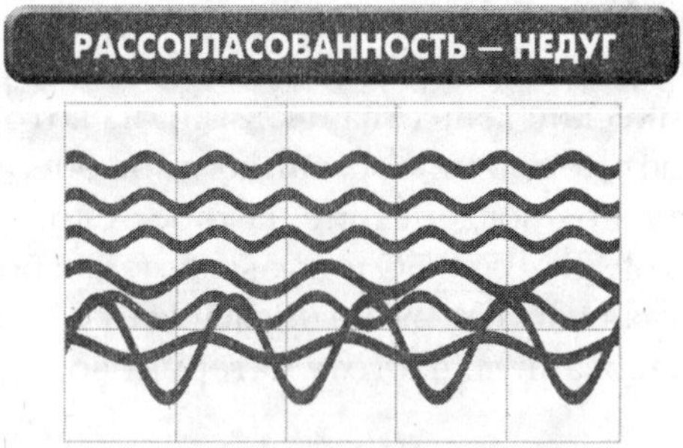

РИСУНОК 8-5A

РИСУНОК 8-5B

РИСУНОК 8-5C

Когда высокая и согласованная энергия взаимодействует с медленной и рассогласованной, она начинает приводить материю в более организованное состояние классической физики. Теперь твои атомарные вентиляторы вращаются с более высокой согласованной частотой, а молекулы, химические вещества и клетки, из которых состоит тело, получают новую информацию, твоя энергия оказывает положительное воздействие на твое тело.

Рисунки 8-5A, 8-5B и 8-5C показывают, как более высокая и согласованная частота энергии увлекает за собой медленную и несогласованную частоту материи, возводя ее к новому разуму.

Чем лучше организована и более согласована твоя энергия, тем легче ты выводишь материю на организованную частоту, а чем выше эта частота, тем четче и сильнее тот электромагнитный сигнал, который получает клетка. И наоборот, чем более рассогласована и несинхронизирована твоя энергия, тем трудней твоим клеткам взаимодействовать и сообщаться друг с другом.

ЗА КВАНТОВОЙ ДВЕРЬЮ

Поскольку квантовое поле – это невидимое информационное поле, это частота за пределами пространства и времени, откуда берется вещество всех вещей, и состоит оно из сознания и энергии, то все материальное во Вселенной объединено внутри этого поля и связано с ним. И поскольку вещество всех вещей состоит из атомов, которые связаны за пределами пространства и времени, то получается, что мы связаны с тобой, а также со всеми объектами и существами во Вселенной этим полем разума. Мы слиты воедино – лично и вселенски, своим внутренним и внешним миром, существуя в том поле, которое дает жизнь, информацию, энергию и сознание всем вещам.

Называй его, как хочешь, но это именно тот глобальный разум, который дает тебе жизнь прямо сейчас. Он организует и дирижирует сотнями тысяч нот в той гармонической симфонии, которая зовется твоей физиологией. Этот разум заставляет твое сердце сокращаться более 101 000 раз в день, перекачивая более двух галлонов крови за минуту, которая проходит по кровеносным сосудам более 60 000 миль в сутки. Пока ты читаешь это предложение, твое тело произведет 25 триллионов клеток. А каждая из 70 триллионов клеток, из которых состоит твое тело, выполняет от ста тысяч до шести триллионов функций в секунду. Сегодня ты вдохнешь 2 миллиона литров кислорода, и на каждом вдохе этот кислород будет доставлен в каждую клетку твоего тела за считаные секунды.

Сознательно ли ты следишь за всеми этими процессами? Или это делает за тебя и для тебя нечто наделенное сознанием намного выше твоего и волей намного сильнее твоей? Имя этому нечто – любовь! На самом деле это сознание любит тебя так сильно, что дарует тебе жизнь. Именно этот глобальный разум одушевляет каждый аспект материальной Вселенной. Это невидимое поле разума пребывает за пределами пространства и времени, и именно оттуда берется вещество всех вещей.

Оно заставляет сверхновые звезды рождаться в далеких галактиках и розы цвести в Версале. Оно вращает планеты вокруг Солнца и управляет приливами и отливами в Малибу. Поскольку оно одновременно присутствует во всех местах и во всех временах, а также внутри и повсюду снаружи тебя, то это сознание является одновременно личным и всеобщим. Следовательно, есть субъективное, обладающее свободной волей сознание (индивидуальное осознание) под названием «ты», а есть объективное всеобщее осознание, отвечающее за жизнь всего живого.

Стоит тебе закрыть глаза и перевести внимание от всех людей, вещей и событий, случившихся в разное время и в разных местах в твоем внешнем окружении, а также на минуту отпустить время, как ты, став квантовым наблюдателем, перенаправишь энергию из своей привычной жизни и вложишь свое осознание в неизведанное поле возможностей. Куда бы ты ни поместил свое внимание, туда перемещается и твоя энергия – следовательно, если ты продолжаешь вкладывать свое осознание в известную тебе жизнь, то туда уходит и твоя энергия, в ту же самую привычную реальность. Но стоит тебе вложить свою энергию в неизведанное поле возможностей за пределами пространства и времени и стать не телом, а сознанием (мыслью в квантовом потенциале), как ты притянешь к себе новое переживание. Когда ты входишь в медитативное состояние, твое субъективное, наделенное свободной волей сознание сливается с объективным всеобщим сознанием, и ты сеешь семена возможностей.

Самоорганизующаяся вегетативная нервная система – это твоя связь с этим упомянутым мною врожденным разумом, которая выполняет для тебя многие автоматические функции. И уж, конечно, не твой неокортекс отвечает за вышеупомянутые функции. Именно подкорковые центры в толще мозга подсознательно распоряжаются всем.

В медитации ты сливаешься именно с этим любящим разумом, ты превосходишь свое эго и переходишь к отсутствию «я», становишься чистым сознанием.

И ты уже больше не тело в окружающей обстановке и линейном времени, а ты ни*кто*, ни*что*, ни*где* и ни*когда*. И ты становишься осознанием в бескрайнем поле возможностей. Ты – в неведомом. А ведь именно из неведомого создаются все вещи. Ты в квантовом поле.

И теперь все твои биологические механизмы настроены на то, чтобы совершить этот подвиг – стать чистым сознанием.

ГЛАВА 9

ТРИ ИСТОРИИ ЛИЧНОЙ ТРАНСФОРМАЦИИ

В этой главе мы познакомимся с людьми, которые вложили энергию своего сознания в нематериальный мир за пределами наших органов чувств и неоднократно принимали возможность, пока она не воплотилась в их жизнь.

ИСТОРИЯ ЛОРИ

В возрасте 19 лет у Лори обнаружили редкую дегенеративную костную болезнь — *полиоссальную фиброзную остеодисплазию.* При этом подрывающем силы нарушении тело заменяет нормальную костную ткань более низкопробной, волокнистой тканью, а белковый строительный материал, поддерживающий скелет, становится необычно тонким и неравномерным. Процесс атипичного разрастания, связанный с этим диагнозом, приводит к тому, что кости распухают, слабеют, а затем ломаются. Фиброзная остеодисплазия может произойти в любой части скелета, а у Лори она проявилась в правой ноге – в бедренной кости, шейке бедра, большой берцовой кости и в нескольких костях стопы. Доктора сказали Лори, что ее болезнь неизлечима.

Фиброзная остеодисплазия – это генетическое заболевание, которое обычно проявляется после полового созревания. Что касается Лори, то первые признаки болезни проявились в том, что она целый год передвигалась по студгородку своего колледжа, прихрамывала от боли, вызванной, как потом выяснилось, переломом бедра. Она была крайне удивлена, услышав о переломе, потому что у нее не было никаких травм. Лори не замечала у себя особых проблем со здоровьем, ну разве что одна стопа была чуть больше другой. Она жила активной юношеской жизнью, увлекаясь бегом, танцами и большим теннисом. А к тому времени, когда девушка начала хромать, она как раз начала заниматься бодибилдингом, собираясь выступать на соревнованиях.

После диагноза жизнь Лори изменилась в одночасье. Хирург-ортопед предупредил, что ее кости стали хрупкими и страшно уязвимыми. Он настаивал на том, чтобы она ходила только на костылях вплоть до хирургического вмешательства: сперва планировалась трансплантация кости, а затем имплантация «бедренного штифта Рассела-Тэйлора» в полость ее бедренной кости. Услышав такие новости, Лори с матерью целый час проплакали в больничном кафетерии. Это был какой-то кошмар – та жизнь Лори, которая была ей знакома, похоже, внезапно закончилась.

Восприятие Лори ограничений – реальных и воображаемых – начало управлять ее жизнью. Во избежание новых переломов она следовала указаниям хирурга и послушно пользовалась костылями. Ей пришлось бросить интернатуру, куда она вступила незадолго до диагноза, и посвятить все свои дни медицинским процедурам. Отец настаивал, чтобы Лори осмотрели как можно больше специалистов по ортопедии, поэтому всхлипывающая мать возила дочку из одного врачебного кабинета в другой неделями напролет.

Каждый раз, когда Лори посещала нового доктора, она терпеливо ждала от него обнадеживающих новостей, но раз за разом слышала одно и то же. За каких-то несколько месяцев с десяток хирургов подтвердили ее диагноз. Наконец, последний доктор, который ее осматривал, высказал иное мнение. Он сообщил Лори, что предписанная другими врачами хирургия ничуть ей не поможет, потому что имплантация штифта укрепит больную кость только в самом слабом месте, но зато вызовет новые трещины в самых уязвимых ее частях сверху или снизу штифта. Он посоветовал Лори отказаться от хирургии и продолжать использовать костыли или инвалидную коляску – а то и вовсе избрать неподвижный образ жизни до конца своих дней.

С того дня Лори большую часть времени не покидал страх, что она может сломать кость. Она чувствовала себя беспомощной, маленькой и хрупкой, ее наполняли тревога и самосожаление. Месяцем позже она все-таки вернулась в колледж, но почти не выходила из квартиры.. Она виртуозно скрывала свою тяжелую и нарастающую клиническую депрессию.

БОЯЗНЬ ОТЦА

Сколько Лори себя помнила, ее отец был вспыльчивым человеком. Даже когда дети его вырастали, каждый из них знал, что может отведать его несдержанных кулаков в самый неподходящий момент. Каждый постоянно находился в полной боевой готовности, ожидая очередной вспышки отцовского гнева. Конечно же, Лори тогда еще не понимала, что ее болезнь на самом деле была напрямую связана с поведением отца.

Новорожденные проводят большую часть своих дней в состоянии мозгового дельта-ритма. За первые 12 лет у детей постепенно появляется тэта-ритм, а затем альфа-ритм, прежде чем прийти к состоянию бета-ритма, в котором они и проведут большую часть зрелости. Как говорилось выше, мозговые волны тэта и альфа связаны с особыми восприимчивыми состояниями. У маленьких детей еще нет аналитического ума, чтобы разобраться в том, что с ними происходит, и отсеять ненужную информацию, поэтому все данные, которые они получают из своих переживаний, напрямую шифруются в их подсознании. Благодаря повышенной внушаемости в тот момент, когда они чувствуют эмоциональное изменение под влиянием какого-либо опыта, они обращают внимание на того, кто именно вызвал это переживание, и таким образом вырабатывают у себя условный рефлекс. У них формируются ассоциативные воспоминания, связывающие того, кто вызвал переживание, с самой эмоцией этого переживания. Если это один из родителей, то, со временем привязавшись к нему, дети будут думать, что эмоции, которые им доставляет это переживание, – нормальные, потому что у них еще нет способности анализировать ситуацию. Именно так опыт раннего детства становится подсознательным состоянием бытия.

Те эмоционально заряженные события, которые переживала Лори, подрастая рядом с таким отцом, запечатлелись в системе ее неявной памяти, в подсознании, программируя биологию организма Лори. Ее реакция на гнев отца – она ежедневно чувствовала себя слабой, беспомощной, подавленной и испуганной, – постепенно стала частью реакций ее вегетативной нервной системы. Ее тело химически запечатлело эти эмоции, и окружающая обстановка подала генам, связанным с ее расстройством, сигнал включиться. Поскольку эта реакция была автоматической, Лори была неспособна изменить ее до тех пор, пока оставалась в плену своего эмоционального тела. Она могла только анализировать состояние своего бытия в соответствии с эмоциями прошлого, хотя ответы, которые были нужны ей, лежали вне рамок этих эмоций.

Как только Лори поставили диагноз «фиброзная остеодисплазия», ее мать немедленно объявила всей семье, что современная медицина официально признала Лори «хрупкой» — и, следовательно, та должна быть освобождена от физического насилия со стороны отца. Хотя он продолжал эмоционально и устно унижать дочь (до самой своей смерти 15 лет спустя), ее болезнь, по иронии судьбы, защитила ее от дальнейших физических расправ.

УКРЕПЛЕНИЕ СВОЕЙ ИДЕНТИЧНОСТИ В БОЛЕЗНИ

Этот извращенный механизм достижения безопасности, который Лори неосознанно создала для себя, был для нее средством выживания. В результате она извлекала пользу из своей болезни и предписаний врачей. Ей уступали место в автобусе или вагоне метро в час пик; она сидела на ближайшей скамейке, пока ее друзья стояли в очереди; она легко получала столик в переполненном ресторане. Позже Лори осознала, что ее болезнь *работает на нее.* Она начала на всю катушку использовать свой недуг, чтобы получить все, что угодно. Она теперь была способна лучше управляться в мире, который и прежде никогда не считала безопасным. Эмоциональная выгода от манипуляции реальностью с целью получить все, чего ей хотелось, таким образом, пришлась ей по душе. Лори получила даже больше, чем ей на самом деле требовалось для снятия психологического напряжения, пожертвовав для этого своим здоровьем. Вскоре ее болезнь стала ее личностью.

Однако позже Лори подняла позднеподростковое восстание против этой жизни, которая, как ей казалось, была навязана ей врачами, родителями и судьбой. К следующему семестру после диагноза она вошла в упрямое состояние отрицания своей болезни. Она решила стать первым «хромым» бодибилдером и с этим твердым намерением вернулась в спорт. Закусив удила, Лори преодолевала свое беспокойство и сознательно культивировала позитивный настрой. Она даже нашла способ поднимать гантели, не перегибая свои конечности.

Она думала, что, пытаясь прорваться через боль, она улучшит свое здоровье. На самом же деле ее усилия привели к противоположным результатам, потому что большую часть времени она чувствовала себя ужасно, а ее боль все нарастала. Как случается у пациентов с полиоссальной фиброзной остеодисплазией, Лори вдобавок заработала сколиоз и ежедневно мучилась от резкой боли в позвоночнике. К тому времени, как ей перевалило за двадцать, у нее начал развиваться артрит позвоночника, и не только.

Окончив колледж, Лори стала вести малоподвижный образ жизни, хотя ездила из нового дома на новую работу и обратно. Ее страх, беспокойство и депрессия никуда не делись. Она завидовала большинству своих сверстников, жалела об утраченных дружеских связях и романтических отношениях, потому что жила теперь почти как ее постаревшие родители, а не как молодая девушка.

Когда Лори было уже под тридцать, она не расставалась с тростью. К тому времени она пережила 12 серьезных переломов и множество опасных микропереломов. Ее кости были такими слабыми, что от напряжения под микроскопическими трещинами появлялись переломы большего размера и соединялись с другими областями ослабшей кости, образуя еще более серьезные переломы.

К тридцати годам у Лори было больше проблем со спиной, чем у ее 72-летнего отца. По существу, она преждевременно постарела. Она целыми днями не вставала с постели и пропускала так много рабочих недель, что ее несколько раз вынуждали увольняться. Она отложила получение дальнейшего образования, потому что в школе, куда ее приняли, не было исправного лифта. Ей приходилось отказываться от выходов в свет, посещения музеев, шопинга, путешествий, концертов и всех остальных дел, требующих длительной ходьбы или стояния. Она попала в замкнутый круг мыслей и чувств, о котором я рассказывал выше. На ее представление о том, что она ограничена и хрупкая внутри, ее тело отзывалось проявлением ограниченности и хрупкости снаружи. И чем больше она чувствовала себя уязвимой и слабой, тем более слабой и уязвимой она становилась, — продолжая получать все новые переломы, которые только укрепляли ее веру в собственную хрупкость и еще больше повторно подтверждали ее личность и состояние ее бытия.

Лори отрегулировала свою диету и принимала разнообразные витамины и биодобавки в дополнение к укрепляющим кости препаратам, но ничего не помогало остановить переломы. Ей достаточно было подняться на один лестничный пролет или просто ступить вниз с поребрика, чтобы заработать новый перелом кости. Это было похоже на ожидание очередного кошмара в триллере.

По иронии судьбы, когда Лори не пользовалась костылями или не хромала, она выглядела совершенно здоровой. Большинство людей полагали, что ее трость была неким экстравагантным аксессуаром, и многие не верили, что у Лори действительно была подрывающая силы болезнь, что время от времени даже препятствовало получению специального лечения, в котором она так нуждалась. Попытки убедить людей в том, что она действительно нездорова, еще больше упрочили ее идентичность больного человека, усиливали ее стремление доказать свою инвалидность и закрепляли ее веру в свое неполноценное состояние.

В то время как весь остальной мир изо всех сил старается скрыть свою слабость и уязвимость, Лори постоянно провозглашала эти свои недостатки.

Лори тратила массу энергии, пытаясь контролировать все в своем окружении. Она обращала пристальное внимание на то, что ела и пила, измеряя калории. Каждая прогулка по району была просчитана. Она даже вычислила вес продуктов, который могла без опаски приносить домой из супермаркета, — 10 фунтов[1]. Это был предельный груз, который она могла себе позволить, не рискуя повредить свои кости.

Такой образ жизни был утомительным, но Лори ничего не могла поделать. У нее оставалось все меньше выбора, поскольку, чтобы избежать переломов, она продолжала ограничивать круг занятий, которые могла себе позволить. По мере того, как сужался ее образ жизни, сужались ее ум и кругозор. Страхи Лори усиливались, ее депрессия нарастала, она пробовала снова пойти на работу, но не смогла нигде удержаться.

Та же самая женщина, которая когда-то была бегуном, танцором и бодибилдером, могла теперь заниматься только

[1] 4,5 кг.

йогой для сохранения хоть какой-то формы, однако к 40 годам и хатха-йога стала для нее слишком тяжелой. Ее единственным упражнением оставалось энергичное дыхание, сидя на стуле (правда, на пятом десятке доктор, наконец, разрешил ей заниматься плаванием).

Лори предпринимала попытки лечиться у терапевтов, народных целителей, энергетических и звуковых лекарей, гомеопатов, – неизменно ища помощи вне себя самой. Несколько раз, когда ей становилось лучше после энергетического врачевания, она шла прямиком к ортопеду, требуя нового рентгена, – только чтобы разочароваться в очередной раз, получив все те же неутешительные результаты без изменений. Женщина думала: *«Возможно, это лучшее, на что можно надеяться»*. Каждое утро она просыпалась в подавленном настроении, прибитая чувством страха, убежденная, что не в силах справиться с тем, что припас для нее мир.

ЛОРИ УЗНАЕТ О ТОМ, ЧТО ВОЗМОЖНО

Мы встретились с Лори в 2009 году, после того как она посмотрела фильм *«Покрытое тайной: Так что же мы знаем?!»*, который вдохновил ее идеей, что человек в состоянии создать себе совершенно новую жизнь. Мне довелось познакомиться с ней, когда я обедал перед своим мастер-классом, который проводил в одном ритрит-центре неподалеку от Нью-Йорка. Мы поговорили о тех курсах по личному изменению, которые я читал, и она тут же записалась на мой следующий семинар в августе того же года.

Когда Лори пришла на первое занятие, там она услышала, что абсолютно реально изменить свой мозг, свои мысли, свое тело, свое эмоциональное состояние и свою генетическую экспрессию. Во время семинара я рассказывал о физическом изменении, но убеждения Лори насчет ее болезни и ее тела были прочными, а эмоции жестко застряли в ее прошлом. У нее не было абсолютно никакого намерения вылечить свое тело, главным образом потому, что она просто не верила, что такое вообще возможно. Она пришла на семинар потому, что просто хотела лучше чувствовать себя внутренне.

Лори старалась изо всех сил и немедленно применила принципы, которым я обучал, хотя было непохоже, что она чувствовала себя по-другому чисто рационально. Самая первая вещь, которую Лори проделала почти сразу после этого первого курса выходного дня, — она перестала делиться своим диагнозом с окружающими. Хотя она пока не могла управлять своими эмоциями, она уяснила, что может контролировать как минимум то, что говорит вслух. Кроме тех случаев, когда ей приходилось просить стул на вечеринке или объяснять своему кавалеру, почему она не может с ним прогуляться, она совершенно прекратила распространяться по поводу своего недуга. Лори предпочла сосредоточиться на том, к чему стремилась в своем будущем: радостное внутреннее «я», глубокая связь с неким неведомым божественным источником, прекрасная работа, в которой она преуспевает, надежный спутник жизни, а также близкие и здоровые взаимоотношения с друзьями и родственниками.

Затем Лори сосредоточилась на изменении некоторых простых моделей своего поведения. Она следила за своими мыслями и словами и неоднократно напоминала себе о необходимости покончить со старыми повторяющимися разрушительными моделями. Она продолжала заниматься медитацией и посещать мои курсы. Стремясь придать смысл тому, что она делает, она добросовестно перечитывала записи моих занятий и общалась с сокурсниками. Со временем небольшую, но все же ощутимую часть дня Лори стала чувствовать себя лучше и сильнее. Она говорила себе: «Меняйся!» по двадцать раз на дню — всякий раз, когда замечала, что ее настрой скатывается в прошлое. Несмотря на то, что отрицательные мысли проскальзывали по сотне в день, мало-помалу Лори вырастила несколько новых представлений, записала их и старалась глубоко в них уверовать.

Лори старалась изо всех сил, но прошло два долгих года, прежде чем она смогла действительно *почувствовать* эти новые представления. Дабы не удручаться столь долгим ожиданием результатов,

---

Лори напоминала себе, что, поскольку ей понадобилось много времени, чтобы развить болезнь из своего эмоционального состояния, значит, потребуется время и чтобы *искоренить* ее.

Она напоминала себе, что ей придется пройти через биологическую, нейрохимическую и генетическую смерть своего прежнего «я», прежде чем возникнет новое «я».

Между тем события в ее внешнем окружении были не лучшие. Наводнение превратило дом Лори в кучу хлама, а проживание по новому месту жительства в многоквартирном доме доставило ей новые проблемы со здоровьем. Лори рассказала мне, что каждый раз, когда она садится медитировать и репетировать свою идеальную жизнь, ей кажется, будто она лжет сама себе, — а после, открывая глаза на реальные обстоятельства, чувствует будто пощечину. Я ободрил ее и посоветовал не определять реальность с помощью одних только органов чувств и продолжать пересекать реку перемен.

Лори, прихрамывая, посещала мастер-классы, порой сердитая, порой благодарная, и продолжала работать. Она также собрала группу сокурсников, чтобы медитировать вместе. Мало что радовало Лори в этой жизни. Ее отрадой была медитация. И она думала: *«Какого черта! Я могу хотя бы час в день проводить по эту сторону закрытых век – там, где совсем другая реальность, где мое тело никогда не болит, где у меня есть надежный и тихий дом, где выстроены совершенные любящие взаимоотношения с внешним миром, с моими друзьями и семьей»*.

В начале 2012 года во время одного из моих продвинутых мастер-классов Лори отметила у себя значительное углубление своих медитативных переживаний. Она была буквально и метафорически потрясена до глубины души. Физически это выглядело как возбуждение с последующей разрядкой. Ее тело тряслось, лицо исказилось, а руки взлетели кверху, пока она изо всех сил старалась усидеть на стуле. Эмоционально это выглядело как непостижимая радость. Она то плакала, то смеялась, то издавала такие странные звуки, которые не смогла потом объяснить. Весь страх и тот контроль, которые она прежде использовала, чтобы сдерживаться, были наконец отпущены. Она впервые почувствовала божественное присутствие и поняла, что больше не одинока.

Лори потом рассказывала мне: «Я ощущала что-то, кого-то, некое божественное присутствие, и этому сознанию не было безразлично мое благополучие, как мне, несомненно, казалось раньше. Это сознание действительно уделяло мне внимание. Понимание этого стало для меня огромным прорывом». Вся та энергия, которую она вкладывала в управление своими физическими передвижениями, а также ее жизнь в целом, начала наконец расслабляться и терять напряжение. К тому же энергия, которую она использовала для поддержания этого контроля, начала высвобождаться.

На следующем семинаре я заметил, что Лори пришла без трости и совсем не хромала. Она была веселой, улыбчивой и посмеивалась над собой, вместо того чтобы сердиться, хмуриться и морщиться от боли. Она превратила страх в смелость, разочарование в терпение, боль в радость, а слабость в силу. Она начинала изменяться — и внутри, и внешне *тоже*. Свободное от привязанности к этим ограничивающим эмоциям, ее тело в меньшей степени жило теперь в прошлом, поскольку она двигалась навстречу новому будущему.

Ранней весной 2012 года во время обычного осмотра ортопед сказал Лори, что примерно на две трети сократилась длина перелома, который расколол ее бедренную кость в возрасте 19 лет, — того самого перелома, который сохранялся на каждом из почти сотни рентгеновских снимков, сделанных ею с той поры. Врач не смог предложить никакого объяснения, но осмелился посоветовать ей заниматься на велотренажере по 10 минут дважды в неделю. Музыкой прозвучало это сообщение для ушей Лори, и она вышла.

УСПЕХ И НЕУДАЧИ

Итак, труды Лори по пересечению реки перемен начинали приносить плоды. Наконец-то она получила хоть какой-то отклик, который давал ей знать, что она добилась некоторого физического прогресса. Каждый день, когда Лори выходила за рамки своего тела, своего окружения и времени, она выходила и за пределы личности, которая была связана с ее настоящей и прошлой реальностью, за пределы своего эмоционально зависимого и привычного тела, а также за пределы предсказуемого будущего, которого она ожидала, основываясь на памяти прошлого. Все ее усилия, направленные на вытеснение аналитического рассудка, осознание настоящего момента и рискованное внедрение в систему программирования, в конце концов изменили ее.

Лори действительно начала верить, что ее сознание исцеляет тело. И тот старый перелом, который был связан с прежним «я», срастался потому, что она буквально становилась кем-то другим. Она больше не возбуждала и не сплетала те сети в мозге, которые были связаны с прежней личностью, потому что она больше не думала и не поступала так, как раньше. Она перестала обусловливать свое тело тем же самым образом мыслей, заново проживая в памяти свое прошлое с теми же самыми эмоциями. Она выкидывала из памяти воспоминания о своем прежнем «я», заменяя их новым «я», – изменяла свое сознание и эмоционально обучала свое тело тому, как оно должно себя чувствовать. Она становилась другим человеком.

Во время своей ежедневной медитации Лори фактически подавала сигнал новым генам, попросту изменяя состояние своего бытия. Из того, что она узнала на моих мастер-классах, Лори сделала вывод, что ее костные клетки нуждаются в правильных сигналах ее сознания, чтобы выключить ген фиброзной остеодисплазии и включить ген, вырабатывающий нормальную костную ткань.

Вот как сама Лори это объясняла:

«Я знаю, что все эти переломы структурно проявлялись вследствие нездоровой протеиновой экспрессии в моих костных клетках, потому что из года в год я не жила, а выживала под действием чувства страха, издевательств и боли – и слабела все больше и больше. Все мои силы ушли на то, чтобы во всей полноте проявить слабость в моем теле. Это я запрограммировала эти гены остаться, потому что подсознательно запомнила эти эмоции всем телом. А мое тело как разум всегда жило в прошлом. Когда же я выяснила, что моим костям не хватает коллагена, то захотела, чтобы мои костные клетки его вырабатывали. И тогда мне пришлось войти в вегетативную нервную систему, выйти за пределы аналитического ума, войти в подсознательный разум, неоднократно перепрограммировать мое тело новой информацией и позволить ему получать каждый день новые приказы. Когда я получила хорошие новости, то почувствовала, что наполовину пересекла реку перемен».

Лори продолжала заниматься медитацией и посещать мои семинары. Временами она испытывала приступы физической боли, однако частота, сила и продолжительность этих приступов значительно снижались. Она поменяла в своей жизни многое – сменила тренажерный зал, стала наносить дезодорант не с левой подмышки, а с правой, садилась на другой стул в своей квартире, спала с другой стороны кровати.

Она сообщала: «Это может показаться смешным, но я стремилась дать моему телу как можно больше новых сигналов, а поскольку переехать в большой дом в элитном районе нереально, пришлось довольствоваться этими мелочами».

По всей квартире Лори развесила заметки, чтобы напоминать себе оставаться сознательной и вызывать мысли и чувства, связанные с ее будущим. Она написала «Благодарю!», «Тянись вверх!» и «Люби!» на стикерах и расклеила их по дверям. Она закрепила на приборной доске своей машины записку, где было сказано: «Твои мысли невероятно сильны. Выбирай их мудро». Ободряющие заметки и мотиваторы не были ей внове, но раньше она никогда не придавала им особого значения, потому что толком не знала, как нужно изменять свои убеждения.

В конце января 2013 года, когда она снова пришла на прием к своему ортопеду, тот впервые за 28 лет сказал ей, что у нее *не было* больше переломов – ни одного. Ее кости были здоровыми и целыми. Она написала мне: «Мне трудно выразить в словах ту радость, которая меня переполняет. Наконец я почувствовала свою силу и воодушевление. Теперь я знаю, что *более* чем наполовину пересекла реку перемен».

Ее костные клетки были теперь запрограммированы на выработку новых, здоровых протеинов. Вегетативная нервная система физически, химически и эмоционально восстанавливала равновесие в организме. И Лори знала, что может довериться и целиком отдаться его власти. Ее тело продолжало откликаться на новое сознание.

Через месяц после визита к ортопеду Лори прилетела в Аризону на один из наших продвинутых мастер-классов. Спустя час после приезда ей позвонил помощник доктора и сообщил, что полученные результаты анализов крови и мочи указывают на то, что ее болезнь продолжает прогрессировать. Впервые за много лет лечащий врач рекомендовал ей вернуться к внутривенной бифосфонатной терапии.

Лори была убита горем. Рентген оставил у нее впечатление, что она снова здорова, но лабораторные анализы показали обратное. За считаные секунды она утратила перспективу и была уверена, что у нее ничего не получилось. Когда она сообщила эти новости мне, я сумел переубедить ее, рассказав, что ее тело по-прежнему живет в прошлом и что ему просто еще нужно время, чтобы догнать разум. Я предложил ей продолжать работать над собой и снова сдать анализы через несколько месяцев.

Вдохновленная участниками наших мастер-классов, Лори вернулась домой, где продолжала целеустремленно выполнять свою практику медитации, еще более ясно и страстно созерцая жизнь, которую могла бы иметь. Она стала воображать, что у нее все в порядке не только с костями, но представляла себя полностью выздоровевшей – энергичной, пылкой, неунывающей, юной и в полном расцвете здоровья, сил и энергии. Лори воображала, что у нее есть все, что она хочет, включая функциональное тело без ограничений двигательной активности. Она говорила себе, что старуха, которой она была с 19 до 47 лет, – всего-навсего персонаж из прошлого.

НОВЫЙ РАЗУМ, НОВОЕ ТЕЛО

В считаные месяцы Лори стала чувствовать себя счастливее, радостнее, свободнее и здоровее. Она начала с большей ясностью думать о своем будущем. Она редко чувствовала боль в теле и больше уже не пользовалась ни костылями, ни тростью при ходьбе.

Когда наступил май 2013 года, Лори нервничала при мысли о том, что ей опять придется сдавать анализы. Она отложила поход в больницу до июня. Затем она рассказала о своих сомнениях и страхах одному опытному участнику мастер-класса, который попросил Лори думать о каких-нибудь приятных вещах, связанных с посещением больницы и сдачей анализов. В этот момент Лори поняла, что у нее есть масса положительных, жизнеутверждающих эмоциональных ресурсов, которые можно привлечь. Она стала читать вслух длинный список, включая то, как всегда чисто в больнице, как неизменно предупредительны медсестры и квалифицированы врачи, как там спокойно и тихо, как о тебе там всегда позаботятся. Это был именно тот сдвиг в фокусе, который был ей нужен.

Когда в день сдачи анализов Лори подъехала к больнице, она выразила благодарность за солнечный свет, за отсутствие пробок на дорогах, за исправную работу автомобиля, за свою ногу, которая помогла ей управлять автомобилем, за свое отличное зрение, за свободное место на парковке, которое она легко нашла, и так далее. Позже она рассказывала мне: «Я вошла внутрь, назвала себя, а потом закрыла глаза и медитировала в приемной, пока не пришла моя очередь. Потом пописала в банку, вручила ее медсестре и вышла вон с чувством благодарности за простую возможность ходить. Я отпустила результат анализа – полностью. В глубине души я была готова принять любой результат. Это позволило мне совсем забыть о нем, потому что я ничего не ожидала. Меня охватила и всепоглощающая признательность. Я перестала анализировать и просто верила».

Она вспомнила, как я говорил ей, что как только она начнет анализировать, как или когда к ней придет исцеление, она тут же вернется к своему прежнему «я», потому что ее новое «я» никогда не стало бы думать с такой неуверенностью. Лори продолжала: «И тогда, безо всяких причин, я приняла настоящий момент – ощущая его принятие *независимо от результата.* Я не ждала, что результаты анализов сделают меня счастливой или благодарной – я была в таком состоянии подлинной благодарности и любви к жизни, как будто это уже случилось. Мне больше не нужно было ничего извне для полного счастья. Я уже была здорова и счастлива, потому что нечто *внутри меня* было еще более здоровым и полным».

У Лори не было почти ничего на той внешней «большой шкале», которой измеряются успех, удовлетворение и безопасность – вроде дохода, дома, спутника жизни, бизнеса, ребенка или даже волонтерской работы, которой она бы особенно гордилась. Но зато у Лори была любовь ее друзей и тех членов семьи, с которыми она могла поддерживать отношения. А еще у нее была недавно открытая любовь к себе самой. Она вдруг поняла, что раньше у нее никогда не было принятия самой себя – только интерес к своему «я». Позже она рассказывала мне, что эту разницу она никогда не смогла бы понять в ее предыдущем, узком состоянии сознания. Теперь она чувствовала себя вполне довольной собой и своей жизнью. Она сказала: «И впервые с тех пор, как я начала это путешествие, мне было совершенно наплевать на анализы. Я была счастлива сама по себе».

Две радостные недели спустя пришли результаты анализа. Помощник доктора сообщил Лори: «Твои результаты совершенно нормальны. Ты набрала 40 баллов. Твои показатели опустились с ненормальной, повышенной отметки в 68 баллов, которая была пять месяцев назад».

Лори пересекла реку и разгуливала теперь по берегам новой жизни. В ее теле не осталось больше свидетельств прошлой жизни. Она стала свободной – она родилась заново.

Позже Лори говорила мне:

«Случилось так, что в одно мгновение моя идентичность как «пациента» и «больного человека» пересилила все другие роли, которые я прежде играла в жизни. Я притворялась этим человеком, но с самого начала всегда знала, что не была им. Все мое внимание и энергия расходовались на то, чтобы быть пациентом, вместо того чтобы быть женщиной, женой, дочерью, работником, да просто счастливым и здоровым человеком. Теперь я знаю, что у меня попросту не оставалось энергии на то, чтобы быть кем-то еще, пока я полностью не перенесла мое внимание и энергию со своей прежней личности и прежнего «я» в мое новое «я». Я так благодарна, что стала теперь самой собой!»

Отныне у Лори нет никаких сожалений, обид и чувства утраты по отношению к прошлому. Как сама она говорит: «Мне бы не хотелось осуждать, обижаться или сожалеть о своем прошлом, потому что это отнимет у меня мое чувство цельности. Я бы даже сказала, что моя болезнь стала для меня благословением, ибо позволила преодолеть мои собственные ограничения, а теперь я люблю себя такой, какая я есть. Я живу в мире сама с собой. Я действительно изменилась на биологическом и клеточном уровне.

«Я — живое доказательство того тезиса, что разум может исцелить тело, и поверьте, *никто* не удивлен этим больше, чем я сама».

ИСТОРИЯ КЭНДИС

Личная жизнь Кэндис длилась меньше года, а потом зашла в тупик. Прошло всего несколько месяцев совместной жизни, и они с сожителем глубоко погрязли в непрерывных разборках и драках, обвинениях в измене, постоянном недоверии и бесконечных взаимных упреках. Они оба чувствовали ревность и неуверенность друг в друге. Каждого из них преследовали бесплодные ожидания, которые другой был не в силах удовлетворить. Охваченная незнакомой ей прежде яростью, Кэндис билась в неистовых припадках бешенства, сопровождаемых криком и неуправляемыми вспышками гнева. Эти припадки оставляли в ней чувство опасности и утраты собственного достоинства, она все больше ощущала себя жертвой. Такое поведение было для нее в новинку — никогда прежде она не была гневливой, недовольной или огорченной, и никогда прежде она не впадала в истерику за все 28 лет ее жизни.

Несмотря на то, что где-то на инстинктивном уровне Кэндис понимала, что оставаться в этих обстоятельствах крайне вредно для нее, она не смогла избежать эмоциональной привязанности к этим нездоровым взаимоотношениям. А поскольку у нее развилась зависимость от стрессовых эмоций, это стало ее новой идентичностью. Ее персональная реальность создавала ее новую личность. Внешнее окружение Кэндис управляло тем, как она думала, действовала и чувствовала. Она стала жертвой, попавшей в ловушку своей собственной жизни.

Переполненная мощной энергией эмоций выживания, Кэндис начала вести себя как адреналиновый наркоман, нуждающийся в этом эмоциональном буйстве чувств, и верила, что нечто *где-то там* заставляет ее чувствовать, думать и реагировать таким образом. Она не могла подняться над своими эмоциями. Запертая в клетку этого эмоционального состояния, она снова и снова воссоздавала одни и те же мысли, одни и те же выборы, одни и те же поступки и одни и те же события.

На самом деле Кэндис использовала своего сожителя и все обстоятельства своего внешнего мира для подтверждения того, кем она сама себя считала. Необходимость испытывать гнев, разочарование, неуверенность, собственную низость, страх и муки совести была связана с ее взаимоотношениями. Хотя это и не служило ее высшему идеалу, она слишком боялась изменений, чтобы исправить эту ситуацию. На самом деле она стала настолько привязана к этим эмоциям, подтверждающим ее идентичность, что предпочла бы скорее ощущать эти привычные ядовитые чувства постоянно, чем расстаться и принять нечто незнакомое – сделать шаг от известного к неведомому. Кэндис начала верить, что она *и есть* ее эмоции, и в результате утвердила личность, основанную на прошлом, которое сама же создала.

Спустя примерно три месяца после того, как отношения начали совсем уже скатываться по наклонной плоскости, тело Кэндис не могло больше выдерживать постоянный стресс этого сверхэмоционального состояния, и у нее начали выпадать волосы — за считаные недели женщина облысела почти на треть. Затем развились острые мигрени, хроническая усталость, желудочно-кишечные нарушения, утрата концентрации, бессонница, прибавка веса и куча других подрывающих силы симптомов, которые потихоньку разрушали ее.

Будучи молодой женщиной с сильной интуицией, Кэндис нутром почувствовала, что эта «болезнь» была продуктом собственного изготовления — следствием ее собственных эмоциональных отклонений. Одно только *обдумывание* ее личной жизни физиологически выбивало ее тело из равновесия, подготавливая почву для очередного конфликта. Кэндис включала гормоны стресса и свою вегетативную нервную систему одной только мыслью. И когда она думала о своем партнере, обсуждала его или жаловалась на их взаимоотношения своим родственникам и друзьям, она вырабатывала в своем теле условный рефлекс, связывающий его с умом этих эмоций. Это была предельная взаимосвязь ума и тела, а поскольку она не могла выключить стрессовую реакцию, то в конце концов начала выключать свои гены. Ее мысли буквально делали ее больной.

Прошло шесть месяцев таких взаимоотношений, а Кэндис по-прежнему жила в крайней дисфункции, на высших уровнях стресса. Несмотря на то, что она теперь была уверена, что ее симптомы были предупреждающим знаком, она подсознательно продолжала выбирать ту же самую реальность, которая стала теперь нормальным состоянием ее бытия. Бомбардируя свое тело отрицательными эмоциями выживания, Кэндис подавала сигнал неправильным генам. Она чувствовала, что медленно умирает изнутри и снаружи, и знала, что пора взять жизнь в свои руки, но не имела ни малейшего представления о том, как это сделать. У нее не хватало смелости разорвать эти взаимоотношения, поэтому она терпела еще больше года, все это время живя в привычной трясине обиды и гнева. Были ее эмоции оправданы или нет, но пока Кэндис наблюдала, как за это расплачивается ее тело.

КЭНДИС ПЛАТИТ ЗА МУЗЫКУ

В ноябре 2010 года Кэндис, наконец, пришла на прием к врачу, который диагностировал у нее болезнь Хасимото (известную также как *тиреоидит Хасимото* или *хронический лимфоцитарный тиреоидит*) – аутоиммунное заболевание, при котором иммунная система атакует щитовидную железу. Это нарушение сопровождается гипотиреозом (пониженная функция щитовидки) с редкими приступами гипертиреоидизма (сверхактивная щитовидка). Симптомы болезни Хасимото включают: набор веса, депрессию, манию, чувствительность к жару и холоду, онемение, хроническую усталость, панические атаки, ненормальную частоту сердечных сокращений, повышение холестерина, низкий сахар в крови, запор, мигрени, мышечную слабость, тугоподвижность суставов, судороги, потерю памяти, проблемы со зрением, бесплодие и выпадение волос. Многие из этих симптомов и наблюдались у Кэндис.

Во время консультации эндокринолог сказал Кэндис, что болезнь ее генетическая, и с ней ничего нельзя поделать. Ей придется провести с болезнью Хасимото остаток своих дней, постоянно принимая препараты для щитовидной железы, потому что количество антител у нее никогда не изменится. Несмотря на то, что чуть позже Кэндис выяснила, что в ее семье прежде никогда не было такого заболевания, она сочла диагноз приговором.

Сам факт получения диагноза наградил Кэндис непредвиденным озарением. Ей просто нужен был пробуждающий призыв, и она его получила в виде этого самого диагноза. Выход из строя ее физического тела заставил ее задуматься о своем прошлом и взглянуть в лицо истине, увидеть себя со стороны. До нее дошло, что она несет личную ответственность за развитие своего аутоиммунного заболевания, которое медленно уничтожало ее физически, эмоционально и умственно. Она проживала свою жизнь в состоянии постоянного эмоционального напряжения. Вся энергия ее тела уходила на то, чтобы обеспечить безопасность в своем окружении, а на внутреннюю среду энергии уже не оставалось. Ее иммунная система была больше уже не способна поддерживать себя.

Несмотря на душераздирающий страх перемен и ужас перед неизвестностью, пять месяцев спустя Кэндис все же решилась разорвать взаимоотношения с сожителем. Она полностью осознала, что такая жизнь была губительной. Она спросила себя: *«Что же мне выбрать? Оставаться инвалидом и все глубже погружаться в этот мрак? Или выбрать свободу и возможности? Это мой шанс начать новую и другую жизнь»*.

Бедствия Кэндис стали началом ее личной эволюции, самоанализа и развития. Она обнаружила, что стоит на краю пропасти, готовая совершить прыжок в неведомое. Ее решение прыгнуть и измениться стало страстным переживанием. И она все-таки прыгнула туда, где ей виделись бесконечные возможности, принуждаемая к этому страстным желанием изменить обстоятельства своей жизни, — и поэтому смогла переписать свой биологический код.

Это стало поворотным пунктом в жизни Кэндис. Она прочла две мои предыдущие книги и посетила один из семинаров для начинающих, поэтому знала, что если она примет свой диагноз вместе с эмоциями страха, беспокойства и тоски, которые он вселял, то будет заниматься самовнушением и верить только в мысли, соответствующие этим чувствам. Она могла попробовать мыслить положительно, но ее тело чувствовало себя плохо, поэтому это могло иметь такие же последствия. Сделать такой выбор означало принять неправильное плацебо, выбрать ошибочное состояние бытия.

Вот почему вместо всего этого Кэндис решилась не принимать своего заболевания. Она вежливо отклонила диагноз врача, напоминая себе, что ум, создающий заболевание, – это тот же самый ум, который создает здоровье. Она знала, что должна изменить свои убеждения относительно заболевания, полученные ею от врачей. Кэндис решила не быть внушаемой к советам и мнениям лечащего врача. И она не была испуганной, обманутой или печальной. Нет, она была полна оптимизма и энтузиазма, и эти эмоции возбудили новый настрой мыслей, который позволил ей увидеть новую возможность. Она не *приняла* свой диагноз, прогноз или лечение; не *поверила* второпях в самый вероятный результат или будущую судьбу; не *сдалась* диагнозу и плану лечения. Она не *обусловила* свое тело этим будущим сценарием наихудшего развития, не стала *ожидать* того же самого предсказуемого результата, что и все, и не *придала тот же самый смысл* болезни, который придавали ей все пациенты в таком же состоянии. У нее был другой настрой, поэтому она оказалась в другом состоянии бытия.

КЭНДИС БЕРЕТСЯ ЗА ДЕЛО

Несмотря на то, что Кэндис не смирилась со своей болезнью, ей еще предстояло проделать огромную работу. Она знала, что для победы над болезнью ей предстояло сделать эмоциональный выбор с такой амплитудой энергии, которая превышала бы жестко связанные программы в ее мозге и эмоциональные привычки в ее теле, чтобы это тело смогло отозваться на новое сознание. Только тогда она смогла бы пережить требуемое изменение в энергии, необходимое, чтобы переписать подсознательные программы и стереть ее прошлое на нейронном и генетическом уровне — что как раз и начало происходить.

Хотя Кэндис раньше уже слышала, как я об этом рассказывал, и теоретически знала материал, она еще не приняла это знание в качестве личного переживания. На первом мастер-классе, который она посетила вскоре после постановки диагноза, она выглядела обессилевшей и все время засыпала прямо на стуле. Я знал, что ей очень трудно.

Когда она пришла на следующий мастер-класс, то уже чуть больше месяца принимала препараты для поддержки щитовидки, и поэтому была бодрей и проявляла больше интереса. Кэндис чрезвычайно вдохновили истории, которые я рассказывал в те выходные. Когда она услышала других участников, которые не собирались становиться жертвами обстоятельств в их внешнем мире, и о том, какие необычные исцеления могут произойти с людьми, она решила, что станет своим собственным научным проектом.

Так Кэндис отправилась в свое путешествие. Получив представление об эпигенетике и нейропластичности на моих семинарах, она решила, что больше не будет жертвой болезни и использует свое знание для нанесения болезни контрудара. Она наполнила свое будущее другим смыслом, и потому у нее были другие стремления. Она вставала каждый день в полпятого утра, чтобы заняться медитацией, и начинала эмоционально обусловливать свое тело новым разумом. Она очень старалась научиться пребывать в настоящем моменте, которого, как она поняла, прежде не осознавала.

Кэндис хотела стать счастливой и здоровой, поэтому она сражалась изо всех сил, чтобы вернуть свою жизнь. Но даже при этих условиях ей поначалу было очень трудно, и она очень расстраивалась, когда ей не удавалось подолгу сидеть на занятиях. Ее тело привыкло нести в себе разочарование, гнев, раздражение и мучения, а потому, ясное дело, бунтовало.

Кэндис словно дрессировала непослушное животное, ей приходилось укрощать свое тело, удерживая его в настоящем моменте. Каждый раз, проделывая это, она чуть больше освобождала себя от оков своей эмоциональной зависимости.

Каждый день во время медитации Кэндис работала над преодолением своего эго, своего окружения и времени. Она отказывалась вставать тем же самым человеком, которым садилась медитировать, потому что прежняя Кэндис была злобным и разочарованным персонажем, слишком химически зависимым от своих внешних обстоятельств. Она больше не желала быть таким человеком. Она слушала свои медитации, имитировала новые состояния бытия и не собиралась останавливаться до тех пор, пока не полюбит жизнь, — не окажется в истинном состоянии благодарности безо всякой видимой причины.

Кэндис применяла все те знания, которые почерпнула, присутствуя на моих семинарах, слушая аудиодиски, читая и не раз перечитывая книги, а также изучая свои записи мастер-классов. Она вплетала новую информацию в свой мозг, чтобы приготовить себя к новому опыту исцеления. Все чаще и чаще она обнаруживала, что может воздерживаться от возбуждения и плетения старых нейронных связей гнева, разочарования, обиды, высокомерия и недоверия, а вместо этого была в состоянии возбуждать и плести новые нейронные сети любви, радости, сочувствия и доброты. Кэндис знала, что таким образом отсекает старые связи и выращивает новые. И чем больше она прикладывала усилия в состоянии духовного подъема, тем лучше ей удавалось преобразовать себя.

Со временем она стала ощущать чувство благодарности просто за то, что жива, понимая, что там, где существует гармония, нет места рассогласованности. Она повторяла себе: *«Я не та прежняя Кэндис, и я не собираюсь больше подтверждать то существование»*. И упорно занималась месяц за месяцем. Если же ей случалось обнаружить, что ее несет назад – ее охватывает гнев или недовольство обстоятельствами внешнего мира, ощущение болезни или несчастья, – то она тут же брала себя в руки. Быстро изменяя состояние своего бытия, она смогла сократить периоды времени, когда ею владели эти пагубные эмоции, а потому стала, в общем и целом, менее угрюмой, менее буйной и непохожей на себя прежнюю.

В иные дни Кэндис чувствовала себя так плохо, что ей не хотелось вставать с постели, но она все равно вставала ради медитации. Она повторяла себе, что, когда она преобразует эти низкие эмоции в возвышенные, она биологически удалит себя от своего прошлого и настроит свой мозг и тело на новое будущее. Она начала понимать, насколько результативной была ее внутренняя работа, и вскоре эта практика перестала требовать усилий и воспринималась как дар.

Благодаря своему ежедневному упорству Кэндис очень быстро заметила огромный сдвиг и стала чувствовать себя намного лучше. Она стала по-другому общаться с окружающими, потому что теперь смотрела на мир не сквозь страх и обиды, а через призму сочувствия, любви и благодарности. У нее прибавилось сил и прояснилось в голове.

Кэндис поняла, что она уже не реагирует по-старому на привычные обстоятельства своей жизни, потому что прежних, основанных на страхе эмоций больше не было в ее теле. Она преодолевала свои спонтанные реакции, потому что теперь осознала, что люди и обстоятельства, которые обычно огорчали ее, существовали только в связи с тем, как она себя чувствует. Она становилась свободной.

Она научилась сознавать многие мысли, которые обычно проскальзывали мимо ее осознания в течение дня. Во время медитаций она приняла твердое решение, что эти мысли никогда больше не останутся незамеченными. Ни при каких обстоятельствах она не позволяла себе возвращаться к поступкам и привычкам, связанным с ее прежним «я». Она биологически и эпигенетически как бы вымыла классную доску, освободив место для создания нового «я», и ее тело начало освобождать энергию. Другими словами, она переходила от частицы к волне, высвобождая застывшие эмоции как энергию в своем теле. Ее тело больше уже не жило в прошлом.

Эта заново доступная энергия, которую высвободила Кэндис, позволила ей видеть пейзаж нового будущего. Она спрашивала себя: *«Как я хочу себя вести? Как я хочу себя чувствовать? Как я хочу думать?»* Месяц за месяцем ежедневно просыпаясь с чувством благодарности, Кэндис эмоционально сигнализировала своему телу, что ее новое будущее уже здесь. Это подавало генам новые сигналы, возвращая ее тело в гомеостаз. Оборотной стороной ее гнева стало сочувствие. Оборотной стороной ее раздражения стали терпение и благодарность. А оборотной стороной ее мучений стал творческий порыв, стремление к радости и благополучию. С обеих сторон была одна и та же мощная энергия, но теперь Кэндис была способна освободить ее, поскольку переходила от частицы к волне, от выживания к созиданию.

ЭТО СЛАДКОЕ СЛОВО «УСПЕХ»

Когда Кэндис вернулась к своему лечащему врачу спустя семь месяцев после диагноза, он был поражен тем, как изменилась его пациентка. Анализы ее крови были идеальны. Первичные анализы в феврале 2011 года показали, что тиреотропный гормон (ТТГ) был 3,61 (выше нормы), а количество антител составляло 638 (показатель явного дисбаланса). Но к сентябрю 2011 года ТТГ Кэндис упал до нормального значения 1,15, а количество антител стало здоровым – 450, несмотря на то, что она больше не принимала никаких препаратов. Она исцелила себя менее чем за год.

Доктор захотел узнать, как она добилась таких великолепных результатов. Это казалось чудом, в которое верилось с трудом. Кэндис объяснила, что поскольку она узнала, как и почему сама создала свою болезнь, то решила поставить на себе эксперимент, чтобы устранить ее. Она рассказала доктору, что с помощью ежедневной медитации и поддержания возвышенного состояния сознания она эпигенетически сигнализировала новым генам. Она объяснила, что методично работала над созданием той себя, которой она хотела стать, и что перестала реагировать на любые раздражители в своем окружении подобно животному в режиме выживания: драться, убегать, лягаться или реветь. Все вокруг нее в целом оставалось прежним, просто теперь она реагировала иначе.

Ошарашенный доктор только и смог вымолвить: «Если бы все мои пациенты были похожи на тебя, Кэндис. Твоя история выглядит невероятной». На самом деле Кэндис толком не *знала*, как произошло ее исцеление. Да ей уже и не надо было. Она просто знала, что стала кем-то другим.

Мы как-то обедали с Кэндис вскоре после того, как это, наконец, произошло. К тому времени она уже не получала никакого лечения месяцами и не выказывала никаких признаков недомогания. Она была здорова, волосы снова отросли, и она была в полном ладу с собой. Она снова и снова повторяла, что очень довольна своей нынешней жизнью.

В ответ я рассмеялся: «Ты любишь жизнь, а она отвечает тебе взаимностью. Да и как вам с жизнью не любить друг друга – ведь *ты же сама* ее такую выращивала день за днем в течение нескольких месяцев!»

Кэндис объяснила, что она просто верила в безграничное поле потенциальных возможностей, а кроме того, знала, что вне ее самой есть что-то еще, помогающее ее исцелению. Ей оставалось всего лишь выйти за пределы самой себя.

Нынешняя жизнь Кэндис теперь в корне отличается от ее прежней жизни. Теперь она деловой партнер в программе персонального развития, обучающей самосовершенствованию. У нее прекрасные отношения с любовником, новые друзья и деловые перспективы. Новая личность, в конечном счете, создает новую персональную реальность.

Состояние бытия обладает особым магнетизмом. Оно притягивает события, соответствующие этому состоянию бытия, поэтому стоило Кэндис полюбить саму себя, как она тут же притянула к себе любовные взаимоотношения. Поскольку она почувствовала себя и свою жизнь достойными уважения, то в ее жизни стали появляться обстоятельства, в которых она разглядела благоприятные возможности внести свою лепту, завоевать уважение и найти свое место в этом мире. И, разумеется, когда она стала новой личностью, то ее прежняя личность стала похожа на чужую жизнь. Эта новая физиология стала увлекать ее на высшие уровни радости и вдохновения. Кэндис же стала кем-то другим.

И не то чтобы она впала в зависимость от радости — нет, она просто перестала быть зависимой от уныния. Когда она начала ощущать себя счастливой, то обнаружила, что всегда можно испытать еще *больше* счастья, еще *больше* радости и еще *больше* любви, потому что каждое переживание создает различную смесь чувств.

Окончательный урок, который вынесла Кэндис, заключался в том, что ни в своей болезни, ни в своих трудностях она не может винить никого, кроме себя самой.

В прежнем состоянии ее бытия у нее была стойкая вера в то, что она — жертва обстоятельств, своих неудачных взаимоотношений и что не *она* проживает свою жизнь, а жизнь происходит *с ней*. Теперь Кэндис взяла всю полноту ответственности на себя. И она поняла, что все случившееся стало для нее великим даром, о котором она не смела и мечтать.

ИСТОРИЯ ДЖОАННЫ

Джоанна прожила большую часть своей жизни на полную катушку. 59-летняя мать пятерых детей, она была преданной женой, а также успешной бизнесвумен и ловким предпринимателем, непрерывно тасуя свою домашнюю жизнь, семейную динамику, растущую карьеру и процветающий бизнес. Несмотря на то, что ее целью было сохранить ясный ум, здоровье и уравновешенность, она не могла представить свою жизнь без напряжения, высоких скоростей и оживленной деятельности – она жила как на вулкане, доказывая всем и каждому остроту и активность своего ума. Джоанна взвалила на себя немалый груз, неизменно поддерживая все это время исключительно высокие стандарты. Она была лидером, которым многие восхищались и к которому постоянно обращались за советом. Ее ровесники называли ее суперженщиной, и она была ею – или думала, что была.

Все это внезапно закончилось в январе 2008 года, когда Джоанна вышла из лифта в своем многоквартирном доме, а затем вдруг рухнула как подкошенная в 50 футах от своей входной двери. В тот день она плохо себя чувствовала и как раз возвратилась из клиники, куда обращалась за помощью. За считаные секунды все в ее мире переменилось, и ей пришлось буквально цепляться за жизнь.

После восьми месяцев обследования врачи диагностировали у нее *вторичный прогрессирующий рассеянный склероз* (ВПРС). Это следующая стадия рассеянного склероза (РС) – хронической болезни, при которой иммунная система разрушает центральную нервную систему. Симптомы значительно различаются от пациента к пациенту, но болезнь может начинаться с таких нарушений, как онемение в ноге или руке, и прогрессировать до паралича и даже слепоты. Эти симптомы могут включать не только физические, но также познавательные и психические проблемы.

За предыдущие 14 лет симптомы этого недуга у Джоанны были такими неясными и спорадическими, что она легко отметала их, относя к побочным эффектам своей суматошной жизни. Но теперь у ее болезни было название, и это казалось пожизненным приговором – без шанса на досрочное освобождение. Она обнаружила себя брошенной в недра западной медицины с ее твердой верой в то, что РС – это неизлечимая болезнь.

За несколько лет перед диагнозом Джоанна заморозила семейный бизнес в Калгари и вместе со своей семьей воплотила в жизнь их многолетнюю мечту – они переехали на западное побережье Канады, в город Ванкувер. После переезда на Джоанну стали одна за другой обрушиваться трудности, поскольку запутанные финансы и исчерпанные финансы семьи поставили их в очень шаткое положение. Самоуважение, уверенность и здоровье Джоанны тоже пошатнулись. Как только она обнаружила, что больше не способна стать выше своего окружения, ее психическое и физическое состояние начало ухудшаться. Денег становилось все меньше и меньше, а источники стресса лишь возрастали. Вскоре семья была не в состоянии удовлетворять даже основные свои потребности в еде и жилье. В начале 2007 года та, в ком все вокруг неизменно видели суперженщину, дошла до крайности. К концу года семья вернулась в Калгари.

РС – это воспалительное заболевание, при котором изолирующее покрытие нервных клеток в головном и спинном мозге повреждается вместе с самими нервными волокнами. Болезнь разрушает способность нервной системы взаимодействовать с разными частями тела и посылать им сигналы. У Джоанны развивался РС прогрессирующего типа, который со временем только усиливается, вызывая хронические неврологические проблемы. Лечащие врачи сказали ей, что это неизлечимо.

Сперва Джоанна была убеждена, что ее РС не очень ей помешает. Однако ее физическая нетрудоспособность и умственное расстройство стремительно нарастали. Вскоре

Джоанне пришлось зависеть от заботы других в самых необходимых делах. Из-за сенсорных и моторных нарушений она стала опираться на костыли, затем на ходунки, а потом перешла к инвалидной коляске. В конце концов ей пришлось перемещаться на самоходной каталке.

Ничего удивительного, что Джоанна сломалась, и ее жизнь пошла под откос. Ее организм, в конце концов, сделал ей одолжение, которое она сама себе не позволяла никогда, – ей давно необходимо было остановиться и сказать: «Хватит!» Она слишком себя загнала.

Хотя в ранние годы Джоанна достигла немалого успеха, большую часть времени где-то в глубине души она чувствовала себя неудачницей, потому что постоянно саму себя критиковала и неизменно считала, что могла бы делать свою работу еще лучше. Она никогда не была удовлетворена. Что бы она ни делала, чего бы ни достигала – все и всегда было *недостаточно хорошо*.

Но самое главное, Джоанна не хотела останавливаться, потому что тогда ей пришлось бы столкнуться с этим неминуемым ощущением провала. И она продолжала крутиться, отдавая все свое внимание внешнему миру – разнообразным переживаниям, связанным с людьми и вещами в разное время и в разных местах. Это отвлекало ее внимание от внутреннего мира ее мыслей и чувств.

Большую часть своей жизни Джоанна помогала другим, радовалась их успехам, подбадривала и поддерживала их, при этом ни с кем никогда не делилась неурядицами собственной жизни. Она скрывала свою боль от всех. Джоанна всегда только отдавала, но никогда не брала, потому что никогда *не позволяла* себе принимать дары. Таким образом, она всю свою жизнь отказывала самой себе в собственной эволюции, никогда себя не выражая. Вот почему, когда Джоанна попыталась изменить свой внутренний мир, используя обстоятельства внешнего мира, она неизбежно потерпела полный провал.

Джоанна в конце концов упала духом, она была так слаба и разбита, что у нее едва хватало сил бороться за жизнь. Все лучшие годы ее жизни, проведенные в аварийном режиме, в постоянном реагировании на обстоятельства внешнего мира, отняли у Джоанны жизненные силы, высосали всю энергию из ее внутреннего мира – оттуда, где происходит восстановление и излечение. Она была истощена до предела.

ДЖОАННА ИЗМЕНЯЕТ СВОЙ РАЗУМ

В одном Джоанна была уверена без всяких сомнений, а именно – что болезнь, которая, как показывали результаты МРТ[1], поразила ее мозг и позвоночный столб, появилась не за одну ночь. Недуг медленно, но верно выедал самую сердцевину ее тела – центральную нервную систему. В конечном счете, годами игнорируя симптомы и боясь заглянуть внутрь себя, Джоанна буквально *обессилела*. Ежедневно ядовитые химические вещества стучались в двери ее клеток, и, в конце концов, ген болезни отозвался на этот стук и включился.

Первой целью прикованной к постели Джоанны было замедление развития РС в своем теле. Прочитав мою первую книгу, она узнала, что мозг не видит разницы между внутренне реальным представлением и настоящим внешним событием и что психическая практика может изменить ее мозг и ее тело. Она начала мысленно воображать занятия йогой, и уже после нескольких недель ежедневной практи-

[1] Магнитно-резонансная томография.

ки смогла принимать некоторые йоговские позы – некоторые даже стоя. Эти первые успехи очень ее вдохновили.

Каждый день Джоанна настраивала свой мозг и тело мысленно. И, как те пианисты из главы 5, которые мысленно репетировали игру на фортепиано и нарастили соответствующие нейронные сети, Джоанна устанавливала нейронные связи в своем мозге, выглядевшие так, будто она уже ходила и физически двигалась. Джоанна знала, что может заставить свое тело выглядеть так, словно опыт излечения уже начался, – буквально изменив свой образ мыслей.

Вскоре Джоанна могла недолго стоять, а затем и ходить с поддержкой. Ее довольно сильно шатало, и она продолжала зависеть от самоходной коляски, но она уже больше не была прикована к постели и не тратила время на жалость к себе. Она пошла на поправку.

Когда Джоанна начала регулярно медитировать, стремясь прервать свой внутренний монолог, она стала осознавать, насколько на самом деле она была печальна и раздражена. Дальше – больше. Джоанна поняла, что и прежде большую часть времени она чувствовала себя слабой, одинокой, отвергнутой и недостойной. Выведенная из равновесия, потерявшая опору и разобщенная, она чувствовала, что утратила существенную часть самой себя. Она отреклась от самой себя ради того, чтобы нравиться окружающим, и разучилась смотреть на себя без чувства вины. До нее дошло, что она всегда пыталась управлять тем, что казалось ей спиральным хаосом вокруг нее, хотя у нее ничего не получалось. В глубине души она всегда это знала, но предпочитала игнорировать это, нещадно себя подгоняя и притворяясь, что все идет как надо.

Как ни горько это было, Джоанна теперь всматривалась в то, как сама создала свою болезнь. Она решила сознательно относиться ко всем тем подсознательным мыслям, действиям и эмоциям, которые создали эту вот персональную реальность. Она знала, что раз смогла увидеть, кем была, то теперь сможет изменить эти аспекты самой себя. Чем более сознательной она становилась по отношению к своему бессознательному «я» и состоянию своего бытия, тем большую власть обретала над тем, что раньше скрывала от себя и других.

К началу 2010 года Джоанна почувствовала, что развитие РС действительно замедлилось. Ее новой целью стало остановить его совсем. В мае, когда Джоанна озвучила эту идею неврологу, который спросил, каковы ее планы насчет болезни, врач отказался ее лечить. Однако этот неприятный эпизод не обескуражил Джоанну, а, напротив, укрепил ее решимость.

ПЕРЕХОД ЛЕЧЕНИЯ НА СЛЕДУЮЩИЙ УРОВЕНЬ

Когда Джоанна попала на мастер-класс в Ванкувере, она не могла самостоятельно ходить. На выходных я попросил участников попробовать совместить стойкое сознательное намерение с возвышенным эмоциональным настроем. Следовало переобусловить тело новым разумом. Я хотел, чтобы вместо эмоций выживания участники открыли свое сердце иным эмоциям. Этого ингредиента и не хватало в ежедневной психологической практике Джоанны. Принятие мысли о том, чтобы пройти 20–25 футов[1] по полу с опорой на одну только трость, взволновало ее сверх меры. Так она добавила в уравнение второй элемент эффекта плацебо – ожидание, подкрепленное эмоционально.

[1] 6–7 м.

Именно это сочетание — эмоционально убедить свое тело, что будущее событие исцеления уже происходит с ним в настоящий момент, — должно было вывести Джоанну на следующий уровень. Тело должно было поверить, чтобы это осуществилось. Если она сможет пережить радость быть здоровой и ощутить благодарность и принятие *прежде*, чем совершится исцеление, тогда ее тело будет получать образцы ее будущего в настоящий момент.

Я предложил Джоанне обращать больше внимания на свои мысли, потому что именно они на самом деле сделали ее инвалидом. Я настаивал на том, чтобы она вышла за пределы личности, которая была связана с ее заболеванием, что необходимо было сделать прежде, чем она сможет создать новую личность и новую персональную реальность. Теперь она могла придать смысл и намерение тому, что она делала.

Через два месяца после этого мастер-класса Джоанна посетила второй, более углубленный мастер-класс в Сиэтле. Ее самоходная тележка сломалась за день до отъезда на семинар, и ей пришлось пересесть на инвалидную коляску с моторчиком. Из-за этого Джоанна поначалу чувствовала себя уязвленной, однако мало-помалу осознала, что ей стало легче передвигаться. Ведь в ее памяти запечатлелся положительный опыт предыдущего семинара, а ожидание того, что ей полегчает и на нынешнем семинаре, запустило процесс улучшения. Если 29% пациентов химиотерапии могут испытывать опережающую тошноту еще до самой химиотерапии (как говорилось в главе 1), тогда понятно, почему некоторые участники мастер-класса испытывают опережающее улучшение состояния, снова оказываясь в обстановке мастер-класса. Как бы то ни было, Джоанна увидела новую возможность и с энтузиазмом принялась снова эмоционально принимать это будущее в настоящем.

Во время последней медитации того мастер-класса с ней произошло чудо. Джоанна испытала огромный внутренний сдвиг и почувствовала нечто такое, что глубоко потрясло ее. Она почувствовала, что стоило ей наладить контакт со своей вегетативной нервной системой, как ее тело стало автоматически меняться, получив и приняв новые инструкции. Джоанна чувствовала воодушевление и свободу, она была вне себя от радости. После медитации она встала со стула совсем другим человеком – это было новое состояние бытия. Затем она вышла и встала перед аудиторией – без какой бы то ни было опоры, даже без своей трости. Она шествовала через весь зал с широко открытыми глазами и хохотала как дитя. Она снова чувствовала свои ноги, которые были годами парализованы, и двигала ими.

Это казалось невероятным. К моему удивлению, Джоанна умудрилась послать сигналы новым генам за одну-единственную медитацию. Она действительно изменила свое соматическое состояние за какой-то час!

Когда она вышла за пределы своей РС-идентичности, она стала другим человеком. А это произошло именно тогда, когда она оставила попытки замедлить, остановить или повернуть вспять свой недуг. Она больше не пыталась ничего доказать самой себе, своей семье, лечащим врачам и всем остальным. Она впервые поняла и испытала, что ее истинное путешествие было всегда связано с целостностью, с которой всегда и связано исцеление. Она забыла, что у нее был официальный диагноз, и на мгновение отделилась от этой идентичности. Возникло чувство невероятной свободы. И сила этого духовного переживания оказалась достаточной, чтобы включить новый ген. Джоанна осознала, что диагноз «рассеянный склероз» – это всего лишь ярлык. И она оторвала этот ярлык от себя.

НОВЫЕ ЧУДЕСА

Когда три дня спустя Джоанна вернулась домой после посещения второго мастер-класса, то, к ее удивлению, с ней продолжили происходить чудеса. Во время практики йоги, которой она теперь занималась физически, она заметила, что способна поднять одну ногу от земли. Она попыталась поднять другую – и снова успех! Затем она заметила, что может сгибать ноги в коленях, впервые за много лет. Наконец, она смогла пошевелить пальцами, хотя уже забыла, когда делала это в последний раз.

Она была потрясена и трепетала от благоговейного страха, а слезы радости все текли из ее глаз. В это мгновение она знала, что все было возможно, но не из-за какого-то внешнего медицинского препарата или процедуры, а благодаря внутренним изменениям, которые она сама и осуществила. Джоанна узнала, что может быть своим собственным плацебо.

За очень короткое время Джоанна заново выучилась ходить. С тех пор прошло уже два года, а она продолжает ходить без посторонней помощи. Она еще больше повеселела и полна жизни. Джоанна окрепла физически и теперь способна делать многое из того, что уже и не надеялась делать снова. А самое главное – она чувствует себя бодрой и наполненной безграничной радостью. Джоанна ощущает целостность, и поскольку теперь она научилась не только отдавать, но и принимать, она продолжает получать исцеление.

Недавно Джоанна сказала мне: «Моя жизнь волшебна, полна неслыханной синергии, изобилия и всевозможных неожиданных подарков. Она кипит, сверкает и трепещет новым и более светлым отражением меня самой. Это та самая *настоящая я*, которую я пыталась держать под контролем и прятать большую часть моей жизни!»

Теперь Джоанна переполнена чувством благодарности. Она по-прежнему уделяет время тому, чтобы осознавать свои мысли и чувства – то есть каждый день она определяет состояние своего бытия, обращая внимание на то, что говорит себе и что думает о других. Благодаря медитациям Джоанна развила в себе мудрого внутреннего наблюдателя и хорошо осознает свои мысли и чувства.

Нынешний невролог Джоанны поддерживает ее выбор и поражен тем, чему был свидетелем. Ее врачу пришлось признать силу духа, которую Джоанна продемонстрировала прямо у него на глазах. Ведь медицинские исследования и анализы крови показывают полное отсутствие признаков РС.

Лори, Кэндис и Джоанна добились невероятной ремиссии, не используя никаких средств извне. Они изменили свое здоровье изнутри наружу, став своим собственным плацебо.

А теперь обратим научный взгляд на мозг людей, которые сумели проделать столь значимые изменения, чтобы увидеть, что именно происходит в процессе этих замечательных трансформаций.

ГЛАВА 10

ИНФОРМАЦИЯ ДЛЯ ТРАНСФОРМАЦИИ: ДОКАЗАТЕЛЬСТВО ТОГО, ЧТО «ТЫ САМ И ЕСТЬ ПЛАЦЕБО»

Эта книга о том, как воплотить разум в материи. Эффект плацебо работает потому, что человек принимает *известное* лекарство и верит в него (в поддельную пилюлю, пустую инъекцию или псевдопроцедуру) и затем поддается результату без лишних раздумий о том, как это должно произойти. Можно сказать, что человек связывает свой будущий опыт с изменением в своей внутренней среде и таким образом изменяет состояние своего бытия. Когда такая связь повторяется и закрепляется, процесс становится высокоэффективным, поскольку *известный* стимул автоматически производит *известную* реакцию.

Суть дела в следующем. В классическом эффекте плацебо наша вера направлена на нечто вне нас. Мы отдаем свою власть материальному миру, где наши органы чувств определяют реальность. Но может ли плацебо работать, черпая идеи из *нематериального мифа* и делая эту неизвестную возможность новой реальностью? Это выглядит логичнее с точки зрения квантовой модели.

Три участницы мастер-классов, о которых рассказывалось в последней главе, совершили этот подвиг. Все они предпочли верить в *самих себя* больше, чем во что бы то ни было. Они изменились *изнутри* и перешли в то же самое состояние бытия, подобно тем, кто принимал плацебо, – однако без какого-либо материального вмешательства, вызывающего этот феномен. Это происходит со многими моими учениками. Когда они узнают, как на самом деле работает плацебо, тогда пилюли, инъекции или процедуры можно смело отменять – результат будет таким же.

Благодаря исследованиям на моих семинарах и мастер-классах, а также на основе многочисленных свидетельств и подтверждений, которые я получаю от людей со всего света, я теперь точно знаю: человек *«сам себе плацебо»*. Мои ученики наглядно доказывают своим примером следующее. Вместо того, чтобы полагаться на нечто известное, они предпочитают вложить свою веру в *неведомое* и превратить это неведомое в *известное*. Задумайся об этом на мгновение. Идея исцеления существует как неведомая потенциальная возможность в квантовом поле до тех пор, пока ее не увидели и не поняли – и тогда она материализуется. Она живет как вероятность в бесконечном информационном поле, физически определяемом как ни*что*, но сочетающем в себе все материальные возможности. Таким образом, потенциальное будущее самопроизвольной ремиссии болезни существует как неведомое *за пределами пространства и времени*, пока его не переживут на личном опыте и не сделают известным в *этом пространстве и времени*. Когда неведомое *за пределами чувств* становится личным переживанием, мы встаем на путь эволюции.

Если ты можешь снова и снова переживать исцеление во внутреннем мире мыслей и чувств, то со временем оно должно, в конце концов, проявиться как реальное событие.

Другими словами, если ты мысленно воображаешь это неведомое будущее с ясным стремлением и эмоциональным подъемом, причем делаешь это неоднократно, то у тебя происходят настоящие нейропластические изменения в мозге и эпигенетические изменения в теле. Продолжая переходить в новое состояние бытия каждый день, ты добьешься таких же структурных и функциональных изменений в мозге и теле, словно ты принимал плацебо. Рисунок 10-1 дает простую графическую иллюстрацию этого процесса.

Итак, сможешь ли ты вместо надежды в нечто известное уповать на неведомую возможность, а затем, используя принципы, изложенные в этой книге, сделать ее известной и реальной? Сможешь ли ты, эмоционально приняв это представление в своем сознании, перейти от нематериального к материальному – от мысли к реальности?

Пора понять, что нам не нужны никакие поддельные пилюли, святые реликвии, древние символы, знахари или священная земля, чтобы исцелиться. В этой главе изложены научные факты, показывающие, как слушатели наших курсов проделали именно это. Они изменили свою биологию одной только мыслью. Это произошло не только в их воображении, а зарегистрировано в их мозге.

Все медицинские факты, приведенные в этой главе, призваны убедить тебя в силе медитации. Мне очень хочется, чтобы ты захотел применить те же самые принципы к своей собственной личной трансформации, что, несомненно, принесет пользу во всех областях твоей жизни. Надеюсь,

Рисунок 10-1. Большинство изменений начинается с того, что нечто снаружи нас изменяет нас внутренне. Однако если ты начинаешь это путешествие изнутри и изменяешь свои мысли и чувства, то это позволит улучшить состояние здоровья. А если ты продолжаешь повторять этот процесс в медитации, тогда со временем эпигенетические факторы изменят тело — и ты сам сыграешь роль плацебо

после того как ты прочтешь истории, изложенные ниже, и перейдешь к части II этой книги, у тебя будет больше стремления совершить свое внутреннее путешествие. И поскольку ты будешь придавать смысл своим действиям, ты достигнешь лучших результатов.

ОТ ЗНАНИЯ К ПЕРЕЖИВАНИЮ

Занимаясь своим преподаванием, я узнал кое-что очень важное. Я пришел к осознанию того, что каждый втайне верит в свое величие. В какой-то момент до тебя доходит, что на некотором уровне каждому – будь то генеральный директор крупной корпорации, уборщица в начальной школе, мать-одиночка троих детей или заключенный в тюрьме – присуща эта вера в самого себя. Мы все верим в возможность. Мы все рисуем себе лучшее будущее, чем та реальность, в которой мы пребываем нынче. Поэтому я подумал, что если смогу предложить людям ценную научную информацию, а затем дам необходимые наставления о том, как применить эту информацию, то они смогут пережить личную трансформацию в той или иной степени. Ведь наука, в конечном счете, это современный язык мистицизма.

На моих продвинутых мастер-классах, где мы с коллегами оцениваем биологические изменения у слушателей, я использую некоторые принципы, упомянутые в этой книге (а также много не упомянутых), чтобы обучить людей понимать и использовать научную модель трансформации. Модель эта продолжает развиваться по мере того, как мои ученики повышают свой опыт и умения. Я постоянно говорю о законах квантовой физики, чтобы помочь людям понять механизм вероятности. Я подкрепляю это самой последней информацией из нейробиологии, нейроэндокринологии, эпигенетики, цитологии, психоэнергетики и психонейроиммунологии. И мы видим, как новые возможности проявляются благодаря получению новой информации.

Осведомленность помогает людям придавать больше смысла своей медитации и созерцательным практикам. Однако недостаточно того, чтобы они просто теоретически усвоили эту информацию. Они должны пережить это как личный опыт. И тогда они начнут *воплощать* идею на практике, поскольку будут химически инструктировать свое тело на языке соответствующих эмоций. И тогда тело примет то, что рассудок понял интеллектуально. В этот момент они начнут верить и знать, что это и есть истина. И я всегда настаиваю, чтобы мои ученики воспроизводили это переживание снова и снова, пока оно не станет навыком, привычкой или состоянием бытия.

Таким образом мы с тобой выходим на такой уровень компетенции, что можем изменять свое внутреннее состояние одной только мыслью. И это неоднократно наблюдалось, измерено и задокументировано, то есть мы стоим на пороге нового научного закона. И мы можем помочь большему количеству людей. Много лет это было главным стимулом моей работы.

Участники наших мастер-классов во всех подробностях изучают механизмы того, как внутренние практики биологически изменяют мозг и тело, чтобы заниматься ими с бóльшим пониманием и обоснованным стремлением. Когда мы выходим из-под власти догадок, гипотез и догм, то становимся более открытыми для квантовых возможностей. А большие успехи – плод упорных усилий.

Участники мастер-классов на 3–5 дней отстраняются от своей обычной жизни, что помогает им не определять самих себя по-прежнему. Они практикуют переход в новые состояния бытия. Перестав вновь и вновь подтверждать аспекты «я» своей прежней личности, а также воображая себя иным и вживаясь в образ новой личности, они становятся тем самым новым «я», которым себя представляют. В результате происходят эпигенетические изменения.

Во время медитации человек выходит за пределы самого себя и своей идентичности, становясь ни*кем*, ни*чем*, ни*где* и ни*когда*, то есть чистым сознанием. Таким образом он изменяет свой мозг и тело раньше, чем внешние условия (привычную жизнь).

Когда мои ученики возвращаются в свою жизнь после окончания семинара, они перестают быть жертвами бессознательного обусловливания со стороны внешнего мира. Тогда-то и случается все необычное и чудесное.

Поскольку я стремился дать своим ученикам необходимые наставления и помочь им персонифицировать ту новую информацию, которую я им даю, в 2013 году я создал новую разновидность семинаров. Я рассказывал об этом во введении. Я решил оценивать трансформацию по мере того, как она происходит прямо во время мастер-классов.

Идея состояла в том, что полученные объективные данные станут дополнительной информацией, которую я смогу использовать для объяснения участникам семинара механизма только что пережитой ими трансформации. Благодаря этому они смогут пережить *другую* трансформацию, которую опять можно будет измерить, и тогда люди начнут преодолевать разрыв между двумя мирами – миром рассудочного знания и миром переживания. Я называю эти свои мастер-классы «Информация к трансформации». Это моя истинная страсть!

ИЗМЕРЕНИЕ ПЕРЕМЕН

Когда я затеял все это, то нашел блестящего и талантливого нейробиолога по имени Джеффри Фаннин. Этот доктор философии бескорыстно помог мне регистрировать то, что происходит в мозге моих студентов. Доктор Фаннин, основатель и управляющий Центра познавательного совершенствования в Глендейле, штат Аризона, трудился на ниве нейробиологии более пятнадцати лет и имеет огромный опыт в обучении оптимальной мозговой производительности. Его компетенция: черепно-мозговые травмы, инсульт, хроническая боль, синдром дефицита внимания (СДВ) и синдром дефицита внимания с гиперактивностью (СДВГ), тревожные расстройства, депрессия и восстановление после травм, а также высокопроизводительные тренировки, которые включают спортивную подготовку мозга, улучшение навыков руководства, совершенствование мозговой активности и личностная трансформация.

Он годами занимался передовыми исследованиями с использованием ЭЭГ, позволяющей определить у человека уравновешенность мозгового ритма. Он называет это *состоянием целостности мозга.* Его исследование направлено на выявление подсознательных паттернов и соединение личного успеха с уравновешенностью мозга.

Доктор Фаннин также работал в составе научной группы Университета штата Аризона, изучавшей нейробиологические механизмы лидерства на основе данных, собранных в Военной академии Соединенных Штатов в Вест-Пойнте. Это исследование позволило ему принять участие в разработке и преподавании уникального курса «Нейробиология лидерства» в Университете штата Аризона. Кроме того, Фаннин несколько лет проработал на факультете Университета Уолдена недалеко от Феникса, преподавая когнитивную нейробиологию для магистров и кандидатов наук.

Я пригласил доктора Фаннина и всю его команду на оба новых мастер-класса. Мы измеряли специфические параметры мозга и такие характеристики, как отношение согласованности и рассогласованности (упорядоченность или беспорядочность мозговых волн, о чем пойдет речь в следующей главе), амплитуда (энергия мозговых волн), фазовая организация (уровень, ниже которого различные части мозга работают сообща в гармонии), относительное время погружения в глубокую медитацию (сколько времени требуется, чтобы изменить мозговые волны и перейти в более внушаемое состояние). Помимо этого нас интересовало: отношение ритмов тэта/альфа (уровень, ниже которого мозг функционирует в целостном состоянии, и способ взаимодействия различных отделов мозга друг с другом – передний отдел с задним, а также левое полушарие с правым), отношение дельта/тэта (способность человека управлять своим внутренним монологом и назойливыми мыслями), а также устойчивость (способность удерживать состояние медитации).

Мы оборудовали электроэнцефалографами четыре станции сканирования мозга, чтобы проверять участников до и после мастер-класса и иметь возможность наблюдать, как изменились узоры их мозговой активности. Мы отсканировали более ста участников на каждом из двух семинаров. Помимо этого, я выбирал четырех участников на протяжении каждого из трех сеансов медитации в день, сканируя их мозг в реальном времени. В общей сложности на двух мастер-классах 2013 года мы зарегистрировали 402 ЭЭГ. Это безопасная, бескровная процедура снятия измерения с 20 точек снаружи головы. Такие измерения нейронной активности дают массу информации о текущем функциональном состоянии мозга.

ЭЭГ были затем преобразованы в количественные ЭЭГ (кЭЭГ, или QEEG), представляющие собой математический и статистический анализ ЭЭГ-активности, изображенный в виде карты мозга. Такие карты имеют цветовые градации, призванные иллюстрировать, как ЭЭГ-активность соотносится с той или иной психической активностью. Разнообразные цвета и узоры, соответствующие разным частотам, показывают соотношение узоров мозговой волны с мыслями, ощущениями и эмоциями человека.

Для начала мы обнаружили, что 91% записанных нами ЭЭГ свидетельствуют о значительном улучшении функции мозга. К концу сеансов трансформационной медитации участники семинара переходили в более согласованное, гармоничное состояние. К тому же более 82% мозговых карт (QEEG) говорили о здоровом состоянии мозга.

Ведь когда твой мозг более согласован, ты сам более согласован. Когда твой мозг более целостен и уравновешен, ты сам более целостен и уравновешен. Когда ты каждый день стремишься регулировать свои отрицательные и навязчивые мысли, ты становишься менее негативным и тревожным. И именно это мы наблюдали у участников семинаров.

Среднестатистическое время перехода в медитативное состояние и пребывание в нем составляет чуть больше полутора минут. То есть именно столько времени требуется большинству людей в США, чтобы изменить свой мозговой ритм и перейти в медитативное состояние. А на наших семинарах среднее время составляет всего 59 секунд. Это меньше минуты. Причем некоторые из наших учеников были способны изменить свои мозговые волны (и состояние своего бытия) за четыре, пять или девять секунд.

Пойми меня правильно, мне вовсе не интересно превращать это в соревнование (это заведет нас в тупик). Однако эти данные иллюстрируют два важных момента. Во-первых, выход за пределы аналитического ума с его бета-волнами и погружение в более восприимчивое состояние является навыком, который можно улучшить, если продолжать его практиковать. Во-вторых, участники семинаров сумели относительно легко применить наши методы, направленные на то, чтобы выйти за пределы своего рассудочного разума и войти в подсознание.

Интересно, что наше исследование показало также примечательное чередование паттернов альфа- и тэта-активности в лобных долях медитирующего человека (как различные отделы мозга взаимодействуют друг с другом). Это означает, что две доли мозга общаются в более уравновешенной и единообразной манере. Похоже, паттерны двойных отношений лобных долей, которые мы неоднократно наблюдали, связаны с высокоуровневым переживанием принятия и благодарности.

У опытных медитирующих чаще выявляли тэта-ритм и сглаженный альфа-ритм. Это означает, что они могут провести изрядное время в измененном состоянии. Другими словами, когда эти студенты входят в медитацию, у них возникают более медленные и согласованные мозговые волны. Возможно, это связано с состоянием глубокой релаксации и повышенного осознания. Вдобавок унификация между передней и задней частью мозга, а также между его левой и правой половинами указывает, что человек чувствует себя счастливей и целостней.

ЭВРИКА!

Однажды я наблюдал участницу семинара, которой сканировали мозг во время медитации, и понял нечто совершенно замечательное. Когда я смотрел на ее сканируемый мозг на экране, я увидел, что хотя она очень старается, ее мозг все дальше и дальше выходит из равновесия и покидает глубокие медитативные состояния альфа и тэта. Видимо, она анализировала и осуждала себя в этот момент, о чем свидетельствовали высокие, частые и менее согласованные всплески мозговой волны, связанные с состоянием бета (указывают на стресс, сильное беспокойство, возбуждение и общий дисбаланс).

Я был свидетелем того, как она тщетно пыталась использовать свой мозг, чтобы изменить свой же мозг, — и у нее, конечно, ничего не получалось. Она прилагала свое эго, пытаясь изменить свое же эго, но это не могло сработать. Она все еще оставалась в рамках аналитического ума, пытаясь изменить свое подсознание, и поэтому была далека от настоящих изменений. После я подошел к ней, и она призналась мне, что переживает трудные времена.

Тогда-то меня и озарило, и мне стало ясно, чему я должен учить дальше. Ведь этой женщине следовало обособиться от своего тела и выйти за его пределы, чтобы изменить свое тело; выйти за пределы эго, чтобы изменить свое эго; и выйти за пределы аналитического рассудка, чтобы войти в подсознание. Она должна была стать неведомым, чтобы создать неведомое. Она должна была стать новой мыслью, находящейся вне материи, чтобы создать новый опыт бытия. Она должна была выйти за пределы пространства и времени, чтобы изменить свое пространство и время. Стать чистым сознанием. Она должна была сойти со своего собственного пути, чтобы уступить дорогу чему-то более великому.

Все дело в том, что когда мы остаемся материей, пытающейся изменить материю, это не может сработать. Когда мы являемся частицей, пытающейся изменить частицу, ничего не получится, потому что мы вибрируем с той же самой частотой, что и материя, а потому не вольны оказать сколько-нибудь значительное воздействие на нее.

Именно наше сознание (наше намерение) и наша энергия (наш эмоциональный подъем) влияют на материю. Только будучи самим сознанием, мы можем изменять свой мозг, свое тело и жизнь. Становясь чистым сознанием, ты обретаешь полную свободу.

С той поры я начал позволять ученикам надолго задерживаться в состоянии медитации и становиться бестелесным ни*кем*, ни*чем*, пребывая ни*где* и ни*когда*, – до тех пор, пока им было комфортно пребывать в безграничном поле возможностей. Я хотел, чтобы их сознание сливалось со вселенским сознанием, оставаясь в неведомом подольше, пока им было удобно. Они должны были научиться ощущать вкус пребывания в настоящем моменте и вложить свою энергию и осознание в пустоту, которая в действительности не является пустым пространством, а наполнена бесчисленным количеством возможностей. Человек обретает способность созидать, только когда приобщится к тому источнику всего сущего за пределами пространства и времени.

Вот тогда-то во время семинаров и начали происходить реальные изменения.

БЫСТРЫЙ ОБЗОР ИСПОЛЬЗОВАННЫХ СКАНИРОВАНИЙ МОЗГА

Хочу пояснить два типа данных, полученных нами при сканировании мозга. Постараюсь объяснить проще. Первый тип использованного нами сканирования оценивает степень активности между областями мозга (см. рисунок 10-2, расположенный вместе с остальными рисунками к этой главе на цветной вкладке). Сканы отображают два сравнительных типа этой активности. *Гиперактивность* (или сверхрегуляция) изображена красными линиями, соединяющими различные области мозга. Это похоже на телефонные провода, соединяющие один регион с другим. Обилие красных линий указывает на переизбыток действий внутри мозга. *Гипоактивность* (пониженная активность) изображена синими линиями. Они означают, что между различными областями мозга передается минимальная информация.

Толщина линии (показана под рисунком) соответствует величине *стандартного отклонения*[1], которое отражает

[1] Это статистический показатель, который подсчитывают математически. – *Прим. ред.*

степень *дисфункции* между двумя областями, соединенными этой линией. (Здесь использована стандартная оценка *Z-Score*.) Например, тонкие *красные* линии указывают, что уровень активности между этими местами (*Z-Score* ¤ 1,98) выше нормального стандартного отклонения (СО). Тонкие синие линии указывают, что уровень активности между этими зонами ниже нормального СО (*Z-Score* ¤ 1,98). Средние линии соответствуют показателю *Z-Score* ¤ 2,58 и указывают, что активность либо выше нормальной (красные линии), либо ниже (синие линии). А толстые линии иллюстрируют значения *Z-Score* ¤ 3,09. Это либо выше, либо ниже нормального – в зависимости от цвета.

Таким образом, когда мы видим много толстых красных линий на скане, это означает, что мозг работает слишком напряженно. А обилие толстых синих линий наводит на мысль, что между различными областями мозга взаимодействие слабое, и, следовательно, общая активность мозга низкая. Правило простое: чем толще красная линия, тем выше объем данных, которые обрабатывает мозг, а чем толще синяя линия, тем он ниже.

Второй тип сканов мы получаем на этапе анализа КЭЭГ при расчете *стандартной оценки Z-Score*[1]. *Стандартная оценка* – это статистическая характеристика измерения, которая говорит о том, выше оно или ниже среднего, а также насколько отклоняется от нормального. Диапазон шкалы этого расчета составляет от –3 до +3 СО. Темно-синий представляет 3 или больше СО ниже нормального, а голубой – от 2,5 до 1 СО ниже нормального. Сине-зеленый – это примерно от 0 до 1 СО ниже нормального, а зеленый – это исходный показатель нормального. Светло-зеленый соответствует верхней границе нормального, но интерпре-

[1] В оригинале *Z-Score report*.

тируется как немного завышенный показатель – от 0 до 1 СО выше нормального. Желтый и светло-оранжевый составляют примерно 1–2 СО, а темно-оранжевый примерно 2–2,5 СО выше нормального. Красный – 3 или больше СО выше нормального. (См. рисунок 10-3.)

Расчет стандартной оценки – *относительной мощности* каждого типа ритма – иллюстрирует количество относительной энергии в мозге обследованного применительно к разным частотам. Поскольку зеленый указывает на нормальный диапазон, то чем больше зеленого в скане, тем более картина соответствует норме активности мозговых волн. Каждый цветной круг показывает активность мозга человека на той или иной частоте мозговой волны. Круг в верхней левой области скана (рисунка) отображает степень активности мозга в самом медленном из возможных его диапазонов – в дельта-ритме, а каждый последующий круг отображает выраженность все более и более учащенных типов ритма, постепенно сдвигаясь к самым высокочастотным мозговым волнам бета (в нижней правой области рисунка). Один цикл колебаний мозговой волны в секунду соответствует частоте в 1 герц (Гц). Слева направо и сверху вниз она изменяется так: 1–4 цикла в секунду – дельта-ритм, 4–8 циклов в секунду – тэта-ритм, 8–13 циклов в секунду – альфа-ритм, 13–30 и более циклов в секунду (низко-, средне- и высокочастотный бета-ритм). Бета-активность можно разбить на различные полосы частот, например диапазоны 12–15 Гц, 15–18 Гц, 18–25 Гц и 25–30 Гц.

Следовательно, относительные цвета в той или иной области показывают степень выраженности различных типов мозговых волн в данный момент. Например, обилие синего в большей части мозга на дельта-частоте 1 Гц говорит о низкой активности мозга в медленном дельта-диапазоне. А обилие красного на альфа-частоте 14 Гц в лобных долях означает повышенную альфа-активность в этой области мозга.

Необходимо также понимать, что эти измерения могут быть по-разному интерпретированы в зависимости от того, что делает обследуемый субъект во время сканирования. Например, если дельта в 1 Гц изображена синим, то это свидетельствует, что энергия мозга на данной частоте на 3 СО ниже нормального. В клиническом смысле это можно интерпретировать как аномально низкое значение. Но поскольку измерение производилось, когда человек медитировал, то такой скан на самом деле может означать, что медленный дельта-ритм (1 Гц) открыл двери к более сильной связи со всеобщим сознательным энергетическим полем. Другими словами, поскольку энергия в неокортексе значительно упала, ему удалось войти в сферу бессознательного. Совсем скоро мы разберем примеры, которые помогут все это понять. А пока еще раз взгляни на рисунок 10-3 (на цветной вклейке). Он дает общее графическое представление о том, что я только что объяснил.

СОГЛАСОВАННОСТЬ ПРОТИВ РАССОГЛАСОВАННОСТИ

Теперь посмотрим на рисунок 10-4. Картинка слева (с подписью «до медитации») показывает мозг в тот момент, когда человек ведет интенсивный внутренний диалог с самим собой[1]. Этот мозг функционирует на высоком уровне возбуждения (учащенный бета-ритм) и весьма рассогласован. Толщина красных линий показывает, что активность этого

[1] Подразумевается внутренняя речь — то постоянное внутреннее бормотание, анализирующее и оценивающее всё и вся, которое люди часто путают с мышлением. — *Прим. ред.*

мозга на 3 СО выше нормы (чем толще красная линия, тем сильнее разогнался и разбалансировался мозг). Судя по обилию красных линий, мы наблюдаем чрезмерную несогласованную активность во всем мозге. Синий цвет в передней части мозга показывает сниженную активность в лобных долях (2–3 СО ниже нормального). Это означает, что лобные доли выключены и потому не тормозят гиперактивность остальных отделов мозга.

У такого мозга очевидны большие проблемы со вниманием – он явно перегружен, и у него нет лидера, чтобы приглушить суетливый внутренний монолог. Это похоже на телевизионную спутниковую систему, включенную на всю громкость, все 50 каналов которой переключаются каждую секунду. Внимание человека возбужденно скачет от одного ментального процесса к другому, поэтому мозг чересчур бдителен, сильно возбужден, перенапряжен и зарегулирован. Мы называем это моделью несогласованного мозга, потому что различные части мозга не сотрудничают вообще.

Теперь посмотрим на вторую картинку (с подписью «после медитации»). Не нужно быть нейрофизиологом, чтобы увидеть ее отличие от первой картинки. Здесь очень мало красных и синих линий. Это нормальная активность, с незначительными элементами гипер- и гипоактивности в некоторых зонах. Внутренний монолог остановлен, и мозг работает более целостно. Мозг этого человека сейчас в равновесии, и мы видим более гармоничную модель. (Остаточная активность синего и красного цветов, на которую указывает стрелка, представляет собой сенсорно-моторную деятельность – например, обследуемый дергается или моргает в состоянии быстрого легкого полусна.) Это изменение картины мозговой активности зарегистрировано у одного из участников семинара после одной-единственной медитации.

Рассмотрим еще несколько примеров. Сначала я изложу предысторию каждого случая, чтобы стало ясно, в каком состоянии пребывал человек перед началом мастер-класса, затем объясню, что показало его сканирование, а под конец опишу новое состояние бытия, созданное каждым из них.

ИЗЛЕЧЕНИЕ БОЛЕЗНИ ПАРКИНСОНА БЕЗ ПЛАЦЕБО ИЛИ ЛЕКАРСТВА

Прежнее «я» Мишель. Мишель было за шестьдесят, когда в 2011 году у нее обнаружили болезнь Паркинсона, после чего она заметила прогрессирующее непроизвольное дрожание левой руки, левой кисти и левой ноги. В ноябре 2012 года она стал пациентом Неврологического института Барроу в Фениксе. Лечащий врач сказал ей, что, возможно, она страдает болезнью Паркинсона уже 10–15 лет и что ей придется жить с этими симптомами. Мишель планировала справляться с развитием телесных ограничений по мере того, как она стареет. Она начала принимать препарат для лечения болезни Паркинсона, который прекращает усвоение дофамина на уровне клеточных рецепторов, замедляя его расщепление в теле. Лекарство произвело лишь едва заметные изменения.

Мишель стала слушателем моих курсов в ноябре 2012 года. И уже декабрь стал для нее знаменательным месяцем. Ее ежедневная медитация принесла чувство покоя и радости, которые начали заметно уменьшать ее симптомы. Мишель уверилась, что такой образ действий поможет ей победить болезнь Паркинсона.

Мишель продолжала переживать великолепные сеансы медитации вплоть до начала февраля 2013 года. Однако в середине февраля ее матери назначили курс интенсивного лечения в Сарасоте, штат Флорида, поэтому Мишель пришлось улететь во Флориду, чтобы быть рядом с ней. В тот день, когда Мишель вернулась в Аризону, чтобы принять участие в нашем февральском мастер-классе, ее мать перевели в хоспис. Самолет Мишель приземлился в Фениксе примерно за полтора часа до первого сканирования ее мозга. Нечего и говорить, что она была физически и эмоционально истощена во время этой процедуры, которая действительно показала, что она переживает сильный стресс.

К концу этого мастер-класса она, конечно же, обрела более спокойное и позитивное состояние, а симптомы болезни Паркинсона стали едва заметны. После мастер-класса Мишель снова вернулась во Флориду, чтобы быть рядом с матерью. Несмотря на то, что ее взаимоотношения с матерью всегда были трудными, в результате ее достижений на семинаре Мишель нашла в себе силы, чтобы поддержать свою мать, быть любящей дочерью и полностью освободиться от любых прежних недоразумений, которые могли бы помешать той любви, которую она чувствовала к матери.

Тем не менее из-за болезни и последующей смерти матери, а также обширного инсульта, случившегося у ее сестры в Техасе, Мишель была вынуждена летать то во Флориду, то в Техас, чтобы улаживать свои семейные проблемы. Ее распорядок дня сильно нарушился, и к июню она совсем перестала заниматься медитацией. Жизнь диктовала свои правила, а у нее было слишком много обязанностей. Прекратить медитацию было все равно, что перестать принимать плацебо. Когда она заметила, что ее симптомы возвращаются, она снова стала медитировать и добилась значительных успехов.

Мозговое сканирование Мишель. Поскольку Мишель живет недалеко от клиники доктора Фаннина в Аризоне, у нас была возможность отслеживать ее прогресс свыше пяти месяцев, проведя серию из шести периодических сканирований мозга. Я хочу обратить внимание на ее эволюцию за этот период времени.

Взглянем на фрагмент «до медитации» рисунка 10-5. Это скан, полученный по возвращении Мишель домой из Флориды – расстроенной и подавленной болезнью своей матери (семинар в феврале 2013 года). Толстые красные линии показывают, что активность всех областей ее мозга на 3 СО выше нормального. Налицо рассогласованность и сверхрегуляция. При болезни Паркинсона такое встречается нередко. Недостаток нейротрансмиттеров (особенно дофамина) приводит к тому, что система коммуникаций между отделами мозга нарушена и нейронные сети выходят из-под контроля коры. Это режим спастического, или гиперактивного, нейронного срабатывания, которое воздействует на мозг и тело. В результате непроизвольные движения и подергивания препятствуют нормальному движению.

Теперь перейдем к фрагменту «после медитации» того же самого рисунка. Это мозг Мишель спустя четыре дня, посвященных изменениям во время очередной медитации. Здесь мозг уже очень похож на нормальный: у него очень маленькая гиперактивность, рассогласованность и сверхрегуляция. В конце нашего семинара у Мишель исчез непроизвольный тремор, подергивания и прочие моторные дисфункции – и скан ее мозга подтверждает это изменение.

Теперь взглянем на данные QEEG «до медитации» (рисунок 10-6А). Мы видим синие изображения от середины второго ряда до последнего ряда включительно, значит, в мозге Мишель практически нет альфа и бета-ритма (синий означает сниженную активность на этих частотах ЭЭГ). Болезнь Паркинсона обычно сопровождается сокращением познавательной активности, затрудняя обучаемость. При таком раскладе Мишель сложно усвоить новую информацию. Она не способна поддерживать внутреннюю картину, которая связана с альфа-ритмом. Низкоуровневые бета-волны этого скана показывают, что она испытывает трудности с поддержанием осознания. Вся энергия ее мозга уходит на то, чтобы справиться с повышенной рассогласованностью, поэтому он похож на электрическую лампочку, переключенную с 50 на 10 ватт. Уровень энергии в мозге низкий.

Если посмотреть на фрагмент «после медитации», мы видим значительно более уравновешенный мозг. Зеленые области на большинстве изображений, на которые указывают стрелки, представляют нормальную и сбалансированную активность мозга. Ее мозг функционирует в нормальном альфа-ритме, и Мишель теперь легче сосредоточиться, справляться со стрессом и входить в подсознание. Даже бета-активность у нее вернулась к норме (зеленый цвет), указывая на то, что Мишель стала более осознанной, бдительной и внимательной. Сбалансированная активность привела к значительному снижению двигательных дисфункций.

Красные области, обведенные внизу в высокочастотной бете, означают беспокойство. Этот настрой Мишель и старается преодолеть изнутри. Ведь именно тревога усиливает симптомы ее болезни. Успокаиваясь, Мишель снижает симптомы болезни Паркинсона. Теперь тремор для Мишель означает, что она вышла из равновесия. Так, регулируя свое внутреннее состояние, она производит изменения в своей внешней реальности.

Три месяца спустя Мишель снова делали сканирование мозга в кабинете доктора Фаннина. Скан от 9 мая 2013 года, на рисунке 10-6B, показывает, что состояние ее мозга улучшается (и это подтверждается самочувствием Мишель). Ей стало легче справляться с разнообразными стрессами в своей жизни. Поскольку Мишель медитирует каждый день (будто ежедневно принимает свое плацебо), она непрерывно изменяет свой мозг и тело, чтобы быть выше внешних обстоятельств. Скан показывает, что ее беспокойство продолжает снижаться, а вместе с ним уходит и болезнь. Снижение тревоги сопровождается снижением тремора. Мишель удерживает и таким образом запоминает спокойное состояние бытия, и ее мозг показывает эти изменения.

Однако на скане мозга Мишель от 3 июня 2013 года (рисунок 10-6C) отражена легкая регрессия (хотя Мишель все равно чувствует себя лучше, чем когда она начинала). Она в тот период перестала медитировать, поэтому ее мозг отчасти вернулся в прежнее состояние. Картинка мозга со стрелкой на синем поле в 13 Гц означает сниженную активность в сенсорно-моторной области, из-за чего Мишель труднее контролировать свой непроизвольный тремор. У Мишель здесь меньше энергии, чтобы управлять своим телом. А обведенные красные области внизу скана говорят о возвращении высокоамплитудного бета-ритма, связанного с ее беспокойством.

Благодаря тому, что Мишель вернулась к своим медитациям в начале июня, ее сканирование 27 июня 2013 года (рисунок 10-6 D) показало значительные улучшения в мозге. Общее беспокойство у нее уменьшилось. Оставшееся беспокойство иллюстрирует оранжево-красный цвет в нижнем ряду – на высоких частотах от 17 до 20 Гц. Теперь сравним этот скан со следующим, снятым 13 июля после нашего мастер-класса (рисунок 10-6 E). Там еще меньше красного, а синий, который мы видели на ее первом скане в феврале (недостаточная активность альфа-ритма), полностью исчез. Мишель продолжает выздоравливать, и ее изменения становятся все более стойкими.

Новое «я» Мишель. Сегодня у Мишель почти исчезли непроизвольные движения, связанные с болезнью Паркинсона. Незначительные подергивания временами проявляются, когда она переутомлена или нервничает, но обычно она работоспособна и нормально себя чувствует. Поскольку уравновешенная и радостная Мишель ежедневно медитирует, ее мозг работает как часы, и она тоже. По данным нашего продолжающегося сканирования и собственным отчетам Мишель, она не просто поддерживает свое здоровье – ее здоровье существенно улучшилось. Она продолжает медитировать, потому что понимает, что должна быть сама себе плацебо *каждый день.*

ИСЦЕЛЕНИЕ ТРАВМЫ МОЗГА И ПОЗВОНОЧНИКА СИЛОЙ МЫСЛИ

Прежнее «я» Джона. В ноябре 2006 года Джон сломал себе шею в районе седьмого шейного и первого грудного позвонков, когда автомобиль, в котором он ехал, потерял управление и перевернулся на высокой скорости. От сильного удара Джон также получил тяжелую травму головы. Доктора быстро и без колебаний выдали неутешительный прогноз – Джон был обречен на пожизненный паралич рук и ног. Он никогда не будет ходить и сможет лишь очень ограниченно пользоваться руками. Его позвонки сместились на 100%, повредив спинной мозг. Вплоть до хирургического вмешательства врачи не могли с точностью оценить степень его повреждений. Два дня спустя невролог сказал жене Джона, что его спинной мозг в некотором смысле «уцелел», но последствия травмы, видимо, будут такими же, как и при полном разрыве спинного мозга. Врачи заняли выжидательную позицию.

Если твоей реальностью день за днем становится проживание в палате интенсивной терапии, а позже в реабилитационном центре, бывает невероятно трудно не попасть под власть общепринятых суждений. Когда Джон и его родные спросили врачей, сможет ли он поправиться, те ответили, что при такой травме, как у Джона, им нужно начинать смиряться с неизбежностью. Джон останется инвалидом на всю жизнь. Его врачи снова и снова втолковывали этот приговор ради «дальнейшего продвижения», но Джон и его жена почему-то не смогли принять это.

Я встретился с Джоном, его женой и семьей, а также с его удивительным физиотерапевтом, который понимает идею нейропластичности. Эти люди невероятно энергичны и оптимистичны, и мы пылко начали наше путешествие вместе. Мы познакомились в 2009 году, Джон тогда был в инвалидной коляске.

Сканы Джона. Взглянем на скан мозга Джона «до медитации», на рисунке 10-7. Эта первая картина демонстрирует изрядно сниженную активность. Активность более чем на 3 СО ниже нормы. Оценка степени согласованности мозга Джона изобилует толстыми синими линиями. Здесь мозг Джона ничем не занят и лишен энергии, у него ограничена возможность сосредоточиваться на чем-нибудь надолго. Джон не способен был поддерживать внимание, а его осознание было ограниченным. Вследствие травматического повреждения его мозг находился в состоянии подавленности и рассогласованности.

Теперь посмотрим на мозговой скан после четырех дней медитации. На первом изображении в верхнем левом углу (оно соответствует дельта-ритму в 1 Гц) отмечается больше активности – красные линии. Это хороший знак, он подразумевает большую согласованность обоих полушарий на уровне дельта-ритма и более сбалансированную работу мозга. Поскольку травматическое повреждение мозга более всего подавило именно гармоничные медленные волны – дельта- и тэта-ритма, такое повышение активности в дельте наводит на мысль, что мозг Джона пробуждается. Остаточная активность его мозга в альфе и бете тоже свидетельствует о балансе активности мозга и улучшении когнитивных функций. И у Джона теперь больше доступа к управлению своим умом и телом.

Рассмотрим теперь рисунок 10-8. Он отражает относительную мощность разных ритмов активности мозга. Синий цвет, начинающийся примерно с середины второго ряда, идет вплоть до конца нижнего ряда. Это указывает на то, что альфа- или бета-ритм почти отсутствуют. Человек при этом живет растительной жизнью и работает на ограниченных ресурсах. Его познавательные способности снижены, и возможность управлять своим телом тоже. Разум Джона попросту не там.

После четырех дней медитации 90% мозга Джона вернулось к норме – мы видим обилие зеленого цвета (на второй части рис. 10-8). Это очень хорошо! У Джона пока сохранилась сниженная активность в левом полушарии (см. стрелки), что свидетельствует о вербальных (речевых) затруднениях, но это все же гораздо лучше, чем его первый скан. Джон продолжает выполнять свои медитации, а его мозг продолжает наполняться энергией, обретая равновесие и согласованность. Восстанавливается доступ к латентным нейронным путям, не работавшим из-за травмы. Мозг пробудился, снова вспомнил, как работать, и теперь наделен энергией, позволяющей функционировать лучше.

Новое «я» Джона. Джон впервые встал на ноги в конце нашего февральского семинара 2013 года. Он восстановил полный контроль над своим кишечником и мочевым пузырем. На сегодняшний день он способен стоять в более нормальной и собранной позе. Его движения стали лучше скоординированы. Частота, интенсивность и продолжительность его спастического тремора значительно уменьшились. Он даже регулярно выполняет полную тренировку в тренажерном зале благодаря помощи своего удивительного терапевта – Б. Джил Раннион (директор Синапс-центра нейрореактивации в Дриггсе, штат Айдахо), которая также изучает мою работу. Она обладает навыками и безграничным умом, позволяющими ей заставлять Джона преодолевать болезнь, создавая правильные условия. Теперь тот самостоятельно выполняет упражнения в положении вертикального упора присев, причем дошел уже от угла в 10 градусов до угла в 45 градусов.

Джон сейчас полностью контролирует опускание своего тела в сидячее положение. Он может также выполнять особое физиотерапевтическое упражнение, которое состоит в загрузке его ножных и торсовых мышц и отталкивании салазок от тела с сопротивлением. Теперь Джон собственными силами переходит от лежания ничком к стоянию на четырех конечностях, а также способен передвигаться ползком.

За считаные месяцы после мастер-класса Джон поразил команду врачей улучшением своих когнитивных функций. Его достижения превосходят все, что любой из специалистов когда-либо видел у пациента со спинномозговой травмой. Казалось, что Джон, наконец, проснулся, а его сканы показывают, что теперь у него гораздо больше контроля над парализованными областями мозга и тела, и он способен управлять своим телом.

Общая интеграция Джона и скоординированные паттерны движения значительно прогрессировали, позволяя ему без посторонней помощи сидеть за столом с опущенными на пол ногами. Тонкие двигательные навыки Джона улучшились до такой степени, что теперь он может держать ручку и выводить свое имя, посылать текстовые сообщения по смартфону, держать руль и удерживать обычную зубную щетку. Когнитивные изменения порождают у него уверенность в себе и чувство радости. Он наделен прекрасным чувством юмора и готов шутить как никогда прежде.

Летом 2013 года Джон смог совершить сплав вниз по бурной таежной реке. Он самостоятельно держался на плоту по шесть часов в день и спал в палатке на земле. Джон сумел выжить в тайге штата Айдахо, вдали от контакта с внешним миром в течение семи дней и шести ночей. Он не смог бы сделать этого всего год назад. Каждый раз, когда мы с Джоном беседуем, он повторяет одну и ту же фразу: «Ума не приложу, доктор Джо, что со мной происходит».

Мой ответ всегда один и тот же: «Как только ты поймешь, что происходит, Джон, все и закончится. Неведомое – оно за пределами нашего понимания. Радуйся ему!»

Хочу напоследок кое-что добавить по поводу случая с Джоном. Общеизвестно, что травма спинного мозга традиционными методами не лечится. И я уверен, что не *материя* изменила *материю* для Джона. То есть это не химия или молекулы починили его поврежденный спинной мозг. С квантовой точки зрения ему следовало пребывать на согласованной частоте повышенной энергии, которая должна была последовательно поднять или увлечь за собой материю к новому разуму. Ему необходимо было проявить повышенную энергию, или волну, которая вибрирует на частоте более высокой, чем материя, сочетая это с ясным стремлением изменить положение. Именно *энергия* является тем эпифеноменом материи, который переписал генетическую программу и исцеляет его тело.

ПОБЕДИТЬ АНАЛИТИЧЕСКИЙ УМ И ОБРЕСТИ РАДОСТЬ

Прежнее «я» Кэти. Кэти – директор крупной компании, адвокат, преданная жена и любящая мать. Ее учили быть высокоаналитичной и рациональной. Она каждый день стремится предвидеть любой поворот предстоящих событий и быть готовой к возможным последствиям, основываясь на своем опыте. До знакомства со мной она никогда толком не медитировала. А когда познакомилась, то сразу осознала, что склонна чересчур все анализировать в своей жизни.

У нее был огромный список неотложных дел на каждый день, а суетливый внутренний голос рассудка, по ее словам, никогда не умолкал. Оглядываясь на свое прошлое, Кэти признается, что никогда не жила в настоящем моменте.

Сканы Кэти. Посмотрим на скан мозга Кэти «до медитации» на рисунке 10-9. На этом рисунке представлено отношение дельта-ритма к тэта-ритму в процессе медитации. Медленноволновая активность мозга говорит о способности Кэти удерживать концентрацию, то есть управляться с навязчивыми и посторонними мыслями внутреннего монолога. Первая стрелка указывает на затылочный отдел мозга с правой стороны, где расположено красное пятно активности. Оно свидетельствует о том, что Кэти видит некие образы. Вторая стрелка, ближе ко лбу с левой стороны, указывает на повышенную активность в этой области, которая означает, что Кэти ведет внутренний диалог сама с собой о своих внутренних образах. Эти образы и несмолкаемый внутренний монолог загоняют ее мозг в замкнутый круг.

На скане «после медитации», снятом в конце мастер-класса, можно ясно увидеть, что мозг Кэти уравновешен, более целостен и нормален. Внутренний диалог умолк, поэтому мозг интегрирует и обрабатывает информацию более эффективно. Кэти пребывает в согласованности и гармонии. И это изменение выражается в радостном состоянии, в ясности мышления и всеобъемлющем чувстве любви.

Теперь посмотрим на показатели согласованности мозга Кэти (рисунок 10-10). В начале мастер-класса (20 февраля) мозг Кэти был в высокочастотной бете — то есть в состоянии сильного возбуждения, интенсивного анализа в режиме высокой аварийности. Толстые красные линии в альфе и бете показывают, что активность этих ритмов на 3 СО выше нормальной. Мозг Кэти гиперактивен, выведен из равновесия и сильно рассогласован, и она не справляется со своим беспокойством. Скан от 23 февраля получен в последний день февральского семинара. Мы видим практически нормальный и уравновешенный мозг, в котором гораздо меньше высокочастотных мозговых волн бета и больше согласованности.

Доктор Фаннин показал Кэти картину здорового, уравновешенного и нормального мозга на скане КЭЭГ (зеленого цвета) и сказал, что именно на этом ей нужно сосредоточить свое внимание. Он предложил Кэти нацеливаться на этот потенциальный результат во время своей ежедневной медитации на протяжении следующих 29 дней.

И это сработало. На рисунке 10-11 представлен скан от 8 апреля 2013 года (примерно 6 недель спустя). Мы видим здесь нормальный мозг, без видимых признаков беспокойства (обозначаемых красным). Рисунок 10-12 показывает степень выраженности разных ритмов активности. Здесь мы видим, какие изменения произошли всего за три дня – между 20 февраля (скан Кэти был красный из-за доминирования высокочастотных ритмов мозга – от 21 до 30 Гц) и 23 февраля 2013 года. Таким образом, к концу февральского семинара ее скан изменился на зеленый – стал практически нормальным. Красные пятна отражают остаточное беспокойство (высокочастотная бета) и чрезмерное анализирование. К началу апреля (см. рисунок 10-13) мозг Кэти уравновешен, согласован и гораздо более синхронизирован. Сегодня у Кэти совсем другой мозг, а сама она сообщает, что чувствует себя совершенно другим человеком.

Новое «я» Кэти. Кэти сообщает, что у нее наметились явные положительные перемены в карьере, повседневной и личной жизни. Она ежедневно медитирует, а когда ей кажется, что у нее не хватает времени на медитацию, она бросает все и находит это время. Она понимает, что установки, которые вывели из равновесия ее психику и мозг, связаны со временем и обстоятельствами в ее окружении. Кэти говорит, что ответы на ее вопросы приходят теперь намного легче и с меньшим напряжением. Она чаще прислушивается к своему сердцу и чаще успевает поймать себя, прежде чем попадает в замкнутый круг чрезмерной бдительности. Она обнаружила, что стала добрей и терпеливей. Кэти стала счастливей.

ИСЦЕЛЕНИЕ ФИБРОЗНЫХ ОПУХОЛЕЙ ИЗМЕНЕНИЕМ ЭНЕРГИИ

Прежнее «я» Бонни. В 2010 году у Бонни развились значительные боли и были чрезмерные кровотечения во время менструального цикла. Ей диагностировали повышение выработки эстрогена и предложили начать прием биоидентичных гормонов. Она решила, что для ее 40 лет такое решение при ее диагнозе – это слишком.

Бонни вспомнила, что у ее матери в таком же возрасте были те же самые симптомы. Мать принимала гормональные пилюли и в конце концов умерла от рака мочевого пузыря. Несмотря на то, что прямой связи между гормональной терапией и раком мочевого пузыря могло и не быть, Бонни обратила внимание на то, что у нее те же самые физические симптомы, что и у матери, и не хотела получить тот же результат.

Продолжительность ее маточных кровотечений начала нарастать (иногда до двух недель), а сама Бонни стала анемичной и апатичной и к тому же набрала около 20 фунтов[1] веса. Она теряла в среднем по два литра крови каждый месяц во время менструального цикла. УЗИ органов малого таза подтвердило фиброзные опухоли. Бонни сдала несметное число анализов крови, после чего ей сказали, что у нее наступила перименопауза и, скорее всего, есть киста яичника. Врач, который рекомендовал гормональную терапию, сказал Бонни, что фиброзные опухоли не исчезнут, а обильные кровотечения будут сопровождать ее до конца дней.

Я случайно выбрал Бонни для одного из дополнительных сканирований мозга во время нашего июльского семинара

[1] 9 кг.

2013 года в Энглвуде, штат Колорадо. Она буквально остолбенела, когда я кивнул ей, указывая, что она выбрана для сканирования. Вечером накануне мастер-класса у Бонни начался менструальный цикл, и ей, как всегда, пришлось надеть большой подгузник, чтобы тот впитывал всю кровь, которую она теряла во время месячных. Когда после нескольких медитаций я укладывал участников семинара на пол, Бонни беспокоилась, что зальет кровью всю себя и пол вокруг.

Из-за сильной боли, которая сопровождала менструации Бонни, ей даже сидеть было крайне неудобно. Однако даже в таких условиях она с твердой решимостью продолжала ежедневную практику медитации, чтобы успокоить свой ум. Во время первой медитации, когда Бонни делали сканирование мозга, у нее было мистическое переживание, которое она не смогла толком описать. Она чувствовала, что ее сердце распахнулось и увеличилось в размере. Голова откинулась назад, а дыхание изменилось. Бонни увидела, как свет наполнил ее тело, и испытала потрясающее чувство покоя. Она также услышала слова: «Я любима, благословенна и не забыта». Во время медитации Бонни расплакалась, а ее мозговой скан показал, что она была в состоянии блаженства.

Сканы Бонни. Посмотри на ЭЭГ Бонни на рисунке 10-14. Нам весьма повезло, что удалось захватить необычное переживание в реальном времени. ЭЭГ говорит о нормальной активности мозговых волн. Все в покое и в равновесии. А если просмотреть на рисунок 10-15, где представлены три ЭЭГ-записи Бонни, которые зафиксировали, что происходило с Бонни в разное время в течение медитации, то можно увидеть повышенную энергию и амплитуду ритма в лобных долях, что говорит о том, что она обрабатывала изрядное количество информации (рис. 10-15A). Она находилась в состоянии расширенного сознания и переживала пиковые моменты в различные интервалы времени. Большая часть активности протекает в тэта-ритме, то есть Бонни наладила контакт с подсознанием. В этот момент внутреннее переживание для нее вполне реально. Она настолько глубоко сосредоточена, что ее переживание становится реальным. Эмоциональный аспект представлен амплитудой колебаний ЭЭГ. Взгляни на большие всплески ЭЭГ-кривой (рис. 10-15B и C), на них указывают стрелки. Это очень согласованная энергия. Уровень сознания и энергии Бонни повышен.

Теперь посмотрим на рисунок 10-16. В скане КЭЭГ Бонни первая стрелка указывает на проявление дельта-ритма (1 Гц), отражающее ее связь с квантовым полем (синий цвет). Кроме того, у Бонни повышена энергия в лобных долях, в тэта-ритме (вторая стрелка – красный цвет), что видно было и на ее ЭЭГ. Обрати внимание также на третью стрелку, указывающую на лобные доли мозга. Изображение мозга, которое мы здесь видим, – кадр динамической картины активности мозга Бонни в течение всей ее медитации. Поскольку одна из функций лобных долей состоит в том, чтобы делать переживания реальными, все, что переживает Бонни в тэта-ритме с закрытыми глазами, для нее абсолютно реально. Можно сказать, что Бонни переживала нечто похожее на очень яркое и ясное сновидение. Следующая красная стрелка указывает на красное пятно в теменной области мозга (12 Гц альфа-ритма). Это попытка Бонни разобраться в своем внутреннем переживании – осмыслить то, что она видела мысленным взором. Далее следуют изображения высокочастотных ритмов. Они почти целиком зеленые. Таким образом, мозг Бонни – здоровый и уравновешенный.

Новое «я» Бонни. Переживание Бонни в тот день изменило ее к лучшему. Мощь этого переживания перевесила любой прошлый опыт, и, таким образом, ее прошлое было удалено биологически. Энергия пика медитации вытеснила жестко связанные программы в мозге и эмоциональные условные рефлексы в теле – и тело тут же отозвалось на новое сознание. Бонни изменила состояние своего бытия, и менее чем за 24 часа ее кровотечение полностью прекратилось. Она рассталась с симптомами боли и инстинктивно поняла, что выздоровела. За считаные месяцы после семинара у Бонни полностью восстановился нормальный менструальный цикл. После того семинара у нее больше не было болей и аномальных кровотечений.

ОПЫТ ЭКСТАЗА

Прежнее «я» Женевьевы. Женевьева, 45-летняя художница и музыкант, ныне живет в Голландии и очень много путешествует в силу своего призвания. На февральском семинаре мы с доктором Фанниным рассматривали ее мозговой скан во время медитации. Мы стали замечать значительные изменения в ее энергии где-то в середине внутреннего путешествия Женевьевы. Одновременно увидев особые признаки на ее скане, мы с доктором переглянулись, чувствуя, что вот-вот произойдет нечто необычное. В считаные мгновения, когда мы снова перевели свой взгляд на Женевьеву, то увидели, что по ее лицу текут слезы радости. Женевьева была в экстазе. Она чувствовала совершенное удовольствие, а ее тело отвечало вполне охотно. Раньше мы никогда не видели ничего подобного.

Сканы Женевьевы. На рисунке 10-17 мы видим относительно нормальный скан мозга, снятый до медитации. Области зеленого почти во всех ритмах мозга означают здоровое уравновешенное состояние и сбалансированность. Синие области в альфе (от 13 до 14 Гц), куда указывают стрелки, возможно, говорят о нарушении у Женевьевы биоритмов, уменьшенной сенсорно-моторной активности перед началом медитации, ведь в тот день она только что прибыла из Европы. Мозг Женевьевы после медитации демонстрирует общее увеличение баланса.

Однако самое удивительное произошло потом. Мы воочию наблюдали, как Женевьева достигает пикового переживания в конце медитации, и сканы подтвердили, что ее мозг полон энергии. Взглянем на рисунок 10-18. Красная активность говорит о высокой энергии во всех частотных диапазонах мозговой волны. Похоже, Женевьева находится в сильно измененном состоянии сознания. Если посмотреть на этот скан, не зная, что женщина в этот момент медитировала, то можно подумать, что она переживает крайнее возбуждение или даже психоз. Но поскольку в тот момент она была в полнейшем экстазе, мы знаем, что в данном случае красный обозначает повышенную энергию всего ее мозга. Активность мозга здесь на 3 СО выше нормальной. Очевидно, что застывшая в теле энергия высвободилась в форме эмоций.

Рисунок 10-19 с записью ЭЭГ Женевьевы подтверждает это положение. Стрелка указывает на фиолетовые линии ЭЭГ, амплитуда которых в 10 раз превышает обычную. А обведенное красным отведение ЭЭГ (активность височной доли) говорит нам, что переживание Женевьевы очень глубокое и оно сохранится в долговременной памяти. При этом Женевьева пытается понять происходящее и на вербальном уровне – разобраться в том, что переживает в данный момент. Она словно говорит себе что-то вроде: *«Боже мой! Это удивительно. Хорошо-то как! Что это за чувство?»* Ее внутреннее переживание так же реально, как и любое внешнее событие, и она не старается управлять им – оно просто с нею происходит само по себе. Женевьева не визуализирует – она переживает необычайный, но реальный опыт.

Интересно, что снова мы сканировали Женевьеву в июле, на семинаре в штате Колорадо, и эти изменения энергии подтвердились опять. Когда мы давали Женевьеве микрофон во время обоих семинаров, она лишь смогла вымолвить, что влюблена в жизнь, что ее сердце полностью распахнуто, а она чувствует тесную связь с чем-то намного большим, чем она сама. На нее снизошла благодать, и она чувствовала себя так великолепно, что ей хотелось остаться в настоящем моменте. Рисунок 10-20 показывает сходство результатов ЭЭГ и общей картины, полученной на июльском и февральском семинарах. Значит, Женевьева действительно пережила личностную трансформацию.

Новое «я» Женевьевы. Я разговаривал с Женевьевой через несколько недель после июльского мастер-класса. Она рассказала мне, что отныне уже совсем не тот человек, что в начале года. Ее ум стал глубже, а она научилась присутствовать в настоящем моменте и стала намного более креативной. Женевьева ощущает глубокую любовь и связь со всеми вещами и созданиями. И, что самое главное, чувствует себя такой воодушевленной, что не нуждается ни в чем и больше ничего не хочет. Она чувствует себя целостной.

БЛАЖЕНСТВО: ВЫХОД СОЗНАНИЯ ЗА ПРЕДЕЛЫ ТЕЛА

Прежнее «я» Марии. Мария – очень активная женщина с нормальной активностью мозга. Во время первой 45-минутной дневной медитации она за считаные мгновения добилась изменения ритма мозговой активности.

Сканы Марии. Посмотрим на рисунок 10-21. Обрати внимание на разницу между обычной ЭЭГ-записью Марии и ЭЭГ в состоянии экстаза. Я наблюдал, как она входила в возвышенное состояние повышенной энергии, и это было похоже на оргазм мозга. Вторая запись ЭЭГ отражает целостную активность мозга в состоянии полноценного переживания кундалини (кундалини – это скрытая энергия тела, пробуждение которой связано с высшими состояниями сознания и энергии). Если взглянуть на ЭЭГ Марии, то можно увидеть, что *все* области ее мозга испытывают невероятные вибрации энергии. Когда пробуждается энергия кундалини, она поднимается из нижней части позвоночника до темени (верхушки мозга), это сопровождается мистическим переживанием необычайной силы и глубины. У участников моих мастер-классов бывают такие мозговые оргазмы. На ЭЭГ Марии мы видим, что все области мозга полностью наполнены энергией, а амплитуда волн в три-четыре раза превышает обычную. Ее мозг согласован и прекрасно синхронизирован. На ЭЭГ хорошо видно, что экстаз приходит волнами, совсем как оргазм.

Новое «я» Марии. Сегодня Мария продолжает испытывать похожие мистические переживания. Каждый раз, когда это происходит, она чувствует покой и расслабление, расширение сознания, полную осознанность и целостность. И она с радостью ожидает следующего момента неизвестности.

Теперь твоя очередь

Эти несколько примеров (из большого множества задокументированных) доказывают, что эффекту плацебо действительно можно *обучиться.* Теперь, получив всю информацию и примеры возможного, пора самому браться за дело. Следующие две главы наметят шаги, позволяющие приступить к медитации. Ты сможешь на практике воплотить свои теоретические знания и увидеть результат своих усилий. Я дам тебе все инструменты, необходимые для переправы через реку перемен, и надеюсь встретить тебя на другом берегу.

ЧАСТЬ

II

ТРАНСФОРМАЦИЯ

ГЛАВА

11

ПОДГОТОВКА К МЕДИТАЦИИ

Теперь, по прочтении части I, ты готов начать трансформацию. В этой главе я расскажу, как приготовиться к медитации, а в следующей главе я проведу тебя через все стадии настоящей медитации. Все персонажи этой книги изменили самих себя за счет того, что углубились внутрь себя и изменили состояние своего бытия. Медитация заменяет пилюлю плацебо и со временем будет действовать даже лучше нее.

КОГДА МЕДИТИРОВАТЬ

В течение дня есть два наиболее благоприятных момента для медитации: вечером – перед самым отходом ко сну, и утром – сразу после пробуждения. Объясняется это тем, что на границе сна и бодрствования человек естественным образом проходит через несколько измененных состояний сознания. Эти измененные состояния отражаются в изменениях ритмов активности мозга. Например, засыпание выглядит примерно так. Из бодрствующего состояния бета-ритма мы переходим к состоянию более медленного альфа-ритма, когда закрываем глаза. Потом – к еще более размеренному состоянию тэта-ритма, когда уже полуспим-полубодрствуем, а погружаясь в глубокий сон, переживаем состояние дельта-ритма. Просыпаясь утром, мы проделываем то же самое в обратном порядке: от дельта-ритма, через тэта- и альфа-ритм – к бета-ритму, которой соответствует полному пробуждению и пребыванию в обычном состоянии сознания.

Таким образом, медитируя, когда отходишь ко сну или только просыпаешься, гораздо легче достичь состояний альфа- и тэта-ритма, потому что ты либо только что там был, либо направляешься туда в эти измененные состояния сознания. Можно сказать, что в эти моменты открыта дверь в подсознание. Лично я предпочитаю медитировать утром, но вечером тоже неплохо. Выбери то, что больше подходит тебе, а затем придерживайся своего выбора. Если ты сможешь медитировать каждый день, то со временем это станет полезной привычкой, и медитация превратится в ежедневную потребность.

ГДЕ МЕДИТИРОВАТЬ

Достаточно найти такой уголок, где тебя не будут отвлекать. Отключаться от внешнего мира лучше в тихом месте, где ты будешь в одиночестве и покое (подальше от людей и домашних животных). В это пристанище ты сможешь возвращаться каждый день для своей духовной практики.

Я не советую медитировать в постели, потому что постель ассоциируется со сном. (По той же причине я не рекомендую ложиться или откидываться в кресле во время медитации.) Лучше взять стул или выделить уголок на полу подальше от сквозняков, где будет комфортно просидеть около часа. В комнате не должно быть ни жарко, ни холодно.

Если ты предпочитаешь медитировать под музыку, выбери тихую, расслабляющую, вводящую в транс инструментальную композицию или напевы без слов. На самом деле негромкая музыка помогает настроиться и заглушить посторонние шумы. Только ни в коем случае не ставь музыку, которая связана со значимыми для тебя прошлыми событиями или отвлекающую тебя любым другим способом. Надо обязательно выключить компьютер и телефон. Лучше избегать запаха кофе и вообще кухонных ароматов. Может быть, тебе понадобится повязка на глаза или беруши, поскольку на первом этапе следует по возможности устранить все внешние раздражители.

ПУСТЬ ТЕЛУ БУДЕТ УДОБНО

Надень удобную, свободную одежду. Сними часы и любые украшения. Если носишь очки, отложи их в сторону. Прежде чем усесться, выпей немного воды и поставь стакан неподалеку, на всякий случай. Перед тем как начать, сходи в туалет и постарайся предугадать все подобные нужды, чтобы уже ничто не отвлекало тебя во время медитации.

Не важно, сидишь ты на стуле или на полу со скрещенными ногами, главное – сесть ровно и держать позвоночник совершенно прямым. Хотя позвоночник вытянут в струну и напряжен, тело должно быть расслаблено, а сам ты спокоен и сосредоточен. Если ты начинаешь клевать носом во время медитации, то это знак замедления мозгового ритма и входа в измененное состояние, так что не беспокойся – для новичков это нормально[1]. По мере продвижения в практике медитации у тебя исчезнет желание дремать.

Начав медитацию, закрой глаза и перейди к медленному глубокому дыханию. Вскоре ты перейдешь из состояния бета-ритма в состояние альфа-ритма. Это более спокойное и сосредоточенное состояние активирует лобные доли мозга, приглушая бдительную озабоченность факторами времени и пространства. Поначалу тебе вряд ли удастся легко проскользнуть в тэта-ритм (следующее состояние еще более медленных волн мозговой активности), но с практикой это придет. Тэта-ритм отражает состояние, при котором тело словно спит, а сознание бодрствует, и именно оно позволяет изменить вегетативные программы тела.

ПРОДОЛЖИТЕЛЬНОСТЬ МЕДИТАЦИИ

Обычно медитация длится около 45 минут, но лучше выделить для своих занятий больше времени, чтобы должным образом настроиться. Если ты ограничен во времени, то поставь будильник. (Пусть он подаст сигнал за 10 минут до конца медитации, чтобы иметь возможность выйти из сеанса плавно, без резких скачков.) Однако не позволяй времени стать источником отвлечения: постоянно беспокоясь о том, который час, полностью провалишь свою задачу. Если для медитаций тебе требуется дополнительное время, попробуй пораньше вставать или позже ложиться ради возможности медитировать, не думая о времени.

---

[1] Дремота во время медитации может означать, что позвоночник недостаточно выпрямлен и напряжен, поскольку именно напряжение позвоночного столба (в сочетании с полным расслаблением всех мышц, которые к нему *не* относятся, и сосредоточением на дыхании) позволяет достичь нужного состояния спокойной осознанности. – *Прим. ред.*

ТРЕНИРУЙ СВОЮ ВОЛЮ

Хочу предупредить тебя об очень распространенном камне преткновения большинства новичков в медитативной практике. Когда человек начинает что-то менять в своей жизни, его тело и ум сопротивляются. И тот рассудочный внутренний монолог почти наверняка будет настроен очень негативно: *«Почему бы тебе не начать завтра? Ты похож на свою мать – яблоко от яблони недалеко падает! Что с тобой? Ничего у тебя не выйдет – ты не изменишься. Что мне как-то не по себе»*. У тебя может появиться неосознанный рефлекс на практику: нетерпение, отчаяние, грусть или какие-то дискомфортные телесные реакции. И стоит тебе откликнуться на эти наветы, признать их правоту, как твое сознание снова погрязнет в автоматической программе, а ты вернешься к обдумыванию тех же самых мыслей, выполнению привычных действий и переживанию привычных эмоций, тщетно ожидая каких-то перемен в своей жизни.

На этом этапе не следует воспринимать ощущения и эмоции как барометр перемен, они сейчас стараются уговорить тебя ничего не менять. Только освободив тело от оков этих эмоций, ты сможешь расслабиться и оказаться в настоящем моменте (подробней об этом чуть ниже) и будешь высвобождать энергию тела, – переходя от частицы к волне, – чтобы с ее помощью создать новую судьбу. Дабы попасть в это место и научить свое тело новому образу жизни, ты должен усадить его и показать ему, кто в доме хозяин.

У меня есть конное ранчо в 18 голов. Так вот, для меня подчинять тело своей воле, чтобы оставаться сосредоточенным во время медитации, – это все равно, что оседлать своего любимого жеребца после того, как давно на него не садился. Когда я только сажусь в седло, этому жеребцу на меня совершенно наплевать. Его ноздри улавливают запах кобылиц на другом конце поля, и все его внимание направлено туда. Он как будто говорит мне: «Где ж тебя носило целых восемь месяцев? У меня тут появились кое-какие скверные привычки, пока тебя не было, вот и девочки длинноногие уже собрались! Мне по барабану, какие у тебя планы, так что я тебя, пожалуй, сброшу. Здесь я главный!» Он начинает выходить из себя, своевольничать и беситься, стараясь умчать меня на край поля. Но я внимательно слежу за ним, и как только его голова поворачивается к этим кобылам, я беру управление на себя.

Итак, стоит мне увидеть, что он начинает выходить из-под моего контроля, я медленно, но твердо подбираю поводья и натягиваю их, а потом просто выжидаю. И вскоре он останавливается и издает громкий храп, а я похлопываю его по шее и говорю: «Вот и славно!» Мы делаем два шага, а потом я замечаю, что его голова снова начинает слегка поворачиваться. Тогда я снова торможу его — и жду. А он опять громко храпит, но когда понимает, что рулю все-таки я, мы снова начинаем двигаться вперед. Я просто продолжаю повторять одну и ту же процедуру, пока он полностью не подчинится мне.

Такой способ медленного, но твердого восстановления концентрации нужно применять и к своему телу, когда садишься медитировать. Представляй, что твое тело — это конь, которого ты, будучи сознанием, дрессируешь. Каждый раз, заметив, что твое внимание блуждает, ты спокойно возвращаешь его в нужное русло, переобусловливая свое тело новым осознанием. Так ты управляешь собой и своим прошлым.

Итак, представь, что ты проснулся утром, имея огромный список неотложных дел и звонков и ждущих ответа СМС-сообщений и электронных писем...

Если каждое утро ты сразу начинаешь думать о предстоящих делах, то тем самым ты тут же выскальзываешь из настоящего момента и оказываешься в распланированном тобой привычном будущем.

Когда ты садишься медитировать, твой ум будет по привычке убегать в этом направлении. И если ты это ему позволишь, то окажешься в своем старом предсказуемом будущем, поскольку рассудочно планируя что-то, всегда ожидаешь результатов, основанных на опыте прошлого.

Таким образом, заметив, что твой ум хочет пойти в привычном направлении, просто немного натяни поводья и верни его в настоящий момент. Как только придет мысль: *«Ой, тебе же нужно выполнить то, да ты забыл про это, а еще тебе непременно нужно доделать то, что ты не успел вчера»*, – просто вернись в настоящий момент. Такие мысли наверняка будут приходить снова и снова, вызывая у тебя беспокойство, нетерпение и уныние. Это нормально. Просто помни: какие бы чувства и мысли ты ни переживал, они – всего лишь часть прошлого. И не стоит злиться на эти мысли и чувства, бороться с ними. Нужно лишь спокойно наблюдать за ними как бы со стороны, безо всяких оценок и суждений.

В теле тоже возможны дискомфортные ощущения: тошнота, боли или вдруг у тебя зачешется спина в недоступном месте. Это тоже элементы сопротивления[1]. Рано или поздно конь и всадник, сознание и тело – станут одним целым. И нет более замечательного чувства, чем это новое состояние бытия. Оно невероятно вдохновляет!

[1] В таких случаях достаточно сосредоточиться на своем дыхании и потом мысленно направить его в точку дискомфорта в теле – «продышать ее», – и все пройдет. – *Прим. ред.*

ПЕРЕХОД В ИЗМЕНЕННОЕ СОСТОЯНИЕ

Медитация, которую я подробно опишу в следующей главе, начинается с техники, называемой буддистами *открытым вниманием, или открытым сознанием.* Она помогает попасть в измененное состояние сознания. Ведь обычно, живя в режиме выживания и маринуясь в гормонах стресса, мы сфокусированы очень узко. Мы направляем все свое внимание лишь на вещи, людей и проблемы (сосредоточиваясь на материи, а не на энергии) и определяем реальность лишь в рамках своих органов чувств. Такой тип внимания можно назвать *объектно-сфокусированным.*

А когда наше внимание обращено на внешний мир (который в будничном состоянии кажется нам более реальным, чем внутренний мир), наш мозг в значительной степени остается в рамках суетливого бета-ритма — самого реактивного, изменчивого и нестабильного из всех паттернов мозговой активности. И поскольку мы при этом находимся в состоянии стрессовой готовности, мы не способны создавать, мечтать, решать проблемы, изучать новое и исцеляться. И это состояние явно не располагает к медитации. Электрическая активность мозга учащена, а благодаря реакции «бей или беги» повышается и частота сердечных сокращений и дыхания. Организм не станет в такой ситуации расходовать свои ресурсы на восстановление здоровья, потому что он пребывает в оборонительной позиции, пытаясь защититься — лишь бы прожить этот день.

В таких условиях мозг стремится к федерализации, то есть его регионы начинают работать обособленно, недружно, а порой даже в ущерб друг другу (это как нажать на педали газа и тормоза одновременно). Или как строители Вавилонской башни, разделившиеся между собой.

Помимо того, что отделы мозга не сообщаются друг с другом, мозг оказывается в разладе с телом. И поскольку мозг и центральная нервная система контролируют и координируют все системы нашего тела (заставляют сердце биться, а легкие дышать, желудок переваривать пищу, а кишечник избавляться от экскрементов; управляют метаболизмом, регулируют иммунную систему и балансируют гормональную, а также обеспечивают работу других бесчисленных функций организма), возникает очень нестабильное состояние организма. Мозг посылает телу беспорядочные сообщения и «дезинтегрированные» сигналы. В результате ни одна из систем организма не получает ясных сообщений.

Представь, что иммунная система сообщает: «Я не знаю, как произвести белые кровяные тельца по этой инструкции». А пищеварительная система говорит: «Не могу разобраться, где мне нужно сперва выделять кислоту – не то в желудке, не то в тонкой кишке. Сами не знают, чего от меня хотят». В то же время сердечно-сосудистая система подвывает: «Я совсем запуталась – вот как мне определить, попадает сердце в ритм или не попадает, ведь сигнал, который я получаю, сам не попадает ни в какой ритм. Там что, правда за углом дикий лев?»

Подобное состояние дисбаланса выводит нас из гомеостаза, из равновесия и настраивает на болезнь, вызывая аритмию и повышение артериального давления (дисбаланс сердечно-сосудистой системы); несварение желудка либо кислотный рефлюкс (дисбаланс пищеварительной системы); простуды, аллергии, рак, ревматоидный артрит и другие нарушения (дисбаланс иммунной функции). И это лишь несколько примеров.

Такое состояние, когда волны активности мозга учащены, спутаны и наполнены помехами, я и называю состоянием рассогласованности. При этом ритме мозговых волн нет ни гармонии, ни порядка – полная какофония (как и в сигналах, которые мозг посылает телу).

Вернемся к технике открытого внимания. Вот мы закрываем глаза и переводим внимание с внешнего мира и его сигналов на пространство внутри себя. И когда мы *ощущаем* это пространство своим нутром, мы не уделяем внимание ничему материальному и не *думаем*. Паттерны активности мозга при этом сдвигаются к более спокойному и созидательному альфа-ритму (а позднее и к тэта-ритму). В этом состоянии наш внутренний мир становится для нас более реальным, чем внешний, что позволяет осуществить желаемые изменения.

Исследования показывают: когда человек применяет технику открытого сознания, его мозг становится более организованным и синхронизированным – отделы мозга работают сообща. А то, что синхронизируется вместе, то вместе и связывается. Мозг может теперь посылать согласованные сигналы всему телу, и все системы организма начинают работать в едином ритме, сообща. Теперь вместо какофонии мозг и тело играют прекрасную симфонию. Благодаря этому человек чувствует себя целостным, спокойным и уравновешенным.

Мы с моими коллегами наблюдали этот тип стойких изменений мозга у большинства участников наших мастер-классов, поэтому точно *знаем*, что этот метод работает.

СЛАДОСТЬ НАСТОЯЩЕГО МОМЕНТА

Благодаря открытому вниманию медитация, которую ты будешь выполнять, научит тебя пребывать в моменте настоящего. Именно присутствие в настоящем моменте дает доступ к возможностям на квантовом уровне. Помнишь, я говорил, что в квантовом поле субатомные частицы одновременно существуют в бесконечной совокупности возможностей? Таким образом, в квантовой вселенной нет единой линии времени, а есть *бесконечное* число осей времени, одновременно содержащих все возможности, наложенные друг на друга. На самом деле прошлое, настоящее и будущее каждого существа во Вселенной – от мельчайшего микроорганизма до развитой цивилизации – находится внутри единого поля безграничной информации, называемого «квантовым полем». Я сказал, что в квантовом мире нет времени, но точнее представлять, что в нем заключены *все* времена одновременно – просто нет привычной нам *линейной шкалы* времени.

Согласно квантовой модели реальности, все возможности существуют в настоящий момент. Но если ты просыпаешься каждое утро и повторяешь одну и ту же очередность событий (принимаешь те же самые решения, которые приводят к тем же самым поступкам, а те вызывают давно известные последствия и эмоциональные реакции), тогда ты *не открыт* ни к одной из иных возможностей и новому пути.

Взгляни на рисунок 11-1. Круг изображает тебя в настоящий момент на отдельной шкале времени. Линия слева – это твое прошлое, а линия справа – твое будущее. Предположим, каждый день ты просыпаешься, направляешься в ванную, чистишь зубы, идешь гулять с собакой, выпиваешь свой кофе или чай, жуешь один и тот же завтрак, одеваешься в том же самом повседневном стиле, едешь на работу по привычному маршруту и так далее. Каждое из этих событий представлено точкой на шкале времени твоего ближайшего будущего.

Итак, предположим, ты в течение десяти лет выполнял одну и ту же, почти неизменную, последовательность действий. Тогда твое тело уже запрограммировано привычкой,

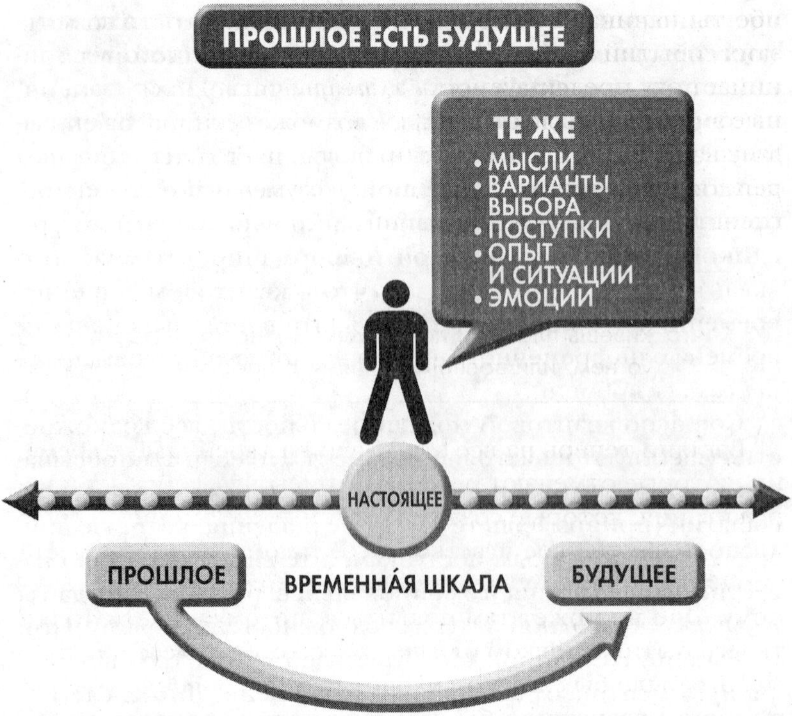

Рисунок 11-1. Каждая точка на шкале времени представляет повторяющуюся мысль, выбор, поведение, переживания и эмоции из прошедших дней, недель, месяцев и даже лет. Так прошлое становится будущим. Поскольку привычка есть избыточный набор автоматических мыслей, действий и чувств, приобретаемый через частое повторение, — когда тело становится разумом, — то организм большинства из нас уже запрограммирован оказаться в том же самом предсказуемом будущем, основанном на состоянии нашего прошлого бытия. И поскольку мы эмоционально связаны с прошлым, эти чувства управляют нашими мыслями и тело буквально живет в прошлом. Мы редко бываем в настоящем моменте

чтобы оказаться в будущем, основанном на твоем прошлом, ибо ты начинаешь эмоционально предвкушать каждое из этих событий на своей шкале времени и твое тело воспринимает эту предсказуемость за реальность. И вот привычные эмоции посылают сигнал все тем же генам, и ты оказываешься в своем предсказуемом будущем. Ведь ты мысленно репетируешь тот же самый предсказуемый повседневный сценарий в своем уме как минимум со вчерашнего дня.

Ты никогда не находишься *здесь и сейчас*, потому что живешь планами на будущее и беспокойством о нем, или воспоминаниями о прошлом.

Взгляни теперь на все эти точки на твоей шкале времени, которые отмечают решения, привычки, действия и переживания, которые создают одни и те же эмоции, чтобы воспроизвести твое чувство «я». В такой жизни нет места чему-нибудь новому, неведомому, необычному или чудесному. Оно не может там появиться, потому что эти точки твоего бытия слишком близко спрессованы вместе. К тому же, это было бы слишком хлопотно и, откровенно говоря, попросту разрушило бы устоявшийся распорядок твоей жизни. Ведь появление чего-то нового в жизни человека, который неосознанно лепит свое будущее, основанное на прошлом, — это катастрофа!

Тут я должен тебя предупредить: начиная медитативную практику, нельзя воспринимать медитацию как очередной «пункт» на своей шкале времени — пункт из перечня повседневных дел. При таком подходе ты не сможешь ощутить настоящий момент. Чтобы совершить то, ради чего ты здесь, — а именно исцеление и устойчивые изменения, — тебе нужно полностью оказаться здесь и сейчас, не думая о следующем событии, намеченном на твоей шкале времени, и не перебирая недавно прошедшие события.

Ибо куда ты направляешь свое внимание, туда же направляется твоя энергия. Следовательно, обращая даже самое ничтожное внимание на вещи, людей, места или события, тогда ты заново подтверждаешь эту реальность. У всех нас есть привычка зацикливаться на шкале времени, думая либо о прошлом, либо о будущем (которое основано на прошлом, а потому тоже известно). Но при этом мы упускаем настоящий момент, где живут все возможности. Когда ты сосредоточиваешься на известном, то, будучи квантовым наблюдателем, получаешь снова то, о чем думаешь. Ты сводишь все безграничные возможности квантового поля в одни и те же шаблоны информации, которые воплощаются в твоей жизни.

Надо отключиться от известного, чтобы получить доступ к безграничному потенциалу квантовых возможностей. Забыть о своих проблемах, своем лице, своей расе и профессии, чтобы оказаться в *неведомом*, став бестелесным ни*кто*, ни*где* и ни*что* вне *времени*. Надо стать чистым сознанием: никаких мыслей – только ясное спокойное сознание, пребывание в настоящем моменте.

В этот момент больше нет никакого прошлого, которое управляло бы будущим, как нет и предсказуемого будущего, основанного на прошлом. Ты пребываешь исключительно здесь и сейчас, где у тебя есть доступ ко всем возможностям. И чем дольше ты вложен в неведомое, отключаясь от шкалы времени и живя в настоящем, тем больше энергии ты высвобождаешь из своего тела, делая ее доступной для создания чего-то нового.

Рисунок 11-2 иллюстрирует: прошлое и будущее больше не существуют, когда мозг и тело полностью пребывают в настоящем моменте. Следовательно, предсказуемая реаль-

Рисунок 11-2. Когда оказываешься в моменте настоящего и забываешь о себе как об определенной личности, то получаешь доступ к другим возможностям, которые существуют в квантовом поле. А все потому, что ты больше не связан с тем же самым телом-разумом, не отождествляешь себя с окружающей обстановкой и шкалой времени. В этот момент прошлого и будущего не существует, ты становишься чистым сознанием. Именно пребывая в настоящем, ты сможешь изменить свое тело, изменить нечто в своем окружении и создать новую шкалу времени

ность преодолена, и ты оказываешься в неведомой области возможностей.

Медитация, описываемая в следующей главе, поможет тебе задержаться в этом могучем неведомом, в непроглядной тьме возможностей, и вложить свою энергию в пространство потенциалов, существующих лишь в настоящем. Ведь это не просто пустота — это квантовое поле, и оно буквально лопается от избытка энергии и возможностей.

Когда мы с моими коллегами исследовали участников наших продвинутых мастер-классов, сумевших стать чистым сознанием, мы констатировали у них громадный прогресс в способности изменить мозг, тело и всю жизнь. Если плацебо связано с изменением тела за счет изменения сознания, тогда каков же будет эффект чистого сознания!

ЗРЕНИЕ БЕЗ ГЛАЗ

Это один из моих любимых примеров того, что может случиться, когда, медитируя, пребываешь в неведомом. Не так давно я проводил мастер-класс в австралийском Сиднее. И когда я смотрел, как медитирует группа, то случайно обратил внимание на женщину в третьем ряду, по имени София, медитирующую, как и все, с закрытыми глазами. И внезапно я увидел, как ее энергия изменилась. Что-то подсказало мне помахать ей рукой, и вдруг она, не открывая глаз, помахала мне в ответ! Я подозвал к себе двоих инструкторов, которые стояли на другом конце зала, и когда они подошли, указал им на Софию, которая снова помахала мне в ответ, — и опять не открывая глаз.

«В чем дело?» — прошептали мои помощники.

«Она видит без глаз», — ответил я. Вот так концентрируясь на неведомом, получаешь многое. Через неделю после окончания семинара в Сиднее мы проводили более продвинутый мастер-класс в Мельбурне, куда также приехала София.

«Ну, я и тебя видела, и инструкторов тоже», — рассказала она мне, описывая то, что случилось тогда в зале во время медитации с закрытыми глазами. Она хорошо все запомнила и подробно воспроизвела. После мастер-класса София решила подать заявление и стать одним из моих корпоративных инструкторов, а я принял Софию за ее удивительную способность. Через несколько месяцев она прибыла на обучение.

В конце каждого дня обучения я всегда прошу новых инструкторов закрыть глаза на полчаса, пока я буду пробегать вслух все уроки, пройденные нами за день. Так вот, во время такого сеанса София, сидевшая с закрытыми глазами, внезапно открыла их, потрясла головой, снова закрыла, оглянулась назад, потом опять повернулась вперед и, наконец, уставилась на меня с выражением сильного изумления на лице. После того, как она проделала этот маневр несколько раз, я подал ей знак просто продолжать медитацию, а поговорили мы с ней уже потом.

София рассказала мне, что с закрытыми глазами во время медитации она видела не только перед собой, но и на 360 градусов вокруг. Она видела все, что было перед ней, все, что было позади нее, и все, что было вокруг нее, одновременно. И поскольку за свою жизнь София (как и все мы) выработала стойкую привычку воспринимать мир глазами, она открыла их и начала оглядываться, стремясь проверить то, что она видела в состоянии медитации.

Случилось так, что доктор Фаннин также присутствовал на этом занятии, и мы сканировали мозг некоторых инструкторов. Когда пришла очередь Софии, я ничего не стал рассказывать о ней доктору Фаннину. Он подключил к ее голове электроды аппарата ЭЭГ, и мы с ним уселись за спиной Софии – у монитора, чтобы наблюдать сканы ее мозга в реальном времени. Внезапно на экране компьютера вспыхнул затылочный отдел мозга – зрительная зона коры.

«Смотри-смотри! – зашептал мне доктор Фаннин. – Она визуализирует!»

«Нет, – ответил я вполголоса, качая головой. – Она не визуализирует, она *видит*».

«Как это?» – опешил он.

«Как это так?!» – переспросил он, совсем растерявшись. И тогда я помахал Софии. А она, продолжая сидеть к нам спиной, подняла руку над головой, повернула ладонь назад и помахала мне в ответ. Происходящее казалось чудом. Доказательство было прямо на скане – София видела нас, сидя к нам спиной. Ее зрительная кора обрабатывала информацию, как будто она поступала от органов зрения, но видели вовсе не глаза. Это было нечто из области неведомого.

А ты готов приобщиться к неведомому?

ГЛАВА 12

МЕДИТАЦИЯ, МЕНЯЮЩАЯ УБЕЖДЕНИЯ И ВОСПРИЯТИЕ

В этой главе я собираюсь провести тебя по ступеням медитации, призванной помочь изменить некоторые представления о себе самом или своей жизни. Рекомендую скачать MP3-файл с моего веб-сайта (www.drjoedispenza.com) или же, самостоятельно читая вслух предлагаемый ниже текст (см. Приложение), записать на диктофон и проигрывать эту запись во время медитации.

Убеждения и восприятие – это подсознательные состояния бытия. Они начинаются с мыслей и чувств, приходящих снова и снова, пока, наконец, они не станут привычными или автоматическими, формируя установки. Связанные вместе установки становятся убеждениями, а связанные вместе убеждения определяют восприятие. Со временем эта избыточность создает воззрение на мир и на самого себя, в значительной степени подсознательное. Оно влияет на наши взаимоотношения, поступки, и на самом деле на все в нашей жизни.

Получается, что если ты хочешь изменить восприятие, тебе нужно сначала изменить состояние своего бытия. А это значит — изменить свою энергию, потому что воздействовать на материю можно, только став энергией, волной, а не частицей. Это требует сочетать ясное намерение с эмоциональным воодушевлением.

Мы знаем, что такое намерение нуждается в достаточно высоком уровне энергии, благодаря чему мысленное представление становится переживанием, несущим в себе сильную эмоциональную сигнатуру, которая в этот момент изменяет тебя на некотором уровне. И ты изменяешь свою биологию, становишься своим собственным плацебо и воплощаешь свой разум в материю. У каждого из нас были переживания, которые в той или иной степени повлияли на нашу биологию. Вспомни тех камбоджийских женщин из главы 7, которые ослепли из-за ужасов, свидетельницами которых их заставили стать красные кхмеры. Это, конечно, крайний пример, но тот же самый принцип можно использовать и для *положительных* изменений.

Однако чтобы это сработало, новое переживание должно быть сильнее прошлого опыта. *Тело должно откликнуться на новое сознание.* Для этого необходимы воодушевление, вдохновение, непобедимость и мощь.

В этой медитации мы будем стараться изменить два убеждения или представления о самом себе, поэтому, прежде чем начать, выбери, что именно тебе хочется изменить. Можно выбрать одно из общепринятых ограничивающих убеждений, перечисленных в главе 7, или придумать что-нибудь еще на свое усмотрение. Например: *«Я никогда не расстанусь с этой болезнью»; «Жизнь такая тяжелая»; «Люди злые»; «Успех требует огромных усилий»* или же *«Я никогда не изменюсь».*

Как только выберешь, возьми лист бумаги и нарисуй вертикальную линию посредине. Слева запиши оба представления, которые собираешься изменить, одно над другим.

Затем поразмысли с минуту. Если ты больше не хочешь верить в это, то во что ты хочешь верить взамен? И как ты будешь себя чувствовать, воспринимая мир по-новому? Запиши эти новые желаемые представления справа от вертикальной линии.

Наша медитация условно делится на три этапа.

– **Первый этап** – это введение. Здесь следует использовать технику открытого внимания, чтобы достичь более согласованного состояния.

– Тогда на **втором** этапе медитации ты окажешься в настоящем моменте – в квантовой пустоте, где обитают все возможности.

– На **третьем** этапе мы работаем со своими представлениями, меняя их.

Я буду задавать тебе общее направление в начале каждого этапа, а затем курсивом давать текст медитации.

Если ты опытный практик медитации, то можешь спокойно проделать всю медитацию от начала до конца с первого раза. Если ты новичок в медитации, тебе следует ежедневно практиковать первый ее этап в течение недели, затем добавить второй этап на вторую неделю и на третьей неделе перейти к выполнению всех трех этапов. В любом случае продолжай выполнять мой вариант медитации ежедневно, пока не заметишь, что в твоей жизни начали происходить изменения.

Если ты уже практикуешь медитацию, которую я описал в книге *«Сила подсознания, или Как изменить жизнь за 4 недели»*, то хочу обратить твое внимание: вариант медитации, предлагаемый здесь, полностью отличается от того. Если ты можешь медитировать только раз в день, тогда советую практиковать именно этот вариант медитации в течение нескольких месяцев. А затем выбирай, какой вариант ты хочешь продолжить практиковать, или чередуй их по желанию.

ВВЕДЕНИЕ: СОЗДАЕМ СОГЛАСОВАННОСТЬ МОЗГА И ЗАМЕДЛЯЕМ РИТМ МОЗГОВОЙ АКТИВНОСТИ С ПОМОЩЬЮ ОТКРЫТОГО ВНИМАНИЯ

Когда ты погрузишься в медитацию и откроешь свое сознание, ты будешь двигаться от частицы к волне. Для этого следует перейти от того узкого пучка внимания, который обычно направляешь на людей, предметы и обстоятельства во внешнем мире, к открытому вниманию, сосредоточенному не столько на объектах, сколько на пространстве. Ведь атом примерно на 99,9% состоит из энергии, а мы всегда сосредоточиваемся на частице. Пора уже обратить какое-то внимание на волну, потому что куда мы направляем свое осознание, туда же мы помещаем и энергию. Обратить внимание на энергию — значит усилить ее.

Когда ты используешь эту технику, твой мозг естественным образом перенастраивается, ибо чтобы сделать это правильно, тебе приходится отпустить твой рассудочный анализ (ему соответствует учащенная активность в бета-ритме). Эта идентичность, то есть представление о себе, соединена с внешним окружением, с твоими эмоциональными привычками и со временем. Выходя за пределы этого, ты становишься чистым сознанием, и различные отделы твоего мозга начинают лучше взаимодействовать, волны мозговой активности значительно упорядочиваются, посылая согласованный сигнал всему организму.

Во время этой медитации пребывай целиком в настоящем, не пытайся ничего выяснять или постигать, не пытайся визуализировать. Просто чувствуй и ощущай.

Когда ты чувствуешь, например, свое дыхание, свой левый локоть, свой нос, пространство между грудиной и грудной клеткой, ты помещаешь свое внимание и осознание в эти места и процессы. У тебя в голове может возникнуть некий образ (скажем, твоей грудной клетки или сердца), но специально стремиться к этому не надо — достаточно просто осознавать пространство внутри и вокруг своего тела.

Эта первая часть медитации должна длиться примерно 15–20 минут.

Медитация: часть первая

Начнем.

Сейчас... попробуй осознать... пространство... между глазами.

И попробуй почувствовать... энергию пространства... между глазами.

Теперь... попробуй осознать... пространство... между висками.

И почувствуй... объем пространства... между висками.

А теперь... переведи свое внимание... на пространство... которое твои ноздри... занимают в пространстве.

И почувствуй... объем внутренней области своего носа... в пространстве.

А теперь... попробуй осознать... пространство... между языком и небом.

И почувствуй... пустоту межу языком и небом... в пространстве.

А теперь... попробуй ощутить... энергию пространства... между мочками ушей и головой.

И почувствовать… объем пространства… между ушами и черепом.

А теперь… попробуй почувствовать… энергию пространства… вокруг ушей… в пространстве?

И ощутить… энергию пространства… снаружи ушей… в пространстве.

Осознай… пространство… под подбородком.

Почувствуй… энергию пространства… вокруг горла.

Попробуй ощутить… объем пространства… вокруг шеи.

Направь свое внимание… на внутреннее пространство… между сердцем и грудиной.

Попробуй почувствовать… объем пространства… вокруг сердца… в пространстве.

А теперь… обрати внимание… на пространство… за пределами грудной клетки.

И ощути… энергию пространства… вокруг грудной клетки.

А теперь… осознай… объем пространства… вокруг плеч.

Почувствуй… энергию пространства… вокруг плеч.

Осознай… пространство… вокруг кистей рук.

Попробуй ощутить… энергию этого пространства.

А теперь… направь внимание… на пространство… за своей спиной.

И попробуй ощутить… энергию пространства… вокруг позвоночника.

Осознай… пространство вокруг таза.

И ощути… энергию этого пространства… в пространстве.

А теперь… попробуй осознать… пространство… между бедрами… в пространстве.

И почувствовать… энергию пространства… соединяющую бедра.

Осознай… пространство… между коленями… в пространстве.

Почувствуй… энергию пространства… вокруг коленей.

Ощути… объем пространства… вокруг ступней.

И… энергию пространства… под ступнями… в пространстве.

Осознай… пространство… вокруг всего своего тела… в пространстве.

Почувствуй… энергию своего тела… в пространстве.

А теперь… направь внимание… на пространство между своим телом и стенами комнаты.

И почувствуй… объем… всей комнаты… в пространстве.

Осознай… пространство… за пределами комнаты.

Почувствуй… пространство… вокруг комнаты… в пространстве.

А теперь… попробуй осознать… пространство… занимаемое всем пространством… в пространстве.

И почувствуй… пространство… которое занимает все пространство… в пространстве.

СТАНОВЛЕНИЕ ВОЗМОЖНОСТИ: ОБРЕСТИ МОМЕНТ НАСТОЯЩЕГО И ПРЕБЫВАТЬ В ПУСТОТЕ

Задача следующей части медитации – найти сладкую точку настоящего момента, где возможно все. И чтобы это сделать, следует отбросить свою идентичность, отвлечься от тела, окружающей обстановки и времени, потому что чем дольше ты пребываешь в неведомом, тем больше притягиваешь его к себе. Когда ты достигнешь более уравновешенного и гармоничного состояния, ты ощутишь себя в настоящем.

Если ты заметишь, что отвлекаешься во время медитации на мысли о людях, о разнообразных проблемах и событиях, прошлых и будущих, о своем весе, своей боли, своем чувстве голода или даже о том, сколько еще продлится эта медитация, – то просто спокойно осознай эти мысли, а затем верни свое сознание обратно в квантовую пустоту возможности. И снова отдайся этому «ничто».

Этот второй этап медитации должен длиться примерно 15–20 минут.

Медитация: часть вторая

Теперь... пришло время... стать бестелесным... никем... ничем... нигде... вне времени... стать... чистым сознанием... стать осознанием в бесконечном поле потенциалов... вложить свою энергию в возможность.... И чем дольше ты пребываешь в неведомом... тем больше притягиваешь неведомое к себе.... Просто стань бестелесным сознанием в черноте бесконечности... и разверни свое внимание в ничто... в безвременье... в вечность.. Чем больше ты сосредоточиваешься на неведомом... тем больше ты вливаешь в себя новую жизнь.

Позволь своему осознанию перейти от частицы к волне... от материи к сознанию... от материального к духовному... от пространства и времени – к безвременью и пустоте... из воспринимаемого мира – в мир за пределами чувств... из известного в неведомое...

И если ты... как квантовый наблюдатель... почувствуешь, что твой ум возвращается к известному... к людям... к вещам... или обстоятельствам твоей привычной реальности... к твоему телу... твоей боли, твоей идентичности и эмоциям... к прошлому или будущему... то просто осознай, что ты созерцаешь неведомое... и снова направь свое сознание на пустоту возможностей... и будь никем... бестелесным... ничем... нигде... в безвременье.

Войди в нематериальную сферу всех квантовых потенциалов... в черноту вечности.... Чем больше ты станешь осознанием в поле вероятностей... тем больше возможностей ты откроешь в своей жизни.... Присутствуй в настоящем....

[Побудь в этом состоянии пустоты примерно 15 минут.]

ИЗМЕНИТЬ УБЕЖДЕНИЯ И ВОСПРИЯТИЕ СЕБЯ И СВОЕЙ ЖИЗНИ

В заключительной части медитации пришло время перейти к первому из двух представлений, которые ты хочешь изменить. Позволь поинтересоваться, хочешь ли ты и впредь придерживаться этого представления? Если твой ответ «нет», то следует принять решение с таким твердым намерением, чтобы его энергия превысила сопротивление привычных программ твоего мозга и тела. Только тогда твое тело откликнется на новое сознание.

Теперь я спрошу: «Во что ты хочешь верить, как хочешь воспринимать себя и свою жизнь и на что это чувство похоже?» И тут твоей задачей будет перейти в новое состояние бытия. Однако только сочетая ясное намерение с эмоциональным воодушевлением, можно изменить свою энергию и вознести материю к новому сознанию. Закончив сеанс медитации, ты будешь воспринимать мир иначе. Если это так, ты уже изменился биологически.

В этот момент прошлое исчезает. Ты превращаешь неизвестную вероятность в известное. Это выводит тебя из прошлого и вводит тебя в настоящее, где будущее событие уже произошло. И не пытайся выяснять, когда, где или как это возможно. Следует просто войти в новое состояние бытия и затем увидеть то будущее, которое ты создаешь.

Затем наступит черед изменять другое представление или убеждение. Для этого надо снова повторить всю процедуру от начала до конца.

Заключительная часть медитации должна продолжаться примерно 20–25 минут.

Медитация: часть третья

Теперь... каким было то убеждение... или представление о себе и своей жизни... которое ты хочешь изменить?

Хочешь ли ты придерживаться его по-прежнему?

Нет?.. Тогда я хочу, чтобы ты принял решение... с таким твердым намерением... чтобы его энергия... превысила сопротивление привычных программ твоего мозга... и тела.

И позволь своему телу откликнуться на новое сознание....

Позволь также своему выбору стать переживанием, которое ты никогда не забудешь.

И пусть это эмоциональное переживание... перепишет программы... и изменит твою биологию.

Измени свою энергию... и пусть эта энергия изменит твою биологию.

Пришло время позволить вмешаться в твою жизнь бесконечному полю возможностей.

Давай... пришло время перейти в новое состояние бытия... и позволить своему телу откликнуться на новый образ мыслей... изменить свою энергию, чтобы сознание воплотилось в материю.

И пусть твой выбор... несет амплитуду энергии... которая больше, чем прошлое... и пусть твое тело будет изменено твоим сознанием и энергией.... Перейди в новое состояние бытия... и заставь этот момент определить тебя... и позволь этой преднамеренной мысли стать таким сильнодействующим внутренним переживанием... что его эмоциональную энергию ты никогда не забудешь.... Запечатли новый образ мыслей в своем мозге и теле... и пусть он вытеснит прошлое в твоем мозге и теле.... Ощути воодушевление.... Будь вдохновленным.... Пусть твой выбор будет решением, которое ты никогда не забудешь....

Теперь... дай своему телу попробовать будущее на вкус, в ощущениях показывая ему, что значит новое представление... и позволь телу откликнуться на новый образ мыслей...

Каково тебе в этом новом состоянии бытия?.. Как ты будешь вести себя?.. Что будешь переживать в этом своем будущем?.. Как будешь жить?.. На что это чувство похоже?.. Как ты будешь любить?.. Позволь бесконечным волнам возможности превратиться в опыт твоей жизни…

А теперь эмоционально познакомь свое тело с этим новым будущим… Открой свое сердце… и верь в возможность…

Подчини свое творение вселенскому сознанию… что ты думаешь и переживаешь в этой сфере возможностей.

Задуманное проявится в будущем… волны и вероятности станут частицами и реальностью… духовное материализуется… энергия мысли воплотится в материи…

А новая энергия, с помощью которой ты созидаешь, – это твоя новая энергия… и эта новая энергия связана с тобой… а ты с ней… она создает новое переживание… и оно найдет тебя в твоем новом будущем, пока ты живешь свою жизнь из этого состоянии бытия… из этой новой энергии…

Теперь… подчини свою новую веру полю сознания, которое всегда знает, как осуществить идею наилучшим для тебя способом… сея семена возможности…

Теперь… в чем состояло второе представление, которое ты хочешь изменить в себе и своей жизни?.. И стоит ли тебе придерживаться его?

Нет?.. Тогда я хочу, чтобы ты принял решение… с таким твердым намерением… чтобы его энергия… превысила сопротивление привычных программ твоего мозга… и тела.

И позволь своему телу откликнуться на новое сознание…

Позволь своему выбору стать переживанием, которое ты никогда не забудешь.

И пусть это эмоциональное переживание… перепишет программы… и изменит твою биологию.

Измени свою энергию… и пусть эта энергия изменит твою биологию.

Стань воодушевленным... Вдохновись своей собственной энергией...

А теперь... подчини свои представления более высокому разуму... отпусти... и брось их... в поле возможностей... возвращая обратно в энергию...

Ну и... во что ты хочешь верить и как воспринимать себя и свою жизнь?.. И на что это чувство похоже?

Давай... переходи в новое состояние бытия... и позволь своему телу возвыситься до нового сознания.

И пусть энергия этого выбора... перепишет нейронные шаблоны в твоем мозге... и гены в твоем теле... И позволь своему телу освободиться к новому будущему.

Почувствуй новую энергию... выйди за пределы своего тела, своего окружения и времени... Стань сознанием, которое воздействует на материю...

Попробуй эмоционально передать телу свою веру... воодушевление... мужество... устремленность... любовь к жизни... чувство безграничности... новое бытие... Пусть твое тело ощутит вкус иного будущего... и пошлет сигналы новым генам.

Твоя энергия выше материи... измени свою энергию и измени свое тело... сделай свое сознание материей...

И каково тебе в новом состояния бытия?.. Какие поступки ты теперь волен совершить?.. Как ты себя чувствуешь?.. Ощути исцеление, свободу, веру в самого себя и возможность... Отпусти себя...

Благослови это будущее своей собственной энергией... теперь... ты соединен с новой судьбой...

Вперед... влюби свое новое будущее в жизнь... Это твое творение... Это твое новое будущее... Насыть его своим вниманием... ибо куда бы ты ни поместил свое внимание, туда же ты помещаешь и свою энергию... Инвестируй в свое будущее... Верь в самого себя... Открой свое сердце и позволь своему телу вдохновляться твоим собственным внутренним переживанием... Помни — все, что ты искренне переживаешь в неведомом… и эмоционально принимаешь… в конце концов становится энергией и воплощается в реальность.

Теперь… отпусти это… и позволь вселенскому сознанию выполнить эту задачу своими путями. Оно позаботится о тебе…

Кем ты хочешь стать, когда откроешь глаза?.. Как ты хочешь жить… отныне и далее?

А теперь… положи левую руку на сердце… и благослови свое тело… чтобы оно было возвышено до нового сознания… с помощью новой энергии… это твое царство… Благослови свою жизнь… Пусть она станет воплощением твоего нового сознания… Состояние твоего бытия… отражается в твоей жизни… Благослови свое будущее… чтобы оно не повторяло прошлое… Благослови свое прошлое… Пусть оно обернется мудростью… Благослови несчастья в своей жизни… пусть они помогут тебе увидеть скрытый смысл всего сущего… Благослови свою душу…чтобы она пробудила тебя ото сна и служила твоим проводником… Благослови свою божественную природу… Пусть она вдохновит тебя… и двигаясь сквозь тебя… пусть движет все вокруг тебя… ощути ее энергию.

Ее сознание – твое сознание… божественная природа — это твоя природа… а ее воля – твоя воля… и ее любовь — твоя любовь ко всему сущему.

Завершая медитацию… ощути благодарность за свою жизнь… безо всяких условий.

Прими будущее… которое еще не настало… Благодарность означает, что событие уже произошло…

Смелей… распахни свое сердце… и ощути принятие… Ибо благодарность… это высшее состояние принятия…

Запечатли это чувство в себе…

А теперь… верни свое осознание… обратно в новое тело… в новое окружение… и в совершенно новое время.

Можешь открыть глаза, когда почувствуешь свою готовность к этому.

ПОСЛЕСЛОВИЕ

СТАТЬ СВЕРХЪЕСТЕСТВЕННЫМ

Некоторые критики могут отнести мою методику к исцелению верой. На самом деле я не имею ничего против этого обвинения на данном этапе моей жизни, ибо что плохого в том, чтобы верить в идею больше, чем во что-то другое? Ведь мы всего лишь принимаем нечто — независимо от обстоятельств нашего окружения, — а затем подчиняемся этой идее и живем так, будто наши молитвы уже услышаны. Звучит как формула плацебо. Мы всегда есть и будем себе плацебо.

Может быть, важно не то, что мы истово вопрошаем каждый день, чтобы наши чаянья были услышаны, а именно то, что мы всякий раз встаем после медитации с чувством, что они *уже* услышаны. Если мы ежедневно медитируем, то действительно живем с этой идеей в неведомом. Тогда в наши двери и стучит непостижимое.

Реакция плацебо связана с исцелением идеей. Но ведь мысль сама по себе — непроявленная эмоция. Как только мы принимаем идею эмоционально, она начинает становиться реальной. Идея без эмоциональной сигнатуры лишена личного переживания и остается латентной, ожидающей, чтобы из неведомой ее сделали известной. Когда мы возводим мысль в ранг переживания, а затем и мудрости, мы эволюционируем как люди.

Когда мы смотрим в зеркало и видим свое отражение, мы полагаем, что видим себя. Но каково наше истинное «я»? Как соотносятся это истинное «я» с нашим эго и душой? Кто ты есть на самом деле? Все просто – твое сознание отражено в твоей жизни.

Нам не обязательно обращаться к адептам древней духовной мудрости, которые, рассевшись по вершинам гор в Гималаях, только и ждут, чтобы посвятить нас в свои тайны и сделать мистиками и святыми. Наша *жизнь* – вот наше посвящение в тайну.

Наша жизнь дает возможность достигать высоких уровней самопроявления, преодолевая наши ограничения за счет расширения сознания. Именно так нужно понимать жизнь, если ты прагматик, а не жертва.

Дабы принять новые парадигмы, придется отказаться от привычных представлений о жизни, с которыми мы были воспитаны, а это поначалу будет казаться неестественным. Откровенно говоря, это требует усилий и доставляет массу неудобств. Почему? Потому что, когда ты изменяешься, ты больше не чувствуешь себя самим собой. Отсюда мое определение *гения* – чувствовать себя неудобно и не испытывать от этого никаких неудобств.

Как часто история порождала личностей, которые сражались против устаревших убеждений, жили за пределами своей зоны комфорта, считались еретиками или идиотами и только позже их признавали гениями, святыми или учителями. Иначе говоря, они восставали против «естественного» для своего времени и становились как бы сверхъестественными существами.

Но как нам научиться стать сверхъестественными? Надо начинать делать нечто «неестественное». Например: в разгар кризиса, когда все вокруг чувствуют нужду, надо *давать*, а не брать; нужно *любить*, когда все вокруг озлоблены и обвиняют друг друга; *демонстрировать отвагу и спокойствие*, когда все вокруг трясутся от страха; *являть доброту*, когда другие пышут враждебностью и агрессией; *отдаваться во власть возможности*, когда все в этом мире агрессивно рвутся быть первыми, пытаются управлять результатами и яростно соревнуются в бесконечной гонке, чтобы стать выше других... Следует *принимать* невзгоды и *улыбаться им* в лицо. И перед лицом серьезной болезни необходимо прийти к чувству *цельности*.

Необычный выбор обывателю кажется неестественным. Однако если у тебя это получится один раз, другой, третий... то со временем ты выйдешь за пределы обыденного – и станешь «сверхъестественным». А когда ты *сам* стал сверхъестественным, ты даешь *другим* разрешение проделать то же самое.

Известно, что когда мы видим, как кто-то другой выполняет некое действие, срабатывают наши зеркальные нейроны. Мозг воспроизводит нейронную картину действий другого человека, словно мы сами выполняем это действие. Например, когда ты смотришь, как профессиональный танцор пляшет сальсу, *ты сам* будешь плясать сальсу немного лучше, чем раньше. Глядя, как Серена Уильямс попадает по теннисному мячу, *ты учишься* у нее бить по мячу. Когда человек проявляет любовь и сочувствие к людям, он становится примером – сначала для избранных, а потом для многих. И если ты становишься свидетелем чьего-то самоисцеления от болезни силой сознания и духа, ты получаешь шанс проделать то же самое.

Надеюсь, после чтения этой книги ты поймешь, что высшая вера – это вера в самого себя и в поле бесконечных возможностей. И соединив веру в себя как субъекта сознания с верой в огромное поле сознания, тогда ты уравновесишь капитуляцию перед обстоятельствами стремлением духа. Хотя, конечно, это очень непросто. Если ты «перестремишься» (то есть перестараешься), то попадешь на свой собственный путь, и твое воззрение не оправдает твоих ожиданий. А если ты чересчур отдашься во власть возможности, то будешь пассивным, безразличным и невдохновленным. Только сочетая ясное намерение с бескомпромиссной верой в возможность, ты вступишь в неведомое, способное на сверхъестественное.

Находясь в этом состоянии бытия, мы пьем из более глубокого колодца. И тогда целостность, принятие и любовь к себе и миру идут изнутри, поскольку ты рискнул выйти за пределы того, что считал возможным, и преодолел собственные самоналоженные ограничения. Вот именно тогда происходит необычное. Принимать себя в настоящий момент, одновременно поддерживая мечту в свое будущее, – это грандиозный рецепт для проявления.

Когда ты чувствуешь себя цельным и тебя больше не беспокоит, произойдет ли желаемое, именно тогда удивительные вещи материализуются прямо у тебя на глазах. Я познал, что быть цельным – это совершенное состояние созидания. Я раз за разом видел это, будучи свидетелем настоящих исцелений людей по всему миру. Они чувствовали себя и мир вокруг такими цельными, что больше ничего не желали, не испытывали ни в чем нужды и больше не пытались управлять обстоятельствами – принимали их. Они пускали все на самотек, и, к их изумлению, нечто более великое, чем они, откликалось. И они хохотали над простотой этого процесса.

Надеюсь, что эта книга и мое исследование не заканчиваются, а только начинаются. Несомненно, я первым подниму руку, чтобы признаться, что вообще ничего об этом не знаю. Однако моя величайшая радость состоит в том, чтобы я некоторым образом содействовал чьему-нибудь личному росту. Я видел трансформацию на многих лицах и могу сказать, что независимо от культуры, расы или пола мы все выглядим одинаково, когда освобождаемся от оков собственных самоограничивающих убеждений.

В биологии есть замечательный принцип неожиданных проявлений, именуемый *эмерджентностью*[1]. Тебе, наверное, приходилось видеть, как косяк рыб гармонично лавирует, синхронно поворачивая в одном направлении? Или стаю из сотен птиц в полете? Они двигаются вместе, словно единый организм, управляемый одним сознанием. Когда смотришь на этот необычный феномен, можно подумать, что все особи в группе следуют за одним лидером, который показывает дорогу. Кажется, что синхронные движения сотен или даже тысяч особей, одновременно выполняющих одно и то же, — результат иерархии сверху вниз. Однако это не так.

Оказывается, на этом уровне единства проявляется принцип снизу вверх. На самом деле у группы нет лидера. Они все — часть одного коллективного сознания, направленного на выполнение некой задачи. Словно бы целое соединено в каком-то информационном поле за пределами пространства и времени. Эта общность представляет собой коллективный разум. Единый организм создается из отдельных особей, сливающихся в целое. В единстве — сила.

[1] В оригинале — «*emergence*». Термин «эмерджентность» используют в теории систем [англ. *emergent* — неожиданно появляющийся]. Он означает возникновение у системы свойств целостности, когда у нее неожиданно проявляются качества, которые не присущи составляющим ее элементам по отдельности. — *Прим. ред.*

Известно, что многие великие вожди, изменившие ход истории своим глубоким посланием, в конце концов «плохо кончили». Кого ни возьми, – будь то Мартин Лютер Кинг-мл.; Махатма Ганди; Джон Леннон; Жанна д'Арк; Уильям Уоллес; Иисус из Назарета или Авраам Линкольн. Существует некое клеймо, представление, что все дальновидные лидеры должны отдать свою жизнь за истину. Но, возможно, мы наконец достигли такого этапа в истории, когда гораздо важней *жить* ради истины, чем умереть за нее.

Если сотни, тысячи или даже миллионы людей примут новое сознание, основанное на возможности, уравновесят свои действия своими намерениями и будут жить по великим всеобщим законам любви, доброты и сочувствия, то новое сознание *проявится* как эпифеномен. И мы обретем истинное единство. (Затем нам, возможно, придется сместить многочисленных вождей.)

Ведь если ты ежедневно прилагаешь усилия для преодоления эгоистического восприятия мира (управляемого гормонами стресса) и я делаю то же самое, – тогда вместе мы изменяем этот мир, изменяя самих себя. И если достаточное количество таких, как мы, преобразуют себя в более цельных людей, тогда такие индивидуальные общности *проявятся* по всему миру. И они поглотят сознанием нынешнее мировосприятие, основанное на страхе, конкуренции, потребительстве, вражде, жадности и лжи. Со временем старое будет полностью замещено новым.

Я озабочен тем, что в нынешнем мире научные исследования нередко смешаны с личным интересом – часто определяются чьей-то коммерческой выгодой, поэтому я иногда сильно сомневаюсь, что их результаты говорят нам истину. Значит, следует самим докапываться до истины.

Представь себе, что миллиарды жителей Земли, подобно косяку рыб, живут как единое целое. Каждый принимает возвышенный образ мыслей, соединенный с безграничными возможностями. И это позволяет людям делать одухотворенный выбор, совершать альтруистические поступки и переживать просветленные чувства. Тогда люди, соединенные с чем-то более великим, станут открытыми, самоотверженными и искренними — станут скорее энергией, чем материей.

Если мы сможем это осуществить, тогда и *проявится* совсем другой мир. У обитателей этого мира будет новое кредо — основанное на распахнутом сердце. Именно это я вижу, когда закрываю глаза, чтобы медитировать.

Доктор Джо Диспенза

ПРИЛОЖЕНИЕ

СЦЕНАРИЙ МЕДИТАЦИИ *«ИЗМЕНЕНИЕ УБЕЖДЕНИЙ И ВОСПРИЯТИЯ»*

Если ты хочешь записать свой собственный вариант медитации, прочти на диктофон его текст (см. на стр. 385). На каждом многоточии делай паузы в 1–2 секунды, а между предложениями – как минимум 5 секунд. Здесь после второго этапа медитации я добавил примечание: необходимо вставить 15 минут тишины в твою запись, чтобы пребывать это время в неведомом, прежде чем начать последний этап медитации – изменение убеждений или представлений.

БЛАГОДАРНОСТИ

Написав свою вторую книгу, я был уверен, что с моей писательской деятельностью покончено. Выкроить время для создания книги и соответствующих исследований, сочетая это с управлением очень загруженной клиникой интегрального здоровья и почти еженедельными путешествиями (не говоря уже о времени для семьи, для собраний персонала, для сна и еды), было очень непросто. У меня не оставалось досуга даже на то, чтобы выглянуть в окно, полюбоваться природой, разве что обдумывая во время долгих пауз следующую мысль, которую я собирался записать.

Однако я знал, что воплощение любой идеи в материальную реальность требует огромного упорства, решимости, сосредоточения, выносливости, энергии, времени, творческих способностей и, конечно, поддержки. Я смог довести это дело до конца исключительно благодаря безусловной любви, ободрению, помощи и сотрудничеству моих коллег, моего коллектива, моих друзей и моей семьи. Я очень им за это благодарен.

Хотел бы выразить свою признательность команде Hay House за их веру в меня. Горжусь и счастлив быть частью такой славной семьи. Спасибо вам, Рейд Трейси, Стейси Смит, Шэннон Литтрелл, Алекс Фримон, Кристи Сэлинас, и всей остальной команде. Надеюсь, что и я, так или иначе, помог каждому из вас.

Время от времени нашу жизнь благословляет ангел. Эти ангелы обычно скромные, бескорыстные, могущественные и очень верные. Мне посчастливилось встретить настоящего ангела. Мой уважаемый редактор, а теперь еще и друг, Кэти Кунц – воплощение совершенства, волшебства, благодати и смирения. Кэти, я счастлив, что мне довелось работать с тобой над этим проектом. Спасибо, что ты была такой неутомимой, мудрой и искренней, – и за то, что ты мне так много дала.

Сэлли Карр, я благодарен тебе за твое участие в работе над моей рукописью. Ты в любой момент находила время, чтобы помочь мне, когда было нужно. Мне повезло. Ты была так щедра!

Хочу также выразить признательность Пауле Мейер – моему исполнительному помощнику и менеджеру, которая стала настоящим лидером и голосом рассудка в моей жизни. Спасибо тебе за преданность одной цели. Твой свет сияет. Я поражаюсь тому, кем ты стала.

Дана Рейчел – делопроизводитель нашей клиники и мой личный ассистент. Дана, я высоко ценю твое мастерство в управлении персоналом – как ты стремишься, чтобы все были окружены любовью и заботой. Невозможно переоценить твой эмоциональный ум, твою житейскую мудрость, смелость и жизнерадостность, которую ты передаешь всем, включая меня. Пожалуйста, продолжай в том же духе.

Приветствую тебя, Трина Гринбери. Никогда прежде я не встречал такого организованного, профессионального, честного и благородного человека. Спасибо, что ты продолжаешь со мной путешествовать. Ты – удивительная.

Моя сводная сестра Катина Диспенза внесла огромный и всесторонний творческий вклад. Катина, мне повезло, что ты работаешь на меня. Ни одна из особых деталей, которые ты внесла в представление меня миру, не осталась незамеченной. Ты настоящая звезда.

Также моя особая благодарность вам, Радел Ховда, Адам Бойс, Кати Хорнинг, Элайна Клаусон, Тоби Перкинс, Брюс Армстронг, Эмми Шефер, Кэти Лунд, Керен Реттер, доктор Марк Бингел и доктор Марвин Куникие. Каждый из вас внес в мою жизнь свой замечательный вклад, и я очень вам всем благодарен.

Джон Диспенза, мой брат и лучший друг, меня всегда будоражит твой творческий ум. Спасибо тебе за дизайн обложки и графику, но самое главное, за твою любовь и руководящую роль в моей жизни.

Доктор философии Джеффри Фаннин – наш квантовый нейробиолог, который помогал мне объективно оценивать изменения. Джеффри, мы вершим историю именно благодаря тебе. Кланяюсь тебе за все, что ты делаешь для меня.

Доктор философии Доусон Черч – гений и замечательный друг, так же страстно преданный науке и мистицизму, как и я. Доусон, я благодарю тебя за прекрасные слова, которые ты сказал обо мне в предисловии к этой книге. Надеюсь, что мы и дальше будем работать вместе.

Бет Вольфсон – менеджер моих инструкторов и преданный корпоративный руководитель. Спасибо тебе, Бет, за совместное создание бизнес-модели трансформации, а также за то, с какой бесконечной увлеченностью ты веришь в этот подход. Спасибо всем остальным моим корпоративным инструкторам по всему миру, которые так старательно работают, чтобы стать живым примером изменения и руководителями для столь многих людей — меня вдохновляет ваша преданность этой работе.

Особая благодарность Джону Коллинзуорту и Джонатану Шварцу, которые профессионально консультировали меня и помогли понять работу бизнеса.

Спасибо вам, дети мои, Джейс, Джианна и Шен, за то, что вы растете достойными молодыми людьми, и за то, что позволяете мне быть таким странным.

Спасибо тебе, любимая, Роберта Бриттингем, ты — мое плацебо!

ОБ АВТОРЕ

Доктор Джо Диспенза впервые привлек внимание публики, став одним из ученых, снявшихся в отмеченном наградами фильме *«Покрытое тайной: Так что же мы знаем?!»* С тех пор как вышел этот фильм в 2004 году, его работа расширилась, углубилась и спирально распространилась по нескольким ключевым направлениям. Каждое из них отражает его страсть знакомить людей с самыми последними открытиями в области нейробиологии и квантовой физики, чтобы, вооружившись этими знаниями, люди могли не только исцеляться от болезней, но и жить счастливой, наполненной жизнью. Доктором Джо движет убежденность в том, что возможности каждого из нас безграничны.

Его приглашали выступать в более чем 26 странах, на 6 континентах. Он обучил тысячи людей (в характерно для него легком для понимания, ободряющем и сострадательном стиле), подробно рассказывая, как перенастроить свой мозг и тело, чтобы изменить свое состояние и жизнь. В дополнение к разнообразным теле- и интернет-урокам, он лично проводит трехдневные начальные и пятидневные продвинутые мастер-классы в Соединенных Штатах и за рубежом. Кроме того, доктор Джо преподает в Международном квантовом университете интегральной медицины в Гонолулу; в институте «Омега» в Райнбеке, штат Нью-Йорк; в Центре йоги и здоровья Крипалу – в Стокбридже, штат Массачусетс. Он также является приглашенным председателем исследовательского комитета Университета жизни в Атланте, штат Джорджия.

Как исследователь доктор Джо ищет научное обоснование самопроизвольных ремиссий, изучает, каким образом люди сами исцеляют себя от хронических и даже неизлечимых заболеваний. Он один из первых наладил сотрудничество ученых разных специализаций ради всесторонних исследований воздействия медитации. Он и его команда снимали электроэнцефалограммы (ЭЭГ) участников мастер-классов, составляли карты мозга, измеряли энергетическое поле (с помощью прибора газоразрядной визуализации – ГРВ), оценивали согласованность сердца (с помощью мониторов *HeartMath*), а также энергию в зале для мастер-классов – до занятия, во время занятия и после него (с помощью ГРВ-сенсора *Sputnik*). Доктор Джо планирует включить в этот перечень исследований и эпигенетическое тестирование.

Как корпоративный консультант доктор Джо читает выездные лекции и проводит мастер-классы для фирм и корпораций, заинтересованных в применении принципов нейробиологии для развития у сотрудников творчества, новаторства, повышения производительности и так далее. Его корпоративная программа также включает частное обучение руководителей высшего звена. Он лично подготовил группу из 40 корпоративных инструкторов, которые обучают людей принципам трансформации в компаниях по всему миру.

Доктор Джо написал книгу *Evolve Your Brain: The Science of Changing Your Mind* (Health Communications Inc., 2007), а потом книгу *Breaking the Habit of Being Yourself: How to Lose Your Mind and Create a New One* (Hay House, 2012) – *«Сила подсознания, или Как изменить жизнь за 4 недели»*. Обе эти книги подробно описывают нейробиологические механизмы изменения и эпигенетику. *«Сам себе плацебо: сделать свое сознание материей»* – это его третья книга. В ней изложен опыт предыдущих исследований.

Доктор Джо получил степень доктора мануальной терапии в Университете жизни, окончив его с похвальным листом. В его аспирантскую подготовку вошли неврология, нейробиология, функционирование и химия мозга, клеточная биология и формирование памяти, а также старение и долголетие. В перерывах между лекциями и писательской деятельностью доктор Джо принимает пациентов в своей клинике мануальной терапии недалеко от Олимпии, штат Вашингтон.

ЧТОБЫ ИЗМЕНИТЬ ПОДСОЗНАНИЕ, НЕОБХОДИМО ПРОНИКНУТЬ В НЕГО

Подсознание может делать только то, на что вы его запрограммировали. Вам наверняка случалось наблюдать такую картину: вы печатаете себе что-то, как вдруг в ноутбуке сами собой запускаются какие-то программы, которые вы не в состоянии контролировать. Пытаться остановить хранящиеся в теле автоматические подсознательные программы с помощью разума — все равно что кричать на компьютер, который без вашего участия запускает различные программы и открывает все новые окна, заваливая вас непосильным количеством информации. *Эй! Хватит уже, а?* Компьютер просто не сможет распознать такую команду. Он будет продолжать свое дело, пока его не остановят, — пока вы не проникнете в операционную систему и не измените настройки.

Эта книга научит вас проникать в сферу подсознания и перепрограммировать его, используя новые схемы. По сути, вам предстоит *разучиться* думать по-старому, т.е. разрушить прежние паттерны мыслей и чувств и *перенастроить* мозг на новые, соответствующие желаемому состоянию. Изменившийся мозг изменит и тело, так как эти сущности не могут действовать вразнобой — напротив, должны гармонировать друг с другом. Вот это и есть переломный момент — теперь вы действительно создаете себя сами.

ПРЕЗУМПЦИЯ ВИНОВНОСТИ

Рассмотрим реальную ситуацию, которая показывает, что происходит, когда мы решаем вырваться за пределы заученного эмоционального состояния и изменить разум. Думаю, всем знакомо такое распространенное состояние бытия, как *вина*. Отличный пример того, как цикл «мысль – чувство – мысль» работает против нас.

Допустим, вы часто чувствуете вину по самым разным поводам. Как только в отношениях появляются малейшие проблемы – скажем, вы просто чего-то недопоняли, или кто-то несправедливо выместил на вас свой гнев, или что-то еще, – вы тут же начинаете винить во всем себя и испытываете угрызения совести. Поставьте себя на место человека, который твердит или думает: «*Это все я виноват*».

После 20 лет подобных «упражнений» вы начинаете чувствовать вину и думать о своей виновности автоматически. Вы поместили себя в атмосферу тотальной вины. Этому способствовали и другие факторы, но сейчас мы остановимся именно на том, как навязчивые мысли и чувства сформировали ваше состояние бытия и соответствующую ему обстановку.

Всякий раз, думая о своей виновности, вы посылаете телу команду вырабатывать вещества, ответственные за ощущение вины. Вы проделывали это столько раз, что ваши клетки буквально плавают в море «возбудителей вины».

Клеточные рецепторы приспосабливаются к приему и обработке конкретного химического состава (в нашем случае – соответствующего вине). Клетки привыкают к тому, что их омывают огромные количества «экстракта вины», а все, что привычно телу, со временем начинает приносить ему удовольствие. Это все равно, что много лет жить рядом с аэропортом. Вы настолько привыкаете к шуму, что перестаете замечать его, – ну, разве что какой-нибудь самолет пролетит ниже обычного, и ваше внимание привлечет особенно громкий рев двигателей. То же самое и с клетками: они в самом прямом смысле теряют чувствительность к химическому ощущению вины; для активации им необходим все более мощный стимул, т.е. более сильная, острая эмоция. И когда ваше тело захлестнет более мощный выплеск нужных веществ, клетки отреагируют на стимул и «взбодрятся» – совсем как кофеман, сделавший первый утренний глоток.

А когда в конце жизненного цикла клетка разделится и произведет дочернюю клетку, порог ее чувствительности к вине будет уже выше. Теперь телу требуются еще более интенсивные угрызения совести – только так оно может ощущать себя *живым.* Своими действиями вы развили в себе зависимость от вины.

И когда у вас в жизни что-то идет не так, вы автоматически вините во всем себя. Теперь это ваше *естественное состояние.* Вам даже не нужно думать о чувстве вины – оно никогда не покидает вас. Оно сквозит во всех ваших словах и поступках, но вы его не осознаете. Более того, вашему телу просто необходимо получать определенную «дозу» вины – ведь вы его к этому приучили. Вы почти все время подсознательно ощущали себя виноватым, и постепенно тело стало мозговым центром вины.

И лишь в редких случаях вы замечаете, насколько довлеет над вами этот аспект вашей личности – например, когда подруга говорит, что вам не нужно было извиняться перед кассиром за то, что он неправильно дал вам сдачу. Допустим, в такие моменты у вас случается озарение, и вы начинаете думать: *«Она права. Почему я постоянно извиняюсь? Почему беру на себя вину за чужие ошибки?»* Вы вспоминаете нескончаемую череду «явок с повинной» и говорите себе: *«С сегодняшнего дня я перестану винить во всем себя и оправдывать дурные поступки других людей. Я изменюсь»*.

Итак, вы приняли решение и больше не намерены возвращаться к прежним мыслям, которые могли бы привести к прежним чувствам, и наоборот. Вы также обещаете себе, что в минуту слабости вы вспомните о своем намерении и сможете сдержаться. Проходят два часа, вы чувствуете себя просто восхитительно. «Смотри-ка, а ведь это работает!» – думаете вы.

Вот только клетки, увы, не разделяют вашего восторга. За долгие годы вы приучили их требовать постоянного притока «эмоциональных молекул» (в данном случае – молекул вины), без которых они не могут удовлетворять свои химические потребности. Вы приучили свой организм к стабильному составу внутренней химической среды, а теперь сами же нарушаете его, отказывая себе в удовлетворении химических потребностей и противодействуя подсознательным программам.

Издание для досуга

Джо Диспенза

САМ СЕБЕ ПЛАЦЕБО

Как использовать силу подсознания для здоровья и процветания

Ответственный редактор *А. Хацаева*
Художественный редактор *П. Петров*
Технический редактор *О. Куликова*
Компьютерная верстка *Н. Билюкина*
Корректор *М. Колесникова*

В оформлении обложки использованы иллюстрации:
Milena_Bo, Damien_Geso / Shutterstock.com
Используется по лицензии от Shutterstock.com

ООО «Издательство «Э»
123308, Москва, ул. Зорге, д. 1. Тел.: 8 (495) 411-68-86.

Өндіруші: «Э» АҚБ Баспасы, 123308, Мәскеу, Ресей, Зорге көшесі, 1 үй.
Тел.: 8 (495) 411-68-86.
Тауар белгісі: «Э»
Қазақстан Республикасында дистрибьютор және өнім бойынша арыз-талаптарды қабылдаушының өкілі «РДЦ-Алматы» ЖШС, Алматы қ., Домбровский көш., 3«а», литер Б, офис 1.
Тел.: 8 (727) 251-59-89/90/91/92, факс: 8 (727) 251 58 12 вн. 107.
Өнімнің жарамдылық мерзімі шектелмеген.
Сертификация туралы ақпарат сайтта Өндіруші «Э»

Сведения о подтверждении соответствия издания согласно законодательству РФ о техническом регулировании можно получить на сайте Издательства «Э»

Өндірген мемлекет: Ресей
Сертификация қарастырылмаған

Подписано в печать 17.11.2017. Формат 60x84 1/16.
Гарнитура «NewBaskerville». Печать офсетная. Усл. печ. л. 24,27.
Доп. тираж 5000 экз. Заказ 10871.

Отпечатано с готовых файлов заказчика
в АО «Первая Образцовая типография»,
филиал «УЛЬЯНОВСКИЙ ДОМ ПЕЧАТИ»
432980, г. Ульяновск, ул. Гончарова, 14

Оптовая торговля книгами Издательства «Э»:
142700, Московская обл., Ленинский р-н, г. Видное,
Белокаменное ш., д. 1, многоканальный тел.: 411-50-74.

По вопросам приобретения книг Издательства «Э» зарубежными оптовыми покупателями обращаться в отдел зарубежных продаж
International Sales: International wholesale customers should contact Foreign Sales Department for their orders.

По вопросам заказа книг корпоративным клиентам, в том числе в специальном оформлении, *обращаться по тел.: +7 (495) 411-68-59, доб. 2261.*

Оптовая торговля бумажно-беловыми и канцелярскими товарами для школы и офиса:
142702, Московская обл., Ленинский р-н, г. Видное-2,
Белокаменное ш., д. 1, а/я 5. Тел./факс: +7 (495) 745-28-87 (многоканальный).

Полный ассортимент книг издательства для оптовых покупателей:
Москва. Адрес: 142701, Московская область, Ленинский р-н, г. Видное, Белокаменное шоссе, д. 1. Телефон: +7 (495) 411-50-74.
Нижний Новгород. Филиал в Нижнем Новгороде. Адрес: 603094, г. Нижний Новгород, ул. Карпинского, д. 29, бизнес-парк «Грин Плаза». Телефон: +7 (831) 216-15-91 (92, 93, 94).
Санкт-Петербург. ООО «СЗКО». Адрес: 192029, г. Санкт-Петербург, пр. Обуховской Обороны, д. 84, лит. «Е». Телефон: +7 (812) 365-46-03 / 04. **E-mail:** server@szko.ru
Екатеринбург. Филиал в г. Екатеринбурге. Адрес: 620024, г. Екатеринбург, ул. Новинская, д. 2щ. Телефон: +7 (343) 272-72-01 (02/03/04/05/06/08).
Самара. Филиал в г. Самаре. Адрес: 443052, г. Самара, пр-т Кирова, д. 75/1, лит. «Е». Телефон: +7(846)207-55-50. **E-mail:** RDC-samara@mail.ru
Ростов-на-Дону. Филиал в г. Ростове-на-Дону. Адрес: 344023, г. Ростов-на-Дону, ул. Страны Советов, д. 44 А. Телефон: +7(863) 303-62-10.
Центр оптово-розничных продаж Cash&Carry в г. Ростове-на-Дону. Адрес: 344023, г. Ростов-на-Дону, ул. Страны Советов, д. 44 В. Телефон: (863) 303-62-10. Режим работы: с 9-00 до 19-00.
Новосибирск. Филиал в г. Новосибирске. Адрес: 630015, г. Новосибирск, Комбинатский пер., д. 3. Телефон: +7(383) 289-91-42.
Хабаровск. Филиал РДЦ Новосибирск в Хабаровске. Адрес: 680000, г. Хабаровск, пер. Дзержинского, д. 24, литера Б, офис 1. Телефон: +7(4212) 910-120.
Тюмень. Филиал в г. Тюмени. Центр оптово-розничных продаж Cash&Carry в г. Тюмени. Адрес: 625022, г. Тюмень, ул. Алебашевская, д. 9А (ТЦ Перестройка+). Телефон: +7 (3452) 21-53-96/ 97/ 98.
Краснодар. Обособленное подразделение в г. Краснодаре
Центр оптово-розничных продаж Cash&Carry в г. Краснодаре
Адрес: 350018, г. Краснодар, ул. Сормовская, д. 7, лит. «Г». Телефон: (861) 234-43-01(02).
Республика Беларусь. Центр оптово-розничных продаж Cash&Carry в г. Минске. Адрес: 220014, Республика Беларусь, г. Минск, пр-т Жукова, д. 44, пом. 1-17, ТЦ «Outleto». Телефон: +375 17 251-40-23; +375 44 581-81-92. Режим работы: с 10-00 до 22-00.
Казахстан. РДЦ Алматы. Адрес: 050039, г. Алматы, ул. Домбровского, д. 3 «А». Телефон: +7 (727) 251-58-12, 251-59-90 (91,92,99).
Украина. ООО «Форс Украина». Адрес: 04073 г. Киев, ул. Вербовая, д. 17а. Телефон: +38 (044) 290-99-44. **E-mail:** sales@forsukraine.com

Полный ассортимент продукции Издательства «Э» можно приобрести в магазинах «Новый книжный» и «Читай-город».
Телефон единой справочной: 8 (800) 444-8-444. Звонок по России бесплатный.

В Санкт-Петербурге: в магазине «Парк Культуры и Чтения БУКВОЕД», Невский пр-т, д. 46. Тел.: +7(812)601-0-601, www.bookvoed.ru

Розничная продажа книг с доставкой по всему миру. Тел.: +7 (495) 745-89-14.

ISBN 978-5-699-91379-4

9 785699 913794 >